AF154745

ALBERT OBHOLZ

Medizinische Betreuung der deutschen Kolonisten in Russland

Aus dem Russischen von Emma Rische

novum pro

www.novumverlag.com

© 2016 novum Verlag

ISBN 978-3-95840-167-9
Lektorat: Susanne Schilp
Umschlagfoto:
Nickolya | Dreamstime.com
Umschlaggestaltung, Layout & Satz:
novum Verlag
Innenabbildungen: Albert Obholz (104)
Bildquellenverzeichnis siehe S. 323

Die vom Autor zur Verfügung gestellten
Abbildungen wurden in der bestmög-
lichen Qualität gedruckt.

Gedruckt in der Europäischen Union
auf umweltfreundlichem, chlor- und
säurefrei gebleichtem Papier.

www.novumverlag.com

Bibliografische Information
der Deutschen Nationalbibliothek:

Die Deutsche Nationalbibliothek
verzeichnet diese Publikation in
der Deutschen Nationalbibliografie.
Detaillierte bibliografische Daten
sind im Internet über
http://www.d-nb.de abrufbar.

Inhaltsverzeichnis

Einleitung

Die Zivilisation hat ihre Entwicklungsgesetze und ihre Fortschritte. Das betrifft alle Gebiete der menschlichen Tätigkeit, auch die Medizin. Die lange vor Christus in Mesopotamien und Ägypten entstandene wissenschaftliche Medizin kam über Griechenland und das alte Rom nach Westeuropa und im XVI. Jahrhundert nach Russland. In ihrem Werdegang spielten die deutschen Ärzte und Apotheker eine herausragende Rolle. Bis Mitte des XIX. Jahrhunderts verknüpfte man das Wort „Deutscher" mit dem Begriff „Arzt und Apotheker". Die ersten ausländischen Ärzte, darunter auch die deutschen, kamen nach Russland zu Zeiten des Großfürsten Wassili Iwanowitsch (1479–1533), Vater von Iwan dem Schrecklichen. Das waren der Grieche Nikolai Luev und der Deutsche Theophyl[1], die sich erfolglos bemühten, die offene Form der Tuberkulose im Beckengelenk des Fürsten zu heilen. Nach seinem Tod bestieg sein Sohn, Iwan der Schreckliche, den Thron. Seine Leibärzte waren: Arnolph, Elesius Bommel, Standish, Johann, Richard Elmes, Robert Jakob[2]. 1581 kam aus England über Archangelsk der Apotheker James Frencham nach Moskau, der zum ersten Leiter der Apothekerkammer wurde, einem Verwaltungsorgan des gesamten Medizinwesens im damaligen Russland.[3] Bis Ende des XVI. Jahrhunderts nahm der Ärztestrom aus Europa nicht

---

1 W. M. Richter: „Geschichte der Medizin in Russland", Moskwa, 1813, Band 1, S. 276

2 Ebenda, S. 294–302

3 Aloys Henning: „Medizinische Wissensschöpfung im Russland der früheren Neuzeit. Der Anteil deutschsprachiger Mediziner. Europa in der frühen Neuzeit", Band 6, herausgegeben von Erich Donnert, Böhlau Verlag, Köln Weimar Wien, 2002, S. 477–480

ab. Der Autor des dreibändigen Werkes „Geschichte der Medizin Russlands", Professor W. M. Richter, nennt folgende Namen der Ärzte, die am Zarenhof wirkten: Robert Jakob (1581), Hieronymus Bowes (1583), Hieronymus Horsey (1585), Francis Shery (1587), Giles Fletcher (1588), Thomas Mickilfield (1589), Thomas Lynde (1592), Mark Riedley (1594), Willis (1599), Richard Lea (1600).[4] 1602 kam der Apotheker James Frencham erneut nach Russland, diesmal mit einer Menge Arzneimittel.

Der Zar Peter I. betrachtete die Versorgung der Armee und der Flotte mit Ärzten als seine vorrangige Aufgabe. Zu seiner Regierungszeit wurden aus Westeuropa stets Mediziner angeworben, die einen großen Beitrag zur Gründung von Hospitalschulen leisteten. Das medizinische Personal umfasste 51 Mediziner und 31 Doktoren der Medizin aus dem Ausland, die meisten von ihnen stammten aus deutschen Landen. Dazu muss man noch die 22 Apotheker zählen, die ebenfalls während seiner Regierungszeit kamen.[5] Die erste private Apotheke eröffnete Johann Gottfried Gregori 1701 im „Deutschen Vorort". Leibärzte des Zaren waren: Daniel, Gutbier, Kellermann und L. L. Blumentrost (1692–1755).[6] Katharina II. war die erste Herrscherin Russlands, die den medizinischen Zivilsektor im Zentrum und in der Peripherie reformierte. Auf dem Gebiet der Medizin sah sie als ihre wichtigste Aufgabe den Kampf gegen „ansteckende und klebrige Krankheiten".[7] 1786 wandte sie sich an den königlichen Leibarzt von Hannover, Dr. Johann G. Zimmermann, mit der Bitte, 24 Zivilärzte für Russland anzuwerben. Im selben Jahr bekam die Zarin eine Liste von Ärzten, die bereit waren, in Russland zu arbeiten. Diese

---

4   W. M. Richter: „Geschichte der Medizin in Russland", Moskwa, 1813, Band 1, S. 292

5   W. M. Richter: „Geschichte der Medizin in Russland", Moskwa, 1817, Band III, S.91–197

6   Ingeborg Fleischhauer: „Die Deutschen im Zarenreich", Verlags-Anstalt GmbH, Stuttgart, 1986, S. 37–38

7   J. A. Tschistowitsch: „Geschichte der ersten Medizinschulen in Russland in zwei Bänden", Verlag Terra, Moskau, 2013, Band 2, S. 259

Liste von 24 Personen führten Doktor Meier aus Hamburg und Doktor Meinshausen an. Nach ihrer Ankunft äußerten weitere 26 Ärzte den Wunsch, in der russischen Armee zu dienen. Unter ihnen waren Doktor Konrad Heinrich Branau, der Chirurg Christoph Elias, Heinrich Knackstädt und andere.[8]

Der Zarenhof Romanow wurde in 300 Jahren von 196 Leibärzten betreut, von denen 114 Deutsche (58,2 Prozent) waren.[9] In der dreibändigen Enzyklopädie „Deutsche Russlands" sind über 200 hervorragende Mediziner genannt, die markante Spuren in der Geschichte der russischen Medizin hinterlassen haben.

Die Hospitalschulen, die zu Zeiten Peters I. eröffnet wurden, bildeten hauptsächlich Mediziner für die Armee heran. Ihr professionelles Niveau reichte nicht aus, um qualifizierte medizinische Hilfe bei Erkrankungen der inneren Organe zu leisten. Diese Krankheiten wurden ausschließlich von deutschen Doktoren der Medizin geheilt, denn sie hatten einen Universitätsabschluss. Zu Zeiten Peters I. hatte Russland nur sechs eigene Doktoren der Medizin, zu Zeiten Katharinas II. stieg die Zahl der Doktoren der Medizin auf 47 an.[10] Doch die meisten waren ausländischer Herkunft. Insgesamt hatten im Laufe des XVIII. Jahrhunderts 89 russische und 300 ausländische Mediziner den Doktorengrad der Medizin erworben.[11] Nach Angaben von J. A. Tschistowitsch hatten in Russland 513 Doktoren der Medizin eine ärztliche Praxis, darunter waren 363 (70,8 Prozent) deutscher Herkunft.[12] Nach Gründung einer Reihe von Universitäten mit medizini-

---

8 Ingeborg Fleischhauer: „Die Deutschen im Zarenreich", Verlags-Anstalt GmbH, Stuttgart, 1986, S. 92
9 B. A. Nachapetow: „Das Geheimnis der Ärzte im Hause Romanow", Moskwa „Wetsche", 2005. Beilagen, S.278–316
10 Heinz E. Müller-Dietz: „Ärzte im Russland des achtzehnten Jahrhunderts", Robugen GmbH, Pharmazeutische Fabrik. Esslingen/N., S. 73
11 Das Gesundheitswesen im Russischen Reich. Dalmat.ru/muzej/118-sdravookhranenie-v-rossijskoj imperii
12 J. A. Tschistowitsch: „Geschichte der ersten medizinischen Schulen Russlands in zwei Bänden", Verlag „Terra", Moskwa, 2013, Band 2, S. 435–450

schen Fakultäten mit Hilfe von deutschen Professoren stieg die Zahl der Mediziner rapide an, einen großen Teil darunter machten die Russlanddeutschen oder Personen aus deutschen Gebieten. Das geht aus einem Vergleich von Ärztelisten aus den Jahren 1850 und 1916 hervor. Aber die Zahl der russischen Ärzte nahm zu und zu Beginn des Jahres 1917 machte sie die Mehrheit aus. 1850 hatte Russland 8050 Mediziner, darunter waren 2425 Personen deutscher Herkunft, was 30,5 Prozent entsprach. 1916 machte die Zahl der Mediziner in Russland 33332 aus, darunter waren 2437 (7,3 Prozent) Deutsche. Das heißt, zum Oktoberumsturz 1917 hat sich die Zahl der deutschen Mediziner in der Ärztekammer Russlands um mehr als das Vierfache verringert.

Eifrig der russischen Medizin dienend, haben die deutschen Ärzte dem Hippokrates-Eid wahrhaft die Treue. Einige von ihnen blieben auf lange Zeiten in Erinnerung russischer Bürger als Ideal der grenzenlosen Güte und Selbstaufopferung. Der Arzt Friedrich Joseph Haas (1780–1853) aus Moskau und Doktor der Medizin Wilhelm Daniel Hindenburg (1793–1877) aus Minsk vollbrachten wahre Heldentaten auf dem Gebiet der russischen Medizin. Dem ersten errichteten die Moskauer Bürger ein Denkmal, den zweiten nannte der russische Schriftsteller F. M. Dostojewski (1821–1881) im „Tagebuch eines Schriftstellers" einen Menschen, der für alle da ist („Allgemein-Mensch")[13]. Hohe Anerkennung der Bewohner Tatarstans genoss einer der Gründer der Universität Kasan, Professor Doktor der Medizin Karl Fuchs (1776–1846), dem man in Kasan ein Denkmal errichtet hat. Eine große Zahl von Ärzten deutscher Herkunft diente treu in der Zarenarmee, beteiligte sich an allen Kriegen, die Russland führte. Doch während des Zweiten Weltkrieges wurden die Ärzte unter den deutschen Kolonisten in die Konzentrationslager gebracht, wo sie Zwangsarbeit zu leisten hatten, oder sie mussten ihre Landsleute in Arbeitslagern oder in Gefängnissen betreuen.Obwohl ich viele Quellen über

---

13 F. M. Dostojewski: „Tagebuch eines Schriftstellers. Das Begräbnis des „Allgemein-Menschen"

den Werdegang und die Entwicklung des Gesundheitswesens im vorrevolutionären Russland durchforscht habe, ist es mir nicht gelungen eine komplexe Forschung über das Gesundheitswesen in den deutschen Kolonien zu finden. Fundierte Werke, die den Stand der medizinischen Betreuung der deutschen Kolonien des Wolgagebiets und des Schwarzmeergebiets beschrieben oder analysiert hätten, gibt es überhaupt nicht.

Das Ziel dieses Werkes ist die Analyse und Vereinheitlichung der vorhandenen Materialien und Fakten, die den Werdegang und die Entwicklung der medizinischen Betreuung der deutschen Kolonisten widerspiegeln. Außerdem muss man die Lücke in der Geschichte der russischen Medizin schließen, die die Arbeit der Stadt- und Landärzte unter den Russlanddeutschen und Kolonisten betrifft. Ihre Namen und Schicksale sind in Vergessenheit geraten.

KAPITEL I

Die Rolle der Deutschen bei der Schaffung der universitären medizinischen Ausbildung in Russland

Die Hochschulbildung Russlands lag im Vergleich zu Westeuropa um mindestens 350 Jahre zurück. Zu Zeiten, als Russland noch im unberührten Zustand war, entstanden in den Städten Westeuropas die ersten Universitäten (1088 in Bologna, 1117 in Oxford, 1208 in Paris, 1209 in Cambridge, 1215 die Sorbonne in Paris, 1386 in Heidelberg). Die früheren Universitäten hatten die Aufgabe, Fachleute in Philosophie, Theologie, Jura und Medizin heranzubilden. Bei ihrer Entwicklung und Modernisierung nahmen diese Lehranstalten immer mehr das Modell der deutschen Universitäten an, die besser der Entwicklung der Wissenschaft entsprach. Dieses Modell wurde auch bei der Eröffnung der ersten russischen Universität 1755 in Moskau zu Grunde gelegt. Nach zehn Jahren gründete man dort eine medizinische Fakultät, und seit 1791 hat die Universität das Recht, Doktorarbeiten zu beurteilen und Doktortitel zu verleihen.[14]

In Wahrheit begann man mit der Hochschulausbildung der Mediziner lange vor der Gründung der ersten Universität Russlands. Als wichtigste Lehrbasis dienten ihnen von 1698 bis 1849 die Universitäten Deutschlands. Russische Studenten sind in 22 Matrikeln deutscher Universitäten eingetragen.[15] Die Russlanddeutschen, hauptsächlich die „Baltendeutschen", bildeten den wichtigsten Teil der ausländischen Studenten.[16] Beliebt bei den

---

14 Heinz E. Müller-Dietz: „Ärzte in Russland des achtzehnten Jahrhunderts", Robugen GmbH Pharmazeutische Fabrik, Esslingen/N., S. 75
15 A. J. Andrejew: „Russische Studenten an deutschen Universitäten im XVIII. Jahrhundert und in der ersten Hälfte des XIX. Jahrhunderts", Verlag „Snak", Moskau, 2005, S.41
16 Ebenda

Russlanddeutschen waren die Universitäten Berlin, Göttingen und Halle. Bevorzugt war die medizinische Fakultät, an der die Zahl der Russlanddeutschen unter den Studenten vierzig Prozent ausmachte. Dies beweist auch die Tabelle, die A. J. Andrejew angefertigt hat.

FAKULTÄTEN UND DEREN STUDENTEN IN DEN JAHREN 1698–1810

Gruppe/ Fakultät	Theologische	Juristische	Medizinische	Philosophische	Insgesamt	Prozentanteil
„Großrussen" (Russen)	14	52	39	54	159	42 %
„Kleinrussen" (Ukrainer)	6	18	29	14	67	18 %
Russlanddeutsche	24	33	85	10	152	40 %
Gesamt	44	103	153	78	378	100 %

Aus der Tabelle ist sehr gut zu ersehen, dass unter den 153 Studenten der medizinischen Fakultäten 85 Russlanddeutsche waren (55,6%). Diese Angaben zeugen nochmals davon, dass zu jener Zeit die Anzahl der Deutschen in der russischen Medizin sehr hoch war.

Was aber das Studium und die Praktika der deutschen Kolonisten an den Universitäten Deutschlands betrifft, so kann man feststellen, dass ihre Auslandsreisen erst Ende des XIX. Jahrhunderts begannen. Zum Beispiel studierten an der medizinischen Fakultät der Universität München von 1890 bis 1922 nur elf Personen, von ihnen haben nicht alle das Studium abgeschlossen. Hier sind ihre Namen.

- **Gerken**, Nikolaus Alexander, geboren 1863, absolvierte 1888 die Universität Kasan als Doktor der Medizin. Als Professor machte er während des Wintersemesters 1895/1896 ein Praktikum an der medizinischen Fakultät.
- **Schmorel**, Hugo Karl, geboren 1878 in Orenburg. 1908 absolvierte er die medizinische Fakultät als Arzt. Er arbeitete als freischaffender Arzt in Moskau.
- **Herberg**, Alexander Jakob, geboren 1884 im Gouvernement Cherson. 1911 absolvierte er die Universität und arbeitete als freischaffender Arzt in Nikolajew, Gebiet Cherson.
- **Seidener**, Michael Hermann, geboren 1883 in Odessa. 1910 absolvierte er die medizinische Fakultät und arbeitete als freischaffender Arzt in Moskau.
- **Tarle**, Jakob David, geboren 1889 in Nikolajew, Gebiet Cherson. 1914 absolvierte er die medizinische Fakultät und arbeitete als freischaffender Arzt in Moskau.
- **von Friese**, Ernst, geboren in Odessa.1890/1891 studierte er an der medizinischen Fakultät.
- **Duckart**, Johann, geboren in der Kolonie Landau, Kreis Odessa, Gouvernement Cherson. Von 1904 bis 1909 studierte er an der medizinischen Fakultät.
- **Greve**, Robert, geboren in Samara. Von 1906 bis 1913 studierte er an der medizinischen Fakultät.

- **Schlee**, Valentin, geboren in der Kolonie Blumental, Gouvernement Taurien. 1922 studierte er an der medizinischen Fakultät.
- **Schwamm**, Markus, geboren in der Kolonie Wien, Bessarabien. 1922 studierte er an der medizinischen Fakultät.
- **Zöhner**, Theodor, geboren in der Kolonie Eigenfeld, Gouvernement Cherson. 1922/1923 studierte er an der medizinischen Fakultät.

A – Kaiserliche Universität Moskau

Moskauer Universität

Die Kaiserliche Universität Moskau war die erste höhere Lehranstalt westlichen Typs in Russland. Die Idee einer Universitätsgründung in Russland stammte vom deutschen Philosophen Gottfried Leibnitz (1646–1716), der sie im Brief an Peter I. äußerte. Aber erst nach 50 Jahren wurde diese Idee realisiert. Die Universität wurde auf Beschluss (Ukas) der Zarin Elisabeth vom 12./23. Januar 1755 gegründet. Anfänglich hatte sie drei Fakultäten: für Philosophie, Jura und Medizin. 1804 wurde die medizinische Fakultät in drei Abteilungen gegliedert: in die Therapie, Chirurgie und Gynäkologie.

Zum ersten Kurator der Universität wurde der Graf I. I. Schuwalow (1727–1797) bestimmt, zum Direktor Laurentius Blumentrost (1692–1755), der bald darauf verstarb. Im Werdegang und der Entwicklung der Universität Moskau spielten die deutschen Professoren und Lehrer eine große Rolle. Die ersten waren die Professoren Johannes Matthias Schaden (1731–1797) aus Tübingen und Johannes Heinrich Frommann (1729–1775) aus Württemberg, die von Schuwalow eingeladen wurden. Sehr aktiv bei der Auswahl der Kader war der nächste Schirmherr der Universität, M. N. Murawjow (1757–1807). Während seiner Tätigkeit wurden aus Deutschland eingeladen: Heinrich Moritz Gottlieb Grellmann (1758–1804), Johann Gottlieb Buhle (1763–1821), Bernhard Andreas von Heim (1759–1821) und Wilhelm Michael Richter (1767–1822). Eine große Hilfe bei der Anwerbung deutscher Gelehrter für die Universität leisteten die Professoren der Universität Göttingen, Christof Meiners (1747–1810) und Christian Gottfried Schutz (1747–1832). Dank ihrer Bemühungen hielten neun Professoren aus Göttingen Vorlesungen an der Universität Moskau. Von 1755 bis 1855 unterrichteten an der Universität 259 Lehrkräfte, von denen 88 (34 %) deutscher Herkunft waren. Im Laufe dieser 100 Jahre machten die Deutschen ein Drittel der Professoren der Universität aus. Von ihnen waren 33 Spezialisten der Medizin, deren Namen wir nachstehend nennen. Alphabetisches Verzeichnis der Professoren der medizinischen Fakultät der Kaiserlichen Universität Moskau (1755–1917)

- **Anke**, Nikolaus Bernhard (1803–1872), Pharmakologe. Jahre des Universitätsdienstes von 1835 bis 1859
- **Armfeld**, Alexander Josef (1806–1868), Arzt. Jahre des Universitätsdienstes von 1837 bis 1863
- **Bindheim**, Johann Jakob (?–?), Pharmakologe. Jahre des Universitätsdienstes von 1795 bis 1804
- **Braun**, Gustav Johann (1827–1897), Augenarzt. Jahre des Universitätsdienstes 1863
- **Brosse**, Peter Gottlieb (1793–1857), Augenarzt. Jahre des Universitätsdienstes von 1846 bis 1856

- **Bunge**, Christian Georg (1781–1860), Dekan der medizinischen Fakultät
- **Dsirne**, Johannes Karl Christian (1860 bis nach 1931), Chirurg. Jahre des Universitätsdienstes von 1906 bis 1917
- **Einbrodt**, Peter des Peter (1802–1840), Professor für Anatomie. Jahre des Universitätsdienstes von 1826 bis 1840
- **Erasmus**, Johann Friedrich (?–1777), Professor für Anatomie und Chirurgie. Jahre des Universitätsdienstes von 1764 bis 1768
- **Erismann**, Friedrich Huldreich (1842–1915), Gynäkologe. Jahre des Universitätsdienstes von 1881 bis 1896
- **Evenius**, Alexander Georg (1795–1872), Augenarzt. Jahre des Universitätsdienstes von 1823 bis 1846
- **Hildebrandt**, Gottlieb (?–?), Pharmakologe. Jahre des Universitätsdienstes von 1782 bis 1795
- **Hildebrandt**, Johann Konrad (1806–1859), Chirurg. Jahre des Universitätsdienstes von 1833 bis 1859
- **Hildebrandt**, Justus Friedrich Jakob (1773–1845), Chirurg. Jahre des Universitätsdienstes von 1804 bis 1839
- **Kerstens**, Johann Christian (1713–1802), Arzt und Heilkundler, Gründer der medizinischen Fakultät. Jahre des Universitätsdienstes von 1758 bis 1770
- **Kerestury**, Franz des Franz (1735–1811), Chirurg. Jahre des Universitätsdienstes von 1764 bis 1805
- **Klein**, Johann Friedrich (1837–1922), Arzt. Jahr des Universitätsdienstes 1864
- **Klein**, Karl Friedrich (1853–1904), Arzt. Jahr des Universitätsdienstes 1897
- **Koch**, Woldemar Friedrich (1820–1884), Professor für Gynäkologie. Jahr des Universitätsdienstes 1846
- **Loder**, Christian Johann (1753–1832), Professor für Anatomie, Leibarzt. Jahre des Universitätsdienstes von 1818 bis 1831
- **Münn**, Dietrich Georg (1818–1885), Professor für Gerichtsmedizin. Jahr des Universitätsdienstes 1858
- **Neiding**, Johann des Johann (1838–1904), Professor für Gerichtsmedizin. Jahre des Universitätsdienstes von1867 bis 1904

- **Over**, Alexander Johann (1804–1864), Therapeut. Jahre des Universitätsdienstes von 1842 bis 1864
- **Pohl**, Andreas Johann (1794–1864), Chirurg. Jahr des Universitätsdienstes 1845
- **Rein**, Friedrich Karl Alexander (1866–?), Chirurg. Jahre des Universitätsdienstes von 1892 bis 1905
- **Renner**, Theobald August Friedrich (1771–1816), Doktor der Medizin
- **Richter**, Michael Wilhelm (1799–1874), Doktor der Medizin
- **Richter**, Wilhelm Michael (1767–1822), Professor der Gynäkologie, Autor des dreibändigen Werkes „Geschichte der Medizin Russlands". Jahre des Universitätsdienstes von 1790 bis 1819
- **Roth**, Woldemar Karl (1848–1916), Psychiater. Jahr des Universitätsdienstes 1895
- **Vogt**, Alexander Bernhardt (1848–1903), Therapeut. Jahr des Universitätsdienstes 1871
- **Wagner**, Konrad Eduard (1862–?), Arzt. Jahre des Universitätsdienstes von 1897 bis 1916
- **Warnecke**, Nikolaus Alexander (1823–1876), Professor für Anatomie und Physiologie. Jahre des Universitätsdienstes von 1849 bis 1860
- **Wetsch**, Ignaz Joseph (?–1779), Physiologe. Jahre des Universitätsdienstes von 1776 bis 1779

In der Zeit des Bestehens der medizinischen Fakultät studierten an ihr mehrere Generationen von Russlanddeutschen. Unter ihnen waren bekannte Persönlichkeiten: die Schriftsteller D. I. Fonwisin /von Wiesen/ (1744–1792), A. I. Herzen (1812–1870), der Physiker und Nobelpreisträger I. E. Tamm (1895–1971). Wollte man alle Russlanddeutschen aufzählen, die an der Universität Moskau studiert haben, bräuchte man einige Buchbände.

B – Die Kaiserliche Militär-Medizinische Akademie (WMA) in Sankt Petersburg

WMA, 1914

Von jeher brauchte Russland Ärzte für seine Armee und die Seeflotte. Der sehr hohe Bedarf an Medizinern spornte ihre beschleunigte Ausbildung im zivilen Sektor an. Doch die vorhandenen Medizinschulen konnten den Bedarf an Heilkräften der Armee nicht decken. Aber auch ihr professionelles Niveau blieb sehr hinter der Entwicklung der Medizin zurück.

1798 fasste Zar Paul I. auf Anregung Barons von Vietinghoff, seinem Berater in Fragen der Medizin, den Beschluss zur Eröffnung der Kaiserlichen Medizin-Chirurgischen Akademie in Sankt Petersburg. Vom Niveau und Programm entsprach die Akademie den medizinischen Fakultäten der europäischen Universitäten. Die Medizin-Chirurgischen Akademie hatte das Recht, Dissertationen zur Promotion anzunehmen und den Doktortitel zu verleihen. Bis 1857 promovierte man in Deutsch oder Latein. 1881 wurde die Medizin-Chirurgischen Akademie in die Militär-Medizinischen Akademie umgewandelt.

Bei der Gründung und Modernisierung des Lehrprozesses und bei der Entwicklung wissenschaftlicher Forschungen sowie bei der Ausbildung der medizinischen Fachkräfte spielten die Deutschen und die Russlanddeutschen eine große Rolle. Von der Gründung an bis 1917 waren an der Militär-Medizinischen

Akademie 43 Professoren deutscher Herkunft tätig, von denen viele eigene Schulen gegründet hatten und somit die Grundlage zur Ausbildung weiterer medizinischer Fachleute in Russland schufen.[17] Die Deutschen waren unter den ersten Leitern und Lehrern der Akademie.

Der erste Vorsitzende der Akademie (so lautete die Stelle des Leiters) von September 1800 bis 1802 war Karl-Johann Christian Ringebräuch. Nach ihm bekleidete diese Stelle im Laufe der Jahre 1802 und 1803 Johann-Peter Friedrich Busch (1771–1843). Der nächste Rektor der Akademie war von 1805 bis 1808 Johann Peter Frank (1745–1821). Danach bekleidete diesen Posten von Dezember 1838 bis September 1851 Johann Bernhard Schlegel (1787–1851). Der letzte, provisorische Rektor der Akademie war von März bis Juni 1917 Woldemar Andreas Oppel (1872–1932).

Unter den Professoren und Lehrkräften der Militär-Medizinischen Akademie war der Anteil der Deutschen ebenfalls hoch. Da ich namentlich nicht alle nennen kann, erwähne ich nur einige.

- Johann Friedrich von Brandt (1802–1879), Professor
- Eduard Karl Brandt (1839–1891), Professor
- Karl Ernst von Baer (1792–1876), Akademiker, einer der Begründer der Embryologie und Vergleichenden Anatomie
- Johann Peter Friedrich Busch (1771–1843), Professor, Gründer der Chirurgie-Schule in Sankt Petersburg
- Johann Peter Frank (1745–1821), herausragender Arzt und Gelehrter
- Karl Johann von Seidlitz (1798–1885), Doktor der Medizin
- Alexander Alexander Kitter (1813–1879), Professor, Gründer der russischen chirurgischen Gynäkologie

---

17 A. P. Netschajew: „Die deutsche therapeutische Schule Russlands", Professor W. A. Beier in: „Deutsche in Russland. Drei Jahrhunderte wissenschaftlicher Zusammenarbeit", St. Petersburg, 2003, S. 336–341

- Theodor Georg Knorre (1914–1981), korrespondierendes Mitglied der Akademie der Wissenschaften der UdSSR
- Alexander Wilhelm Poehl (1850–1908), Gründer der Pharmakologie in Sankt Petersburg
- Christian Friedrich Stephan (1757–1814), Professor der Chemie und Botanik
- Alexander Nikolaus Scherer (1771–1824), Professor der Chemie, Mitglied der Kaiserlichen Akademie der Wissenschaft in Sankt Petersburg
- Karl Johann Janisch (1774–1833), Professor
- Friedrich-August Wilhelm Neuroth (1776–1828), Professor
- Friedrich Karl Uhden (1754–1823), Professor, erster Redakteur der Zeitung „Neuheiten von den Ärzten" in Sankt Petersburg
- Martin Mandt (1800–1858), Professor, Leibarzt des Zaren Nikolai I.
- Woldemar Georg Eck (1818–-1875), Professor, einer der Erforscher der Infektionskrankheiten
- Eduard Georg Eichwald (1837–1889), Professor, Gründer des Klinischen Instituts der Großfürstin Jelena Pawlowna
- Woldemar Alexander Beier (1899–1979), Professor

Anzumerken ist, dass einige Professoren selbst Absolventen dieser medizinischen Lehranstalt waren.

In den 70 Jahren des Bestehens der Akademie (1801– 871) wurden 6970 medizinische Fachkräfte und Doktoren der Medizin herangebildet, ein Viertel von ihnen waren Russlanddeutsche.[18]

---

18 http://forum.vgd.ru/174/33937

C – Die Universität Dorpat (Jurjew, heute Tartu)

Dorpater Universität

Der schwedische König Gustav II. Adolf (1594–1632) gründete im Jahr seines Todes eine Universität auf dem Territorium Livlands mit dem Namen Academia Gustaviana, später: Universitas Gustaviana. Nachdem 1710 Russland das Baltikum erobert hatte, wurde die Universität aufgelöst und erst 1802 wieder unter dem Namen Universität Dorpat (Derpt) eröffnet. Bis 1893 war sie eine deutsche Universität auf dem Territorium des Russischen Reiches. Die Lehrkräfte und Studenten bestanden vorwiegend aus Deutschen. Die Studierenden waren hauptsächlich Baltendeutsche und ein kleiner Teil kam aus dem Wolgagebiet, aus dem Schwarzmeergebiet und aus anderen Orten. Zu Regierungszeiten Alexanders II. bekam die Universität sowie die Stadt den Namen Jurjew und es begann der Prozess der Russifizierung. Von 1892 an wurde die Universität zweisprachig.

Die Universität Dorpat hatte zahlreiche Fakultäten, darunter auch die medizinische, die Militärärzte sowie Zivilärzte heranbildete. Viele baltendeutsche Absolventen der medizinischen Fakultät wurden zur Arbeit in die Kolonien des Wolgagebiets und des Schwarzmeergebiets eingesetzt, sie gründeten dort Familien und assimilierten sich. Ähnlich erging es den Kolonisten. Einige von ihnen bekamen nach dem Studium Arbeit im Baltikum und blieben dort bis zu ihrem Lebensende. In den entsprechenden Kapiteln findet der Leser Listen der Ärzte, Absolventen der Universität Dorpat, die in den deutschen Kolonien tätig waren. Zunächst bringen wir aber eine Liste der Russlanddeutschen aus den südlichen Gouvernements und dem Wolgagebiet, die an der medizinischen Fakultät der Universität studiert oder die Apothekerkurse an der Universität beendet haben.

C.a – Wolgadeutsche Ärzte, die die Universität Dorpat beendeten

1. **Baltschunas**, Anatoli, geboren am 03.09.1894 in Saratow. 1915 studierte er an der medizinischen Fakultät der Universität Dorpat.
2. **Bauer**, Alexander Bernhard, geboren am 10.02.1869 in Samara. 1895 absolvierte er die medizinische Fakultät der Universität Dorpat. 1905 war er freischaffender Arzt in Swenigorod, Gouvernement Moskau. 1916 war er Ordinator (Assistenzarzt) in dem Landstandeskrankenhaus (Semstwo-Krankenhaus) in Kursk.
3. **Berg**, Nikolaus, geboren am 20.11.1896 in Samara. In den Jahren 1916–1917 studierte er an der medizinischen Fakultät Dorpat.
4. **Berg**, Oskar, geboren am 03.01.1897 in Zarizyn, Gouvernement Saratow. Im Laufe der Jahre 1916–1918 studierte er an der medizinischen Fakultät der Universität Dorpat.
5. **Collins**, Alfred, geboren am 12.07.1852 in Saratow. Er absolvierte 1881 die medizinische Fakultät der Universität Dorpat. Während des Russisch-Türkischen Krieges (1877–1878) war er als Krankenpfleger tätig. Nach Abschluss des Studiums blieb er im Baltikum.

6. **David**, Paul Ernst, geboren am 19.11.1837 in Saratow. 1866 absolvierte er die medizinische Fakultät der Universität Dorpat. Doktor der Medizin. Zunächst war er als Polizei-Arzt in Krasny Cholm, Gouvernement Twer, tätig, danach als Landstandesarzt in den deutschen Kolonien des Gouvernements Saratow. Danach wurde er Militärarzt. Gestorben ist er am 16.05.1884 in Polen.

7. **Dessler**, Wilhelm Michaelssohn, geboren am 21.12.1875 in Saratow. 1901 absolvierte er die medizinische Fakultät der Universität Dorpat. 1905 war er Landstandesarzt in Saizewo, Kreis Rshewsk, Gouvernement Twer.

8. **Dettling**, Emanuel, geboren am 12.04.1862 in Saratow. 1888 absolvierte er die medizinische Fakultät der Universität Dorpat (Arbeitsort unbekannt).

9. **Dsirne**, Arthur, geboren am 19.07.1862 in Samara. 1887 absolvierte er die medizinische Fakultät der Universität Dorpat. Er war Zögling des zahnärztlichen Instituts Berlin. 1889 begleitete er Doktor Adolph Bastian (1826–1905) bei seiner Reise durch den Kaukasus. Er starb am 20.05.1911.

10. **Dsirne**, Wilhelm, geboren am 27.01.1873 in der Kolonie Katharinenstadt, Gouvernement Samara. 1896 absolvierte er die medizinische Fakultät der Universität Dorpat. 1916 war er Arztberater im evangelischen Krankenhaus in Moskau (siehe Kapitel „Biografien der Ärzte").

11. **Eberhard**, Alexander, geboren am 10.01.1863 in Saratow. 1885 begann er das Medizinstudium an der Universität Dorpat. Sein weiteres Schicksal ist unbekannt.

12. **Gemp**, Nikolaus, geboren am 25.11.1884 in Saratow. In den Jahren 1904–1907 studierte er an der medizinischen Fakultät der Universität Dorpat.

13. **Glassonn**, Wilhelm Nikolaus, geboren 1872. 1904 lebte er in Nikolajewsk, Gouvernement Samara, wo er als Landstandesarzt tätig war.

14. **Görz**, Nikolaus, geboren am 10.03.1846 in Saratow. 1873 absolvierte er die medizinische Fakultät der Universität Dorpat. Doktor der Medizin. 1873–1874 begleitete er die Groß-

fürstin Katharina Michailowna als Arzt bei ihrer Reise durch Deutschland. Nach der Rückkehr arbeitete er als Arzt in Astrachan. 1874–1875 war er Ordinator. Von 1876 bis 1883 war er Leiter der Abteilung für Gynäkologie, von 1883 bis 1886 war er Oberarzt des Krankenhauses der Barmherzigkeit-Gesellschaft. Gleichzeitig war er praktizierender Arzt, Arzt im Mädchengymnasium und der geistlichen Schule bei der orthodoxen Eparchie (Diözese).

15. **Graef**, Gustav Gottlieb, geboren am 21.02.1885 in der Kolonie Reinhard des Kreises Nowousensk, Gouvernement Samara. 1910 absolvierte er die medizinische Fakultät der Universität Kasan. 1916 war er als Landstandesarzt in Nikolajewsk, Gouvernement Samara tätig.1924 leitete er die Kreisabteilung für Gesundheitswesen in Pugatschow (Nikolajewsk).

16. **Grasmück**, Alexander Ludwig, geboren am 19.08.1869 in der Kolonie Lauwe (Jablonowka), Kreis Nowousensk, Gouvernement Samara. 1895 absolvierte er die medizinische Fakultät der Universität Dorpat. Einige Jahre war er als Landstandesarzt in der Kolonie Krasnojar, Gouvernement Samara, tätig. Als Chirurg machte er beim Russisch-Japanischen Krieg mit. Er hatte seine eigene Klinik in Saratow. 1924 arbeitete er als Arzt im Kreiskrankenhaus in Seelmann. Gestorben ist er 1930 in Saratow.

17. **Grasmück**, Johannes Ludwig, geboren am 11.09.1871 in der Kolonie Lauwe, Kreis (Jablonowka) Nowousensk, Gouvernement Samara. 1896 absolvierte er die medizinische Fakultät der Universität Dorpat. Er war als Landstandesarzt in der Kolonie Alexanderhöhe, Kreis Nowousensk, Gouvernement Samara, tätig. 1900 übersiedelte er auf die Krim, wo er zunächst als freischaffender Arzt in Simferopol tätig war, danach im privaten Krankenhaus des Doktors Erik Ludwig Müllenthal (1870–?) in Simferopol. 1918 wanderte er nach Deutschland aus, wo er weiter als Arzt arbeitete.

18. **Haller**, Peter Karl, wurde am 15.08.1858 in der Kolonie Schilling, Gouvernement Saratow, geboren. 1886 absolvierte er die medizinische Fakultät der Universität Dorpat.

Doktor der Medizin. 1887 arbeitete er als Allgemeinarzt in der Kolonie Warenburg. Danach, von 1888 bis 1891, war er Landstandesarzt im Dorf Rudnja, Kreis Kamyschin, Gouvernement Saratow. 1891 übersiedelte er nach Saratow, wo er als Arzt im Alexander-Krankenhaus tätig war, gleichzeitig leitete er die Infektionsabteilung und hatte eine eigene Praxis. Von 1895 bis 1898 vervollkommnete er seine Kenntnisse und sammelte Erfahrung in medizinischen Anstalten Berlins. 1898 besuchte er die Pasteur-Stationen in Berlin, Wien, Paris und anderen Städten. Nach seiner Rückkehr eröffnete er eine Pasteur-Station in Saratow. Von 1897 bis 1904 war er Vorsitzender der Gesellschaft für Physik und Medizin. Außerdem war er beratender Arzt in privaten und amtlichen Heilinstitutionen. Mit der Eröffnung der Universität Saratow 1912 wurde er dort Privatdozent am Lehrstuhl für private Pathologie und Therapie. 1918 wurde ihm der Professorengrad verliehen. Er veröffentlichte 92 Beiträge zu verschiedenen Fragen der Medizin. Er ist Autor der Erinnerungen über Leben, Sitten und Bräuche der Deutschen in den Kolonien an der Wolga. Er starb 1920 an Typhus, den er sich bei den Kranken geholt hatte.

19. **Hellmann**, Moritz Friedrich, geboren am 09.01.1835 in Saratow. 1859 absolvierte er die zweijährigen Apothekerkurse an der Universität Dorpat. Mit dem Diplom eines Provisors begann er als Apotheker im Gouvernement Kowno (heute Kaunas) zu arbeiten. Von 1870 bis 1873 studierte er Medizin an der Universität Jena. 1876 erhielt er sein Arztdiplom und arbeitete einige Zeit in Sankt Petersburg, dann übersiedelte er nach Riga, wo er als praktizierender Arzt tätig war.

20. **Heptner**, Alfred, geboren am 10.06.1867 in Samara. 1888 begann er an der medizinischen Fakultät der Universität Dorpat zu studieren. (Sein weiteres Schicksal ist unbekannt.)

21. **Hölz**, Carl, geboren am 18.08.1836 in Saratow. Von 1857 bis 1861 studierte er an der medizinischen Fakultät der Universität Dorpat. Er starb am 15.04.1861, ohne das Studium abgeschlossen zu haben.

22. **Karstens**, Woldemar Georg, geboren am 29.10.1872 in Zarizyn, Gouvernement Saratow. 1899 absolvierte er die medizinische Fakultät der Universität Dorpat, 1904 war er freischaffender Arzt in Saratow. 1916 wurde er Oberarzt der 3. Schützen-Division Turkestans bei Termes, Gouvernement Sakaspijsk (Transkaspien).

23. **Keller**, Herbert Heinrich, geboren am 12.04.1884 im Kreis Nikolajewsk, Gouvernement Samara. 1902 belegte er Medizin an der Universität Dorpat, wo er bis 1905 studierte. Von 1905 bis 1907 studierte er an der Universität Berlin. Sein Studium beendete er 1908 an der Universität Tübingen. Doktor der Medizin. 1916 war er Ordinator im Börsen-Baraken-Krankenhaus in Petrograd.

24. **Kienast**, Paul-Erwin Karl, geboren am 17.09.1867 in Saratow. 1893 absolvierte er die medizinische Fakultät der Universität Dorpat. 1895 war er Arzt des Infanterieregiments im Gouvernement Mogiljow.

25. **Melville**, Axel, geboren am 04.01.1892 in Nowousensk, Gouvernement Samara. In den Jahren 1912, 1916–1918 studierte er an der medizinischen Fakultät der Universität Dorpat.

26. **Meyer**, Friedrich August, geboren am 16.06.1799 in Saratow. Er war der erste Medizinstudent, der in Saratow geboren wurde. 1823 absolvierte er die medizinische Fakultät der Universität Dorpat. Doktor der Medizin. Er arbeitete als Arzt im städtischen Krankenhaus Saratow. Von hier übersiedelte er auf das Gut Dmitrijewka im Kreis Kusnezk, Gouvernement Saratow, wo er auch verstarb.

27. **Miller**, Friedrich, geboren am 12.12.1875 in einer der Kolonien des Kreises Nowousensk, Gouvernement Samara. Von 1899 bis 1903 studierte er Medizin an der Universität Dorpat.

28. **Miller**, Oskar Friedrich, geboren am 22.04.1884 in einer der Kolonien des Kreises Nikolajewsk, Gouvernement Samara. 1904 ging er an die medizinische Fakultät der Universität Dorpat, die er 1914 absolvierte. 1916 war er Privatarzt in Saratow.

29. **Otto**, Theodor, geboren am 20.01.1817 in Saratow. 1843 absolvierte er die medizinische Fakultät der Universität Dorpat und begann als Polizei-Arzt in Ostrow, Gouvernement Pskow, zu arbeiten. Danach war er Ordinator des ersten Feldhospitals in Petersburg, wo er auch am 13.07.1866 verstarb.

30. **Quiring**, Franz, geboren am 18.08.1892 in der Kolonie Köppental, Kreis Nowousensk, Gouvernement Samara. In den Jahren 1915–1916 studierte er Medizin an der Universität Dorpat.

31. **Rauschenbach**, Johann-Friedrich Karl, geboren am 02.03.1855 in Saratow. 1883 absolviere er die medizinische Fakultät der Universität Dorpat. Doktor der Medizin. Drei Jahre war er Assistenzarzt im Obuchow-Krankenhaus in Petersburg, von 1886 bis 1890 war er Ordinator des Landstandeskrankenhauses in Saratow. Danach war er Privatarzt in Saratow (1900).

32. **Rauschenbach**, Wilhelm-Gustav Friedrich, geboren am 13./25.01.1880 in der Kolonie Katharinenstadt, Gouvernement Samara. 1910 absolvierte er die medizinische Fakultät der Universität Dorpat. Von 1911 bis 1914 war er freischaffender Arzt in Katharinenstadt. Von 1914 an ist er Arzt im Feldhospital an der Front. Er verstarb vor 1917.

33. **Rech**, Karl Woldemar, geboren am 29.01.1864 in Saratow. 1884 begann er sein Medizinstudium an der Universität Dorpat, das er 1892 abschloss. Er war Landstandesarzt im Dorf Durowka, Gouvernement Saratow. 1916 als Ordinator des Saratower Gouvernement-Landstandeskrankenhauses.

34. **Rothermel**, Paul, geboren am 03.04.1886 in einer der Kolonien des Kreises Nikolajewsk, Gouvernement Samara. 1913 absolvierte er die medizinische Fakultät der Universität Dorpat.

35. **Rothermel**, Valentin, geboren am 14.06.1894 in einer der Kolonien des Kreises Nikolajewsk, Gouvernement Samara. 1918 absolvierte er die medizinische Fakultät der Universität Dorpat. In den Jahren 1922–1924 war er unter den wolgadeutschen Flüchtlingen im Lager Frankfurt an der Oder, wo er die Flüchtlinge medizinisch betreute. Er wanderte nach Amerika aus.

36. **Schmidt**, Albrecht von, geboren am 22.06.1868 in Astrachan. 1887 belegte er Medizin an der Universität Dorpat. Sein weiteres Schicksal ist unbekannt.
37. **Schmidt**, Nikolaus Jakob, geboren am 20.11.1863 in Astrachan. 1888 schloss er das Medizinstudium an der Universität Dorpat ab, 1889 bekam er das Doktordiplom. Von Dezember 1901 an war er Medizin-Inspektor des Gouvernements Astrachan.
38. **Schneider**, Erwin, geboren am 25.01.1887 in einer der Kolonien des Kreises Kamyschin, Gouvernement Saratow. 1913 schloss er sein Medizinstudium an der Universität Dorpat ab.
39. **Schwartz**, Adam, geboren am 04.05.1852 in Saratow. 1877 absolvierte er die medizinische Fakultät der Universität Dorpat und wurde Assistenzarzt in der Therapeuten-Klinik der Universität. Doktor der Medizin. Er studierte weiter in Wien und Berlin. Nach seiner Rückkehr arbeitete er in Riga, wo er auch am 06.03.1882 verstarb.
40. **Schwartz**, Arnold, geboren am 10.11.1846 in Saratow. 1872 absolvierte er die medizinische Fakultät der Universität Dorpat. Doktor der Medizin. Er arbeitete im Baltikum.
41. **Spinkle**r, Paul, geboren am 27.08.1891 im Kreis Nikolajewsk, Gouvernement Samara. In den Jahren 1912–1914 studierte er Medizin an der Universität Dorpat.
42. **Stenzel**, Heinrich, geboren am 05.09.1884 in einer der Kolonien des Kreises Kamyschin, Gouvernements Saratow. 1910 absolvierte er die medizinische Fakultät der Universität Dorpat.
43. **Stenzel**, Jakob, geboren am 23.03.1882 in einer der Kolonien des Kreises Kamyschin, Gouvernements Saratow. In den Jahren 1903–1906 studierte er Medizin an der Universität Dorpat.
44. **Sterzer**, Eduard, geboren am 12.05.1875 in einer der Kolonien des Kreises Nowousensk, Gouvernements Samara. Von 1894 bis 1895 studierte er Medizin an der Universität Dorpat.
45. **Stoll**, Friedrich, geboren am 24.10.1886 in einer der Kolonien des Kreises Kamyschin, Gouvernement Saratow. 1905 studierte er Medizin an der Universität Dorpat.

46. **Thaller**, Reinhard von, geboren am 15.04.1891 im Kreis Kamyschin, Gouvernement Saratow. 1911 studierte er Medizin an der Universität Dorpat.

47. **Thaller**, Samuel-Alexander Samuel von, geboren am 25.10.1851 in Saratow. 1881 bekam er sein Ärztediplom an der Universität Dorpat und kehrte nach Saratow zurück, wo er in den Jahren 1882–1883 als Ordinator des Gouvernement-Landstandeskrankenhauses tätig war. Danach war er Landstandesarzt im Kreis Kamyschin, Gouvernement Saratow. 1904 betreute er Privatpatienten in der Kolonie Balzer, Gouvernement Saratow. Er verstarb dort auch 1916.

48. **Ucke**, Alexander Julius. Geboren am 29.11.1864 in Samara. 1884 begann er sein Medizinstudium an der Universität Dorpat, das er 1888 als Doktor der Medizin abschloss. 1916 war er Leiter des Seziersaals (Prosektor) im Deutschen Alexander-Krankenhaus in Petersburg.

49. **Wacker**, Alexander, geboren am 11.09.1890 in einer der Kolonien des Kreises Kamyschin, Gouvernement Saratow. 1915 schloss er sein Medizinstudium an der Universität Dorpat ab.

D – Die Kaiserliche Universität Kasan

Universität Kasan, Ende des 19. Jahrhunderts

Die Kaiserliche Universität Kasan wurde 1804 eröffnet, sie war die zweite höhere Lehranstalt Russlands. In den Jahren des Aufbaus der Universität (1804–1813) unterrichtete man dort nicht nach Fakultäten und der Lehrprozess hatte keine vorgeschriebene Dauer. Die Lernwilligen konnten sich während des ganzen Jahres als Studenten oder Zuhörer anmelden; es gab keinen fristgemäßen Abschluss des Studiums. Wenn auch bei der Aufnahme die Absolventen des Knabengymnasiums Kasan bevorzugt wurden, studierten dort auch Personen aus allen Ecken Russlands. Erst in den Jahren 1814–1836 entsprach die Universität dem klassischen Modell einer höheren Lehranstalt europäischen Typs. Der Beginn des Studienjahres (August–September) wurde festgelegt. Alle Studenten und Dozenten wurden nach Fakultäten eingeteilt, die man Abteilungen nannte. Insgesamt gab es davon vier, darunter auch eine Ärzteabteilung. Für jede Abteilung wurde eine Frist festgelegt: z.B. dauerte das Studium in der Ärzteabteilung vier Jahre, in den anderen Abteilungen drei Jahre. Später wurde die Studienzeit entsprechend auf fünf und vier Jahre erhöht. 1819 wurde der wissenschaftliche Grad des „Ordentlichen Studenten" und des „Kandidaten" eingeführt. Die Absolventen der Gymnasien wurden in zwei Standesgruppen geteilt: „Studenten" und „Zuhörer". Zu der ersten Gruppe gehörten die Kinder der Adligen, Beamten und Geistlichen. Zu der Gruppe der „Zuhörer" gehörten die Kinder der Kaufleute, Kleinbürger und Bauern. Diese Standesaufteilung währte bis 1845. Laut einer Verordnung des Bildungsministeriums vom 26.09.1845 wurden die „Zuhörer" zu „Studenten", d.h. alle neu Aufgenommenen wurden an der Universität zu einer Kategorie vereint. Die freien Zuhörer hießen von nun an „Privathörer" und später „Fremdhörer". Sie mussten eine Prüfung ablegen, um die Vorlesungen besuchen zu dürfen. Unter den „Fremdhörern" waren hauptsächlich die künftigen Provisoren (Apotheker).

1855 wurde an der Universität das Institut der „Weisen Frauen" (Hebammen) eröffnet, um unter den Frauen Fachkräfte für die Geburtenhilfe heranzubilden. Die Ausbildung dauerte zunächst ein Jahr, danach wurde sie auf zwei verlängert. Nach zehn Jahren begann man, im Institut Prüfungen zur Verleihung des Titels „Weise Frau" (Hebamme) abzunehmen. Der Prüfung wurden die Schülerinnen der örtlichen Hebammen-Schulen unterzogen, die es in verschiedenen Gouvernements gab. Diese Frauen, unter denen viele verheiratet waren, verbrachten einen ganzen Monat oder einige Tage im Institut, nahmen an allen Vorlesungen teil und legten danach ihre Prüfungen ab.

Bis zur Annahme des neuen Universitätsstatuts (1884) wurden allen Absolventen der medizinischen Fakultät, ungeachtet ihrer künftigen Arbeit (ziviler oder Militärarzt), der Titel „Heiler" zugesprochen. Nach dem neuen Statut bekamen die Medizinabsolventen den Kennbuchstaben <10c.> und sie hießen von nun an „Arzt".

Unter den Lehrern, Studenten und Fremdhörern der Universität Kasan gab es nicht wenig Russlanddeutsche. Es genügt zu sagen, dass die Deutschen eine herausragende Rolle im Werdegang der Universität Kasan spielten. Von den acht zum Dienst eingeladenen ordentlichen Professoren waren sechs Deutsche. Hier ihre Namen:

1. Bünemann, Heinrich-Ludwig (1752–1808)
2. Dreisieg, Wilhelm-Friedrich (1770–1819)
3. Fuchs, Karl Friedrich (1776–1846)
4. Hermann, Martin-Gottfried Johann (1755–1822)
5. Stöhrl, Maximilian-Vincentius Ludwig (1761–1813)
6. Zeppelin, Peter-Daniel-Friedrich Andreas (1772–1832)

1810 gab es unter den fünfzehn ordentlichen Professoren
14 Deutsche.

1. Barthels, Johann-Martin-Christian Friedrich (1769–1836)
2. Braun, Johann-Baptist Joseph (1777–1819)
3. Bronner, Franziskus-Xaver Johann
4. Erdmann, Johann-Friedrich Christopher
5. Fincke, Johann-Christopher Arnold
6. Fren, Christian-Martin Daniel

7. Fuchs, Karl Friedrich
8. Hermann, Martin-Gottfried Johann
9. Littroff, Joseph Samuel Anton
10. Neumann, Johann-Georg-Joseph-Georg
11. Renner, Kaspar-Friedrich Theodor
12. Stöhrl, Maximilian-Vincentius Ludwig
13. Thomas, Johann Georg
14. Voigt, Karl Theophil Ambrosius

Weiter bringe ich kurze Angaben über die Lehrkräfte und Professoren deutscher Herkunft, die an der medizinischen Fakultät der Universität Kasan tätig waren.

1. **Arnhold, Adam Johann** (1785 bis nach 1826), Doktor der Medizin, Professor, absolvierte 1807 die Medizinisch-Chirurgische Akademie in Petersburg. 1810 war er Arzt der Admiralität (des Marineamtes) Kasan. 1812 außerordentlicher Professor des Lehrstuhls für Chirurgie und Hebammen-Kunst. 1817 wurde er erneut auf diesen Posten gewählt.
2. **Arnstein, Karl August** (1840–1919), absolvierte 1864 die Universität Dorpat. Bis 1867 machte er Praktika im Ausland, wo er auch promovierte. 1869 wurde er Prosektor (Leiter des Seziersaales) am Lehrstuhl für pathologische Anatomie. Seine nächsten Ämter: außenordentlicher Professor (1872), ordentlicher Professor (1876), Verdienter Professor (1897). Von 1872 bis 1903 leitete er den Lehrstuhl für Histologie.
3. **Bervy, Wilhelm Friedrich** (1793–1859), absolvierte 1816 die Medizinisch-Chirurgische Akademie. 1827 wurde er Doktor der Medizin. Von 1832 an ordentlicher Professor am Lehrstuhl für Anatomie, Physiologie und Gerichtsmedizin. In den Jahren 1836–1841 und 1853–1857 war er Dekan der medizinischen Fakultät. Verdienter Professor (1857).
4. **Bormann, Woldemar Leon** (1869–1937), absolvierte 1894 die Universität Kasan, beendete die Aspirantur am Lehrstuhl für Chirurgie, promovierte zum Doktor der Medizin. Von 1898 bis 1900 vervollkommnete seine Kenntnisse an den

Universitäten Deutschlands, der Schweiz und Frankreichs. 1902 wurde er zum Assistenten des Lehrstuhls für Chirurgie gewählt. Sein weiteres Schicksal ist unbekannt.

5. **Braun, Johann Baptist Joseph** (1777–1819), absolvierte die Universität Wien. Von 1807 an war er der erste Professor des Lehrstuhls für Anatomie, Physiologie und Gerichtsmedizin. 1813 und 1817–1819 war er Rektor der Universität.

6. **Burgsdorf, Woldemar Friedrich** (1864–1935), absolvierte 1889 die Universität Kasan, studierte an der Ordinatur bei der Klinik für Haut- und Geschlechtskrankheiten. Von 1897 bis 1900 ist er etatmäßiger Assistent bei der Klinik für Nervenkrankheiten. 1902 promovierte er und ihm wurde der Titel „Privat-Dozent" zugesprochen. Zweimal machte er Praktika im Ausland, um die Methode der Fototherapie zur Heilung von Hautkrankheiten zu erlernen. Von 1907 bis 1927 leitete er den Lehrstuhl für Haut- und Geschlechtskrankheiten der Universität Kasan. Gesundheitsgründen übersiedelte er nach Tiflis, wo er einen ähnlichen Lehrstuhl an der örtlichen Universität bis zu seinem Tode übernahm.

7. **Dochmann, Alexander Michael** (1854–1892), absolvierte 1876 die Universität Kasan. Er war Assistent, danach Privat-Dozent am Lehrstuhl der medizinischen Fakultät der Universität. 1885 promovierte er und von 1891 arbeitete er als Prosektor am Lehrstuhl für deskriptive Anatomie der Universität Kasan.

8. **Dogel, Alexander Stanislaus** (1852–1922), absolvierte 1879 die Universität Kasan. 1883 wurde er Doktor der Medizin. Von 1885 an war er Privat-Dozent. Nach der Eröffnung der Universität Tomsk war er unter den ersten Professoren der Fakultät für Medizin. 1895 wurde er zum Professor für Histologie und Embryologie der Universität Petersburg gewählt. Gleichzeitig leitete er einen ähnlichen Lehrstuhl im medizinischen Braueninstitut in Petersburg. Er gründete die Zeitschrift „Mensch und Natur" (1920) und war ihr erster Redakteur.

9. **Dogel, Johann Michael** (1830–1916), absolvierte 1854 die Medizinisch-Chirurgische Akademie. 1864 Doktor der Medizin. Er machte mehrere Praktika an den Universitäten Deutschlands. Von 1871 an war er ordentlicher Professor am Lehrstuhl für Pharmakologie der Universität Kasan. Er hatte den Titel Verdienter Professor (1894).

10. **Erismann, Friedrich Christian** (1778–1846), absolvierte 1802 die Universität Württemberg, wo er auch Doktor der Medizin wurde. 1810 leitete er den Lehrstuhl für Pathologie, Therapie und die Klinik der Universität Kasan. 1817 leitete er einen ähnlichen Lehrstuhl an der Universität Dorpat. Von 1823 bis 1827 lebte er in Dresden, danach kehrte er wieder an die Universität Dorpat zurück und leitete den Lehrstuhl für physische Pathologie und Pharmakologie. 1842 ging er in den Ruhestand und kehrte nach Deutschland zurück.

11. **Eversmann, Eduard Alexander,** absolvierte die Universität Dorpat, wo er 1816 auch den Grad Doktor der Medizin erlangte. Er war als praktischer Arzt in Slatoust tätig. Von 1828 an war er Professor für Botanik und Zoologie an der Universität Kasan. 1853 verlieh man ihm den Titel Verdienter Professor.

12. **Frese**, August Justus (1826–1884), absolvierte 1851 die Universität Moskau. Nach dem Studium ging er auf wissenschaftliche Dienstreisen durch Deutschland, Österreich und Frankreich. 1858 wurde er Doktor der Medizin. Von 1862 an war er Privat-Dozent, danach Professor für Psychiatrie an der Universität Kasan. Er leitete auch den Bau des Krankenhauses für Psychiatrie, das 1869 eröffnet wurde.

13. **Fuchs**, Karl Friedrich (1776–1846), absolvierte 1797 die Universität Göttingen.1798 promovierte er, wurde Doktor der Medizin. 1800 ging er nach Russland. Von 1806 an war er Professor für Naturgeschichte und Botanik an der Universität Kasan. 1819 leitete er den Lehrstuhl für Pathologie, Therapie und die Klinik. Von 1820 bis 1824 war er Dekan der Ärzteabteilung, danach Rektor der Universität (1824–1833).

14. **Geberg, Alexander-Ferdinand Heinrich**, geboren 1848. Doktor der Medizin von 1873 an. Prosektor, Privat-Dozent des Lehrstuhls für Histologie.

15. **Geh, Alexander Heinrich** (1842–1907), absolvierte 1865 die Universität Kasan. Nach dem Studium bekam er eine Stelle am Lehrstuhl für Haut- und Geschlechtskrankheiten, wo er 1868 promovierte. Er machte Praktika an den Universitäten in Wien und Würzburg. 1872 erlangte er den Titel Dozent und 1888 den des Professors. Er leitete den Lehrstuhl für Haut- und Geschlechtskrankheiten, gründete die erste in Russland musterhafte Klinik für Haut- und Geschlechtskrankheiten. Er ist auch Autor eines Lehrbuches, das achtmal neu aufgelegt wurde.

16. **Gerken, Nikolaus Alexander** (1863–1933), absolvierte 1888 die Universität Kasan. Nach der Promotion im Jahr 1892 war er bis 1896 Leiter des Seziersaals am Lehrstuhl für Chirurgie und Anatomie an der Universität Tomsk. 1897 wählte man ihn zum Professor des Lehrstuhls für Operationschirurgie. Von 1910 bis 1926 leitete er die Fakultät für Chirurgie. Er war auch Redakteur der medizinischen Zeitschrift in Kasan.

17. **Hamburg, August** (1791–1837), Doktor der Medizin, Professor.

18. **Kitter, Alexander Ludwig Alexander** (1814–1879), absolvierte 1835 die Universität Dorpat. 1836 wurde er Doktor der Medizin. Von 1840 bis 1848 war er an der Universität Kasan tätig, wo er die gesamte Hierarchie durchlief – vom Adjunkt bis zum ordentlichen Professor des Lehrstuhls für topographische und Operationschirurgie. Von 1848 bis 1858 war er Professor und Leiter des Lehrstuhls für Geburtshilfe an der Medizinisch-Chirurgischen Akademie Petersburg, von dort wechselte er zum Lehrstuhl für Hospital-Chirurgie. Er ist Autor des ersten Lehrbuches für Gynäkologie in Russland.

19. **Lesshaft, Peter Franz** (1837–1909), absolvierte 1861 die Medizinisch-Chirurgische Akademie in Petersburg, 1865 erwarb er den wissenschaftlichen Grad Doktor der Medizin. Professor. Von 1868 bis 1871 leitete er den Lehrstuhl für physiologische Anatomie an der Universität Kasan.

20. **Pauli, Christian August Friedrich** (1811–1840), absolvierte 1835 die Universität Göttingen. 1838 wurde er Doktor der Medizin, der Chirurgie und Geburtenhilfe und im selben Jahr Leiter des Seziersaals (Prosektor) am Lehrstuhl für Anatomie der Universität Kasan. Er hatte den Titel außerordentlicher Professor.

21. **Rahmmuhl, Alexander Johann** (1875–1949), absolvierte 1899 die Universität Dorpat. Von 1900 bis 1905 war er Laborant am Lehrstuhl für Hygiene der Universität Noworossijsk. 1909 wurde er Doktor der Medizin. Von 1912 bis 1915 war er Privat-Dozent am Lehrstuhl für Hygiene der Universität Moskau. Von 1915 bis 1920 war außerordentlicher Professor des Lehrstuhls für Hygiene an der Universität Kasan. 1920 kehrte er in seine Heimat – Estland – zurück und leitete den Lehrstuhl für Hygiene an der Universität Dorpat. Vor dem Zweiten Weltkrieg siedelte er nach Deutschland über, wo er 1949 verstarb.

22. **Rehnhard, Josef Christian** (1781–1817), Absolvent einer Universität Deutschlands. 1796 kam er nach Russland, nahm die russische Staatsangehörigkeit an. Das medizinische Kollegium bestimmte ihn zum Provisor. Er hatte in Perm eine allen zugängliche Apotheke (1806). 1811 wurde er Adjunkt der Abteilung für Pharmazie an der Universität Kasan.

23. **Sederstedt, Johann Johann** (1820–1892), absolvierte 1842 die Universität Kasan. Doktor der Medizin seit 1850. 1857 wurde er zum Dozenten des Lehrstuhls für Gerichtsmedizin und ging zur wissenschaftlichen Arbeit ins Ausland. Nach seiner Rückkehr wurde er außenordentlicher Professor der Hospital-Klinik, von 1863 an Professor des Lehrstuhls für therapeutische Klinik. 1868 wurde er zum ordentlichen Professor gewählt. 1883 wurde er Verdienter Professor.

24. **Vogel, Ludwig Laurentius** (1771–1840), Absolvent der Universität Genf, wo er auch 1794 zum Doktor der Medizin promovierte. Von 1818 an lebte er in Russland, wo er 1821 als Doktor der Medizin anerkannt wurde. In den Jahren 1822 bis 1837 war er ordentlicher Professor des Lehrstuhls für Operationschirurgie an der Universität Kasan.

Außer den erwähnten Personen waren an der Universität noch andere Mitarbeiter aus den Reihen der Russlanddeutschen tätig. Sie bekleideten die Stellen von Adjunkt-Professoren, gewöhnlichen Lehrern und Lektoren. Unter den Adjunkt-Professoren sind zu nennen: **Ehrlich**, Johann-Heinrich; **Evest,** Friedrich-Gabriel; **Müller**, Johann-Traugott; **Wittich**, Johann-Friedrich; Baron **Wrangel**, Georg-Gustav.[19]

Besonders hoch war der Anteil der Russlanddeutschen unter den Fremdhörern, der in manchen Studienjahren über 70 % ausmachte. So waren im Studienjahr 1847–1848 von 17 Fremdhörern zwölf (70,5 %) deutscher Abstammung; im Studienjahr 1850–1851 waren unter den zehn Fremdhörern acht Deutsche.

Zum 100. Jahrestag der Gründung der Universität stellte der Lehrer für Englisch, A. I. Michailowski, Listen aller Lehrer und Studenten zusammen, die an der Universität gearbeitet oder studiert hatten. Die Listen wurden in mehreren Teilen veröffentlicht: 1901, 1904 und 1908. Diesen Listen entnahm ich die Namen der Studenten unter den Russlanddeutschen, die die medizinische Fakultät absolviert haben und später als Ärzte im Wolgagebiet (Gouvernements Astrachan, Samara und Saratow) tätig waren.[20] Nachstehend die Listen.

---

19 Lehrer, die an der Kaiserlichen Universität Kasan in den Jahren 1805–1904 studiert und gearbeitet haben. Ausgaben 1–3. Gesammelt von A. I. Michailowski. Kasan, 1901, 1904, 1908, Internet Google.

20 Erst ab 1890 ist der Arbeitsort in den medizinischen Listen Russlands zu finden.

D.a – Russlanddeutsche Absolventen der Universität, die als Ärzte im Wolgagebiet tätig waren

Die Jahre 1804 bis 1854

1. Matthisen, Christian Christian (30.05.1850–22.01.1851), Heiler (Arzt), 1872 war er Landstandesarzt im Kreis Kamyschin, Gouvernement Saratow.
2. Schepf, Andreas Johann (24.06.1833– 05.05.1834), Kreisarzt in Chawlynsk, Gouvernement Saratow.
3. Topenius, Johann Alexander (20.08.1849–04.06.1854), Heiler (Arzt), am 03.08.1854 hat er die Universität verlassen. 1859 – freischaffender Arzt in Saratow.

Die Jahre 1855 bis 1884

1. Adler, Franz Franz (31.08.1883–16.09.1889), Heiler (Arzt); 03.02.1890 – Landstandesarzt im Revier Nr. 4 des Kreises Kamyschin, Gouvernement Saratow.
2. Dahmer, Johann Friedrich (04.09.1862–23.03.1863), entlassen. Von 16.11.1863 bis 09.05.1867 war er Heiler, von 16.09.1867 an war er Landstandesarzt im Kreis Samara, Gouvernement Samara.
3. Geh, Eugen Heinrich (19.09.1863–21.05.1868), schloss das Studium mit einer Goldmedaille ab. Von 21.02.1869 an war er Vollassistent des Militärhospitals Orenburg. 1874 Fremdhörer. Vom 01.09.1874 bis 01.06.1875 war er Vollassistent des Militärhospitals Kasan. Von 1881 an war er Arzt des 96. Infanteriekaderbataillons in Reserve, Samara.
4. Gottwald, Robert Joseph (22.08.1862–09.05.1867), Heiler. Von 09.09.1867 an war er Landstandesarzt im Kreis Samara, Gouvernement Samara.
5. Knorre, Nikolaus Adolph (04.09.1884–28.10.1889), Heiler; am 17.12.1889 verließ er die Universität und wurde freischaffender Arzt in Saratow.

6. Scheffer, Alexander Wilhelm (08.11.1871–23.05.1872), Heiler; am 23.08.1872 meldete er sich ab. Von 1900 an war er Arzt in der Kreisstadt Zarizyn, Gouvernement Saratow.

7. Wertel, Bronislav Vazlav (16.09.1869–22.05.1874), Heiler. Außerstaatsmäßiger Ordinator des Landstandeskrankenhauses in Samara.

8. Zygler, Damian Karl (04.09.1884–27.05.1889), Heiler; vom 12.06.1890 an war er Landstandesarzt des Kreises Busuluk, Gouvernement Samara; 1893 – Vollassistent, Landstandesarzt in Bugulma, Gouvernement Samara.

Die Jahre 1885 bis1904

1. Dreier, Benjamin Johann (10.08.1893–05.06.1898) Arzt, er bestand 1899 mit „Ausgezeichnet" die Prüfung der medizinischen Kommission. 1905 war er Assistenzarzt des Reservebataillons Zarevsk in Astrachan.

2. Glassohn, Andreas Nikolaus (17.08.1899–26.02.1902), entlassen, ohne Recht zu studieren.1902 war er Fremdhörer und vom 19.11.1903 bis 31.01.1905, Arzt. 1910 war er Landstandesarzt des Dorfes Koschki, Kreis Samara, Gouvernement Samara.

3. Gren, Theodor Erich Oskar (10.08.1893–05.06.1898), Arzt, bestand 1899 die Prüfung der medizinischen Kommission. 1905 war er Landstandesarzt im Dorf Kandabulak des Kreises Samara, Gouvernement Samara.

4. Hartwig, Georg Georg (14.08.1895–07.08.1901): Arzt, bestand 1902 die Prüfung der medizinischen Kommission. 1905 war er Landstandesarzt der Kolonie Mariental im Kreis Nowousensk, Gouvernement Samara.

5. Hellwig, Nikolaus Alexis (14.08.1895–25.07.1900), Arzt, bestand 1901 die Prüfung der medizinischen Kommission. 1905 war er Landstandesarzt im Kreis Zarewsk, Gouvernement Astrachan.

6. Hofmann, Josef-Vincentius Alexander (13.08.1888–14.06.1894), Arzt, bestand mit „Ausgezeichnet" die Prüfung der medizinischen Kommission; 1895 war er Vollassistent des städtischen Krankenhauses in Saratow.

7. Iordan, Woldemar Franz (04.08.1889–14.06.1894), Arzt, bestand 1895 die Prüfung der medizinischen Kommission.

8. Karger, Sergej Johann (03.08.1889–14.06.1894); Arzt, bestand mit „Ausgezeichnet" die Prüfung der medizinischen Kommission; Vollassistent, 1895 Kreisarzt der Kosakenarmee im Dorf Tschorny Jar, Gouvernement Astrachan.

9. Lehmann, Nikolaus Alexander (Christian) (23.08.1896–07.08.1901), Arzt, bestand 1902 die Prüfung der medizinischen Kommission. 1910 war er freischaffender Arzt in der Kolonie Katharinenstadt, Gouvernement Samara.

10. Michel, Woldemar Martin (31.07.1899–31.01.1905), Arzt, 1910 war er Landstandesarzt in der Vorstadt Pokrowsk, Gouvernement Samara.

11. Scheffer, Paul Alexander (16.08.1892–31.05.1897), Arzt, 1898 bestand er die Prüfung der medizinischen Kommission mit „Ausgezeichnet". Oberarzt des Betriebs für Sprengstoffe im Dorf Titowka, Gouvernement Samara. 1905 Landstandesarzt im Dorf Osjorki im Kreis Saratow, Gouvernement Saratow.

12. Schmidt, Alexander-Heinrich Johann (01.09.1886–14.01.1888), wird auf seine Bitte der Uni Kasan abgemeldet und studierte erneut von 18.08.1888 bis 31.05.1892; Arzt, bestand die Prüfung der medizinischen Kommission mit „Ausgezeichnet". Von 27.10.1893 bis 1895 Vollassistent. Freischaffender Arzt in Astrachan.

13. Schröder, Alexander Karl (24.08.1891–31.05.1897), Arzt, bestand mit „Ausgezeichnet" 1898 die Prüfung der medizinischen Kommission. 1908 war er Leiter der Aufnahmestation der Stadt Astrachan sowie Arzt der Gesellschaft „Kaukasischer Merkur".

14. Schulz, Sergej Vicentius (31.07.1899–20.03.1904), Arzt, 1910 war er Landstandesarzt im Dorf Balakowo, Kreis Nikolajewsk, Gouvernement Samara.

15. Voltmann, Alexander Nikolaus (10.08.1893–05.06.1898), Arzt, bestand mit „Ausgezeichnet" 1899 die Prüfung der medizinischen Kommission. 1905 Landstandesarzt im Dorf Jelschanka des Kreises Samara, Gouvernement Samara.

16. Worms, Adolf-Woldemar Wilhelm (14.08.1885–23.04.1890), Arzt, bestand 1891 mit „Ausgezeichnet" die Prüfung der medizinischen Kommission. Außerstaatsmäßiger Assistent von 06.07.1891 bis 11.07.1894. Laborant von 15.12.1894 bis 1902. Am 14.09.1899 wurde er Doktor der Medizin. Von 01.03.1901 an war er Privat-Dozent. 1910 Professor der Fakultät für Medizin an der Kaiserlichen Universität Saratow.

E – Kaiserliche Universität Charkow

Universität von Charkow

Die Kaiserliche Universität Charkow wurde am 17./29. Januar 1805 eröffnet. Ihr erster Schirmherr war der Pole Graf S. O. Potozki (1762–1829), der eine große Rolle im Werdegang und der Entwicklung dieser Lehranstalt gespielt hat. In kurzer Zeit gelang es ihm, professionelle Kader für die Universität anzuwerben, indem er aus Deutschland 18 Professoren eingeladen hatte, von denen viele Lehrstuhlleiter wurden. Zu erwähnen sind: Johann Georg Schad (Lehrstuhl für Philosophie), Ferdinand Johannes Giese (für Chemie), Johann Andreas Schnaubert (für Chemie), Joseph Matthias Lang (für Philosophie und Mathematik), Johann Bernhard Barendt (für fernöstliche Sprachen). Später lud man noch F. W. Pilger, L. G. Jakob, J. S. Gut, K. D. Rommel, A. J. Tauber u. a. ein.

Da anfänglich niemand Medizin studieren wollte, wurde die Abteilung (Fakultät) der medizinischen Wissenschaften erst 1811 eröffnet. Aber sehr bald war sie die populärste unter der studierenden Jugend. Die ersten Medizin-Professoren waren W. F. Dreisieg (1770–1819), er leitete den Lehrstuhl für Pathologie und Therapie und A. J. Kalkau (1774–1812), er war am Lehrstuhl für Geburtenhilfe tätig. 1878 leiteten folgende Deutsche die Lehrstühle der Universität: August Justus Frese (1826–1884), Wilhelm Karl Nadler (1841–1894), Alexander Karl Dellen (1814–1882), Wikenti Johann Schertel (1843–1898), Ferdinand Johann Giese (1781–1821), Hermann Johann Lagermark (1849–1907), Ludwig Joseph Wanotti (1771–1819).

Im Biografie-Wörterbuch der medizinischen Fakultät, das zum 100. Jubiläum der Universität (1805–1905) erschien, kann man lesen, dass in dieser Zeit an der Universität 166 Professoren tätig waren, darunter waren zehn Prozent deutscher Abstammung. Dabei ist zu bemerken, dass die Zahl der Deutschen immer kleiner wurde. Das ist gut zu sehen, wenn man die hundert Jahre in vier Zeitabschnitte teilt. Im ersten Abschnitt (1805–1835) machten die Deutschen 30 % der Professoren aus, im zweiten (1835–1863) waren es 25 %, im dritten (1863–1884) waren es 10 % und im vierten (1884–1905) machten die Deutschen nur vier Prozent der Professoren aus.

Unter den Professoren und Lektoren, die an Lehrstühlen der medizinischen Fakultät tätig waren, gab es nicht wenige Persönlichkeiten, die eine Spur in der Geschichte der Universität und der russischen Medizin hinterlassen haben. Nachstehend einige Namen.

1. **von Anrep, Wilhelm Konstantin** (1852–1927), absolvierte 1876 die Medizinisch- Chirurgische Akademie, Professor des Lehrstuhls für klinische Chirurgie, danach von 1884 bis 1887 Professor für Gerichtsmedizin.
2. **Blumental, Andreas Johann** (1804–1881), absolvierte 1826 die Universität Dorpat. Außerordentlicher Professor des Lehrstuhls für Geburtenhilfe (1827–1837), Dekan der medizinischen Fakultät.

3. **Bokarius, Nikolaus Sergej** (1869–1931), absolvierte 1895 die Universität Charkow, Professor, leitete den Lehrstuhl für Gerichtsmedizin (1910–1931).

4. **Brandeis, Hermann Friedrich** (?–?), ordentlicher Professor des Lehrstuhls für Pathologie und Therapie (1839).

5. **Faver, Woldemar Woldemar** (1874–1920), absolvierte 1897 die Universität Charkow, danach Assistent des Labors für Hygiene der Universität. Von 1911 Hygiene-Professor des medizinischen Frauen-Instituts, von 1918 an Dozent des Lehrstuhls für Hygiene.

6. **Grube, Wilhelm Friedrich** (1827–1897), absolvierte 1850 die Universität Dorpat, 1859 wurde er zum ordentlichen Professor der Klinik für Chirurgie gewählt. Vorsitzender der Medizin-Gesellschaft Charkow.

7. **Hahn, Ferdinand-Karl Wilhelm**, geboren 1831, Doktor der Medizin. Von 1859 an Privat-Dozent der Universität.

8. **Hahn, Friedrich Johann** (1799–1858), absolvierte 1820 die Universität Dorpat, von 1831 an war er Arzt für Geburtenhilfe bei der Verwaltung Charkow, ab 1834 ordentlicher Professor des Lehrstuhls für Geburtenhilfe, Kinder-und Frauenkrankheiten. In den Jahren 1837–1858 war er Dekan der medizinischen Fakultät.

9. **Herzenstein, Ulrich Leon** (1837–1898), Doktor der Medizin, Privat-Dozent des Lehrstuhls für Augenheilkunde.

10. **Himmel, Johann Michael**, geboren 1871, Doktor der Medizin. Von 1895 an Professor der Universität.

11. **Hirschmann, Leonard Leopold**, geboren 1839. Doktor der Medizin, von 1860 an Professor der Universität.

12. **Kriemberg, Robert Peter**, geboren 1874. Arzt. Von 1899 an Professor der Universität.

13. **Leimbl, Duschan Wilhelm** (1824–1895), absolvierte die Universität Prag. Von 1860 an Professor für Anatomie, von 1861 bis 1865 leitete er den Lehrstuhl für Anatomie.

14. **Link, Andreas Wilhelm** (1812–1882), Professor der medizinischen Fakultät (1838–1848).

15. **von Meier, Karl Anton** (?–?), absolvierte 1817 die Universität Charkow. Doktor der Medizin. Oberarzt des Obuchow-Krankenhauses in Petersburg (1826–1848).
16. **Sommer, Alfred Heinrich**, geboren 1858. Doktor der Medizin, von 1883 an Professor der Universität.
17. **Sperck, Eduard Friedrich** (1837–1894), absolvierte die Universität Charkow. Er war der erste Direktor des Instituts für Versuchsmedizin, das 1890 in Petersburg eröffnet wurde.
18. **Trinkler, Nikolaus Peter** (1859–1925), absolvierte 1884 die Universität Charkow. Von 1905 an war er Professor des Lehrstuhls für chirurgische Pathologie und Therapie, danach Professor der Fakultätsklinik für Chirurgie (1913).
19. **Wagner, Johann Karl** (1833–1892), absolvierte die Universität Dorpat, Privat-Dozent am Lehrstuhl für Anatomie (1862), danach Dozent (1864), ordentlicher Professor, Leiter des Lehrstuhls für Anatomie (1869–1888).

Als Rektoren waren zu unterschiedlichen Zeiten tätig: Johann Jakob Kronberg (1826–1829 und 1833–1836), Karl Karl Voigt (1853–1858), Hermann Johann Lagermark (1899–1901), Ludwig Wilhelm Reinhardt (1905–1906).[21]

E.a – Studenten der medizinischen Fakultät Charkow unter den Russlanddeutschen

Bei der Durchsicht der Listen der Medizinstudenten mit deutschen Nachnamen, die aus den Originallisten der Studenten und Fremdhörer der Kaiserlichen Universität Charkow für die Jahre 1840–1915 entnommen wurden, muss man einige Erläuterungen machen. Die

---

21 Ru.wikipedia.org/wiki/Listen der Rektoren der Universität Charkow

ersten Listen der Studenten berichteten nur über das Glaubensbekenntnis, soziale Herkunft und die Zeit des Studienbeginns. Im Studienjahr 1885–1886 wurden die Angaben in den Listen der Studenten erweitert. Hinzugefügt wurden das Geburtsdatum und der Geburtsort. Die Studenten deutscher Abstammung gehörten vier Konfessionen an: Sie waren entweder Katholiken (k), Lutheraner (l), Mennoniten (m) oder Orthodoxe (o).

Ende des XIX. Jahrhunderts machten an der Universität Charkow die Studenten des orthodoxen und des jüdischen Glaubens die Mehrheit aus. Sehr populär waren bei der Jugend die Fakultäten für Medizin und Jura. Im Studienjahr 1900–1901 studierten 78 % von ihnen an diesen Lehrstühlen. Um dies zu veranschaulichen, stellt die Tabelle die Angaben über die Zahl der Studenten nach ihrer Konfession dar. (Tabelle)

ALLGEMEINE ANGABEN ÜBER DIE ZAHL DER STUDENTEN NACH IHRER KONFESSION IM STUDIENJAHR 1900–1901

Glaube	Fakultäten				
	Historisch-Philologisch	Physik-Mathem.	Jura	Medizin	Insgesamt
Orthodoxe	36	208	412	341	997
Katholiken	1	16	16	26	59
Lutheraner	-	4	8	3	15
Armen.-Gregor.	-	8	10	36	54
Armen.-Kathol.	-	-	1	-	1
Karaim.	-	2	-	2	4

Mennoniten	-	-	-	4	4
Juden	4	26	59	167	256
Mohammed.	-	1	-	6	7
Anglikan.	-	-	-	-	-
Evangel.	-	-	4	4	8
Baptisten	-	-	1	-	1
Insgesamt	**41**	**265**	**511**	**589**	**1406**

Im Studienjahr 1907–1908 zählte die medizinische Fakultät 1415 Studenten unterschiedlichen Glaubens. Darunter: 985 (69,6 %) Studenten gehörten der orthodoxen Kirche an, 223 (15,8 %) gehörten dem jüdischen Glauben an, 129 (9,1 %) dem armenisch-gregorianischen Glauben, 20 (1,4 %) waren Mohammedaner. Was die traditionellen westlichen Konfessionen (katholisch und evangelisch-lutherisch) betrifft, so war die Zahl der Studenten dieser Glaubensrichtungen eher gering. Unter den Medizinstudenten waren 31 (2,2 %) Katholiken und 21 (1,5 %) Lutheraner. Die übrigen sechs Studenten waren Altgläubige und Molokaner. Die weiteren Forschungen zeigen, dass es sich bei den katholischen Studenten hauptsächlich um Polen handelte und bei den Lutheranern und Mennoniten um Deutsche. Im Ganzen studierten in den Jahren 1840–1917 an der medizinischen Fakultät 26 Kinder deutscher Kolonisten, die zu drei Konfessionsgruppen gehörten (Lutheraner, Mennoniten und Katholiken). Nachstehend bringe ich ihre Namen.

1. **Bechtle** Alexander Wilhelm, Lutheraner, wurde 1889 in einer Kolonie des Gouvernements Taurien geboren, absolvierte das Gymnasium in Jalta und belegte er 1911 Medizin an der Universität Charkow. Angaben über den Abschluss der Universität gibt es nicht.

2. **Behr,** Bernhard-Heinrich Bernhard, Lutheraner, wurde am 10.09.1862 in der Kolonie Zürichtal, Kreis Feodossija, Gouvernement Taurien, geboren. Er absolvierte das Gymnasium in Simferopol und belegte er Medizin an der Universität Charkow. Angaben über den Abschluss gibt es nicht.

3. **Belz**, Adam Adam, Lutheraner. Er wurde am 02.11.1871 in der Kolonie Ostheim, Kreis Berdjansk, Gouvernement Taurien, geboren, absolvierte das Gymnasium in Berdjansk und belegte er Medizin an der Universität Charkow. 1898 wurde ihm das Arzt-Diplom ausgehändigt.

4. **Biehler**, Nikolaus Gottlieb, Lutheraner. Er wurde 1893 in der Familie eines Siedlers der Stadt Brjansk, Gouvernement Orjol, geboren, absolvierte das Gymnasium in Tambow und belegte er Medizin an der Universität Charkow. 1917 erhielt er sein Arzt-Diplom.

5. **Dick**, Franz Peter, Mennonit. Er wurde 1892 in einer der Kolonien des Kreises Berdjansk, Gouvernement Taurien, geboren. Nach Abschluss des Gymnasiums in Berdjansk belegte er Medizin an der Universität Charkow. 1917 wurde ihm sein Arzt-Diplom ausgehändigt.

6. **Dick,** Johann Jakob, Mennonit. Er wurde 1892 in der Familie eines Siedlers im Kreis Simferopol, Gouvernement Taurien, geboren. Nach Abschluss des Privat-Gymnasiums M. A. Woloschenko studierte er an der Universität in Petersburg. 1913 wechselte er an die medizinische Fakultät der Universität Charkow. Angaben über den Abschluss seines Studiums gibt es nicht.

7. **Friesen**, Nikolaus Hermann, Mennonit, wurde am 22.05.1864 in der Familie eines Siedlers in der Kolonie Halbstadt, Kreis Berdjansk, Gouvernement Taurien, geboren. Er absolvierte das Gymnasium in Jekaterinoslaw und belegte er Medizin an der Universität Charkow. 1891 erhielt er das Arzt-Diplom.

8. **Gareis**, Adolf Peter, Katholik, wurde 1894 in einer der Kolonien des Kreises Mariupol, Gouvernement Jekaterinoslaw, geboren. Er absolvierte das Gymnasium in Mariupol und belegte er Medizin an der Universität Charkow. 1919 erhielt er das Arzt-Diplom.

9. **Giesbrecht**, Gerhard Jakob, Mennonit, wurde am 16.08.1883 in der Familie eines Kolonisten geboren. Er absolvierte das Gymnasium in Stawropol und belegte er Medizin an der Universität Charkow. Angaben über den Abschluss des Studiums gibt es nicht.

10. **Gottmann**, Theodor Johann, Lutheraner, wurde 19.11.1871 in der Kolonie Schönbrunn (Adargan), Kreis Perekop, Gouvernement Taurien, geboren. Nach Abschluss des Gymnasiums in Stawropol studierte er an der Universität Kiew, von hier wechselte er im September 1895 an die medizinische Fakultät der Universität Charkow. 1900 erhielt er sein Arzt-Diplom.

11. **Hamm**, David Abram, Mennonit, wurde 1880 in der Familie eines Siedlers im Gouvernement Jekaterinoslaw geboren, absolvierte das Gymnasium in Jekaterinoslaw und belegte er Medizin an der Universität Charkow. 1909 erhielt er sein Arzt-Diplom.

12. **Hausknecht**, Abram David, Mennonit, wurde am 21.01.1858 in der Kolonie Einlage (Kitschkas), Kreis Jekaterinoslaw, Gouvernement Jekaterinoslaw geboren. Er absolvierte das II. Gymnasium in Charkow und belegte er Medizin an der Universität Charkow. 1888 erhielt er sein Arzt-Diplom.

13. **Himmelreich**, Heinrich Kornelius, Katholik. Sohn eines Kolonisten, absolvierte das Gymnasium in Tschernigow. Im September 1838 belegte er Medizin in Vilna. Nach deren Auflösung wechselte er 1840 an die medizinische Fakultät der Universität Charkow. 1844 erhielt er sein Arzt-Diplom.

14. **Hofmann**, Michael Ludwig, orthodox, wurde am 06.10.1863 in der Familie eines Kolonisten des Gouvernemens Charkow geboren. Er absolvierte das III. Gymnasium in Charkow und belegte er Medizin an der Universität Charkow. Angaben über den Abschluss der Universität gibt es nicht.

15. **Klüdt**, Johann, Lutheraner, wurde 1887 in der Familie eines Pastors in der Kolonie Grunau (Alexandronewsk), Gouvernement Jekaterinoslaw, geboren. Belegte Medizin an der Universität Charkow. Angaben über den Abschluss des Studiums gibt es nicht.

16. **Klüdt**, Reinhold Johannes, Lutheraner, wurde am 02.01.1870 in der Kolonie Berlin, Gouvernement Cherson, geboren. Er absolvierte das Gymnasium in Berdjansk und belegte die medizinische Fakultät der Universität Charkow. 1898 erhielt er sein Arzt-Diplom.

17. **Lutz**, Alexander Heinrich, Lutheraner, wurde 1883 in der Familie eines Siedlers des Gouvernements Taurien geboren, absolvierte das Gymnasium in Simferopol und belegte er Medizin an der Universität Charkow. Angaben über den Abschluss des Studiums gibt es nicht.

18. **Meier**, Wihelm Wilhelm, orthodox, wurde 1893 in der Familie eines Kolonisten im Gouvernement Charkow geboren. Er absolvierte das I. Gymnasium in Nishegorodsk. Belegte er Medizin an der Universität Charkow. Angaben über den Abschluss der Universität gibt es nicht.

19. **Penner**, Abraham Wilhelm, Mennonit, wurde am 04.03.1879 in der Kolonie Chortiza des Kreises Jekaterinoslaw, Gouvernement Jekaterinoslaw, geboren. Er absolvierte das Gymnasium Jekaterinoslaw und belegte er Medizin an der Universität Charkow. Angaben über den Abschluss der Universität gibt es nicht.

20. **Reimer**, David Abraham, Mennonit, wurde 1889 in einer der Kolonien des Kreises Cherson, Gouvernement Cherson geboren. Er absolvierte das IV. Gymnasium in Charkow und belegte er Medizin an der Universität Charkow. Angaben über den Abschluss der Universität gibt es nicht.

21. **Reimer**, Heinrich Nikolaus, Mennonit, wurde am 12.09.1863 in der Kolonie Orloff, Kreis Berdjansk, Gouvernement Taurien, geboren. Das Gymnasium beendete er in Feodossia und belegte er Medizin an der Universität Charkow. 1891 erhielt er sein Arzt-Diplom.

22. **Reinhardt**, Gottlieb Gottfried, Lutheraner, wurde am 28.10.1863 in der Kolonie Reinhard (Ossinowka), Kreis Nowousensk, Gouvernement Samara, geboren. Nach Abschluss des Gymnasiums in Saratow studierte er an der Universität Kiew, von hier wechselte er im Oktober 1892 an die medi-

zinische Fakultät der Universität Charkow. 1897 erhielt er das Arzt-Diplom.

23. **Schad**, Albert Gottlieb, Lutheraner, wurde am 11.09.1866 in der Familie eines Siedlers der Kolonie Molotschna, Gouvernement Taurien, geboren. Er absolvierte das Gymnasium in Feodossia und belegte er Medizin an der Universität Charkow. 1891 erhielt er das Arzt-Diplom.

24. **Schneider**, Rudolf Philipp, Lutheraner, wurde 1886 in der Familie eines Siedlers des Kreises Perekop, Gouvernement Taurien, geboren. Er absolvierte das Gymnasium in Simferopol und belegte er Medizin an der Universität Charkow. 1911 erhielt er das Arzt-Diplom.

25. **Schulz**, Wilhelm Gottlieb, Lutheraner, wurde 1890 in einer der Kolonien des Kreises Melitopol, Gouvernement Taurien, geboren. Er absolvierte das Gymnasium in Berdjansk und belegte er Medizin an der Universität Charkow. 1916 erhielt er das Arzt-Diplom.

26. **Voth,** Andreas Andreas, Mennonit, wurde am 26.10.1867 in der Kolonie Halbstadt, Kreis Berdjansk Gouvernement Taurien, geboren, absolvierte das Gymnasium Berdjansk und belegte er Medizin an der Universität Charkow. 1888 erhielt er das Arzt-Diplom.

Schaut man die Liste aufmerksam durch, so ist zu ersehen, dass die Kinder lutherischen und mennonitischen Glaubens stärker motiviert waren, eine Hochschulbildung zu erwerben als die des katholischen Glaubens. Auf den Erhalt der Muttersprache konzentriert, waren sie nicht bestrebt, in russischsprachige Gymnasien zu gehen, was für ein Studium obligatorisch war. Deswegen haben die Katholiken, die die Hochschulbildung erwerben wollten, an die Universität Dorpat gehen müssen, wo auf Deutsch unterrichtet wurde.

F – Kaiserliche Universität Kiew

Universität von Kiew

Die Eröffnung der Kaiserlichen Universität des Heiligen Wolodymir ist eng mit dem Aufstand der Polen in den Jahren 1830–1831 verbunden. Dem Aufstand schlossen sich die meisten Studenten der Universität Vilna an. Nach Niederschlagung des Aufstands erließ Zar Nikolai I. am 08.11.1833 einen Ukas (Erlass) über die Auflösung der Universität Vilna und des Lyzeums Kremenez im Gouvernement Wolhynien und eröffnete stattdessen eine Universität in Kiew. Die zweite höhere Bildungsanstalt auf dem Territorium der Ukraine hatte zunächst nur die Fakultät für Philosophie mit zwei Abteilungen: für Geschichte und Philologie sowie für Physik und Mathematik. 1835 wurde die juristische Fakultät und 1841 die medizinische Fakultät eröffnet. Beide Fakultäten wurden mit der Zeit die populärsten, sie wurden von den meisten Abiturienten angestrebt. 1859 studierten an der medizinischen Fakultät 540 Studenten, 1894 schon 1814 Studenten.

Die Geschichte der Universität Kiew ist eng mit den Namen deutscher Professoren und Lektoren verbunden. In den Jahren 1834–1884 waren dort 231 Professoren und Lektoren tätig, darunter 71 (30,7 %) deutscher Abstammung. Von den 71 waren 26 am Lehrstuhl für Medizin tätig. Nachstehend kommen ihre Namen.[22]

1. **Becker**, Wilhelm Gustav (1811–1874), ordentlicher Professor für Pharmakologie und Allgemeinmedizin.
2. **Betz**, Woldemar Alex (1834–1894), ordentlicher Professor der Anatomie.
3. **Bornhaupt**, Theodor Karl Georg (1842–1905), außerordentlicher Professor für Chirurgie und Hospitalklinik.
4. **Dieterichs**, Michael Michael (1871–1941), Chirurgie und Pathologie.
5. **Erhardt**, Friedrich Friedrich (1828–1895), Verdienter ordentlicher Professor des staatlichen Gesundheitswesens.
6. **Fleischer**, Adolf Karl (1845–?), Privat-Dozent kinetischer und theoretischer Therapie.
7. **Geibel**, Karl-Georg-Emil Georg (1839–1912), ordentlicher Professor für Pharmakologie.
8. **Hübenet**, Anton Christian August (1821–1873), ordentlicher Professor für theoretische Chirurgie.
9. **Lindemann**, Woldemar Karl (1868–1933), allgemeine Pathologie.
10. **Mazon**, Julius Ferdinand (1817–1885), ordentlicher Professor für Pathologie und pathologische Anatomie.
11. **Mering**, Friedrich Georg (1822–1887), ordentlicher Professor für Privat-Therapie.
12. **Mifle**, Joseph Eduard (1847–?), Privat-Dozent für Chirurgie.
13. **Mierjam**, Carl Eduard (1811–1887), ordentlicher Professor für normale Physiologie.

---

22 Biographie-Wörterbuch der Professoren und Lektoren der Kaiserlichen Universität des Heiligen Wolodymir (1834–1884), zusammengestellt von W. S. Ikonnikow. Kiew, Verlag der Universität, 1884, www. Bibliard.ru/vcd-2113-1-1129/goodsinfo.html

14. **Münch**, Georg Nikolaus (1836–1896), ordentlicher Professor für pathologische Anatomie.

15. **Rein**, Georg Erhard (1854–1942), außerordentlicher Professor der Gynäkologie und Frauenkrankheiten.

16. **Rienek**, Alexander Christian (1837–?), ordentlicher Professor für operative Chirurgie.

17. **Tritschel**, Karl Heinrich (1842–1914), außerordentlicher Professor für Privat-Pathologie und Therapie.

18. **Scheffer**, Alexander Alexander (1831–1897), ordentlicher Professor für medizinische Chemie und Physik.

19. **Schwarz**, Alexander Adam (?–1885), Dozent am Lehrstuhl für Geburtenhilfe.

20. **Walter**, Alexander Peter (1817–1898), ordentlicher Professor für Anatomie.

21. **Zielchert**, Otto-August Heinrich (1815–1848), außerordentlicher Professor für theoretische Chirurgie.

Unter den bekanntesten Absolventen der medizinischen Fakultät, die später namhafte Mediziner wurden, waren der Chirurg Jakob Josef Galpern (1875–1941), Franz Hugo Stephanis (1865–1917), Roman Johann Hellwig (1873–1920), der erste Rektor des medizinischen Instituts Krim, Eduard Friedrich Sperk (1837–1894), der erste Direktor des Instituts für experimentelle Medizin, Nikolaus Michael Dieterichs (1854–1885), Jakob Jakob Esau (1865–?) u. a.

Im Laufe der hundert Jahre leiteten 87 Professoren die Fakultäten der Universität, darunter waren 17 Deutsche. Diese Namen können Sie in der beiligenden Tabelle lesen, die von K. K. Vasylyew veröffentlicht wurde.[23]

Zu bemerken ist, dass die Anzahl der deutschen Professoren an der medizinischen Fakultät mit der Zeit abnahm. Wenn in

---

23 Deutsche in den Medizinischen Fakultäten der St.Vladimir Universität in Kiew und der Novorossijskij Universität in Odessa. „Deutsch-russische Beziehungen in Medizin und Naturwissenschaften", Hrg. D. von Engelhardt und I. Kästner, Band 9, Shaker Verlag, Aachen, 2004, S.141–164

den Jahren 1841–1863 an der Fakultät neun deutsche Professoren
von 15 (60 %) tätig waren, so waren es in den Jahren 1863–1884
elf von 30 (37 %) und in den Jahren 1884–1920 waren es zehn
von 66 (15 %).[24] Diese Zahlen zeugen davon, dass im letzten
Viertel des XIX. Jahrhunderts Russland sich mit eigenen Fachkräften sowohl für die praktische als auch für die wissenschaftliche
Medizin versorgen konnte. Deswegen wurden die Einladungen
von ausländischen Fachleuten drastisch gekürzt.

G – die Kaiserliche Universität Noworossijsk in Odessa

Noworossijski Universität in Odessa

Die Kaiserliche Universität Noworossijsk wurde am 13. Mai 1865
auf Basis des Richelieu-Lyzeums eröffnet. Zunächst hatte die Universität nur drei Fakultäten: für Geschichte und Philologie, für
Physik und Mathematik sowie für Jura. Mit Hilfe des damaligen
russischen Finanzministers, S. J. Witte (1849–1915) wurde 1900
die vierte Fakultät, die medizinische, eröffnet. Das war die erste
Universität in der Zone der kompakten deutschen Siedlungen. Von

---

24 Ebenda

nun an hatten die Kinder der deutschen Kolonisten die Möglichkeit, in ihrer Nähe zu studieren. Die wissenschaftlich-pädagogische
Tätigkeit der Universität, inklusive der medizinischen Fakultät,
war anfänglich eng mit den Namen der deutschen Professoren,
Lektoren und Studenten verbunden.

Unter den ersten Professoren, die umfangreiche Kenntnisse
der westeuropäischen Medizin besaßen und die medizinische
Fakultät leiteten, waren:

1. **Blauberg**, **Karl Magnus** (1866–1921), Lehrstuhl für Pharmazie und Pharmakologie. Er wurde am 13./25.03.1866 in
   Vol'mare (Valmiera) in Lifland in der Familie eines Ehren-
   bürgers geboren. Lutheraner. Nach Abschluss des Gymna-
   siums 1881 ging er in die Lehre zum Rigaer Apotheker Johann
   Friedrich Georg Drexler (1841 bis nach 1915), 1884 legte er
   an der Universität Dorpat die Prüfung zum Apothekergehilfe
   ab und begann in einer der Apotheken in der Stadt Jefremow,
   Gouvernement Tula, zu arbeiten. Nach zwei Jahren belegte er
   Medizin an Fakultät für Pharmazie der Universität Moskau.
   Gleichzeitig arbeitete er (1886–1889) in der Apotheke von Karl
   Ferrein (1802–1887). 1889 absolvierte er die Universität und
   erhielt das Apothekerdiplom. Von November 1890 an setzte
   er seine Ausbildung an dem Moskauer Institut für Hygiene bei
   Professor Friedrich E. Erismann (1842–1915) fort. Von Februar 1891 bis März 1893 arbeitete er als Chemie-Analytiker am
   Institut für Hygiene, dabei erforschte er Lebensmittel, inklusive Weine und Aperitifs. Die Angaben über die Qualität der
   russischen Weine legten die Grundlage zu seiner Doktorarbeit,
   die er mit Erfolg 1894 an der Medizinischen Fakultät der Moskauer Universität verteidigte. 1895 setzte er seine medizinische
   Ausbildung im Ausland fort. Er wohnte den Vorlesungen an
   den Universitäten Zürich, Würzburg und Berlin bei und erwarb praktische Kenntnisse bei vielen bekannten Professoren
   Deutschlands und der Schweiz. Nach seiner Rückkehr arbeitete er 1898–1901 als Assistent des Instituts für Pharmazie bei
   der Universität Dorpat, wo er den Titel Privat-Dozent erwarb.

1900, nach bestandenem Examen, wurde er Doktor der Medizin. 1902 wurde er an die Universität Noworosijsk (Odessa) berufen. Blauberg war mit Luise Charlotte Maria Schmeil, einer Lutheranerin, verheiratet, mit der er zwei Söhne hatte: Alexander (1891–?) und Adolf (1899–?). 1921 wählte er den Freitod, indem er Zyankali nahm.

2. **Walter,** Peter Alexander, (1856–1932), Lehrstuhl für ärztliche Diagnostik mit propädeutischer Klinik. Er wurde am 21.01./02.02.1856 in der Familie des Anatomie-Professors der Universität Kiew, A. P. Walter (1818–1889) geboren. Nach dem Glauben der Mutter wurde er orthodox getauft. 1878 begann er eine Lehre an der Technischen Schule in Moskau, doch bald wechselte er an die Medizinisch-Chirurgische Akademie (von 1881 an hieß sie Militär-Medizinische Akademie), die er 1884 mit „Ausgezeichnet" absolvierte. Mit dem Arzt-Diplom setzte er seine Ausbildung als Assistent in der Klinik des Professors W. A. Manassein (1841–1901) fort und verteidigte 1886 seinen Doktor der Medizin. Er wurde zum Privatdozenten der Klinik für Innere Medizin und Diagnostik in der Militär-medizinischen Akademie berufen. Von 1887 bis 1889 machte er Praktika in den Kliniken und Labors Dresdens, wo er bedeutende Mediziner und Gelehrte Deutschlands kennenlernte. Nach der Rückkehr nach Russland arbeitete er bis 1903 als Oberarzt im Barackenlazarett Roshdestwenski in Petersburg. 1903 wurde er an die Universität Odessa berufen, wo er Professor und Leiter des Lehrstuhls für Diagnostik wurde. Nachdem er 1914 seines Amtes enthoben worden war, kehrte er nach Petersburg auf seine frühere Arbeitsstelle zurück. 1917–1920 war er Professor für Geburtshilfe an der Universität Taurien. 1920 emigrierte er über Kischinjow (Kissenau) nach Lettland, wo er am 05.11.1932 verstarb. Er war mit Daria Wassiljewna Konstantinowa verheiratet, mit der er sechs Kinder hatte: drei Söhne und drei Töchter.

3. **von Tisenhausen,** Michael Michael (1877–1945), Lehrstuhl für pathologische Anatomie. Er wurde am 07./19. Juli 1877 in Riga in einer bekannten Adelsfamilie geboren. Luthera-

ner. Nach Abschluss des Gymnasiums in Nowgorod belegte er Medizin an der Moskauer Universität. Nach Abschluss des Studiums wurde er 1902 als Prosektor-Gehilfe an den Lehrstuhl für pathologische Anatomie der Universität Odessa berufen. Hier bereitete er unter Leitung des Lehrstuhlleiters D. P. Kizenskij (1858–1933) seine Doktorarbeit vor und promovierte 1910. Als er zum Privat-Dozenten und Prosektor wurde, arbeitete er gleichzeitig an der Universität und an Krankenhäusern in Odessa. 1914 wurde er auf Dienstreise nach Deutschland gesandt, um von den Kenntnissen der deutschen Pathologen zu profitieren. Während seines Aufenthalts in Deutschland brach der Erste Weltkrieg aus und er wurde als Bürger eines feindlichen Landes festgenommen. Es kostete große Anstrengungen, um ihn zu befreien. 1919 floh D. P. Kizenskij aus Odessa und seine Stelle besetzte von Tisenhausen. In diesem Amt blieb er bis 1944. Aus Angst vor Repressalien von Seiten der Sowjetmacht floh er zusammen mit der sich zurückziehenden deutschen Armee. Mit seinen zwei Töchtern ließ er sich im Städtchen St. Johann im Rongau bei Salzburg (Österreich) nieder, wo er am 19.05.1945 verschied.[25]

1913 arbeiteten an der Fakultät weitere Personen:

1. **Siele,** Martin Bertold (1863–1945), Lehrstuhl für Privat-Pathologie und Therapie, er wurde am 16.01.1863 auf dem Gutshof Ungurpils, Gouvernement Lifland, geboren. Lutheraner. 1889 absolvierte er die Medizinische Fakultät der Universität Dorpat und wurde im selben Jahr Doktor der Medizin. 1890–1898 war er freischaffender Arzt in Moskau und Jalta. Von 1898 bis 1903 leitete er den Seziersaal im Evangelischen

---

25 K. K. Vasylyev: „Deutsche an der Medizinischen Fakultät der Novorossijsk-Universität in Odessa. Deutsch-russische Beziehungen in Medizin und Naturwissenschaften", Herausgeber D. von Engelhardt und I. Kästner, Band 4, Verlag Shaker, Aachen, 2001, S.227–240.

Krankenhaus in Odessa. Von 1905 an war er Privat-Dozent am Lehrstuhl für Privat-Pathologie und Therapie der Universität Neurusslands, danach Dozent, und von 1920 bis 1922 Professor und Lehrstuhlleiter für Propädeutik im Medizinischen Institut Odessa. 1922 kehrte er nach Lettland zurück, wo er bis 1932 den Lehrstuhl für Therapie an der Universität Riga leitete. Von 1923 bis 1925 wurde er zum Dekan und 1927 zum Rektor der Universität gewählt. Vor dem Zweiten Weltkrieg siedelte er nach Deutschland über, wo er am 12.05.1945 in Unsleben (Bayern) verstarb.

2. **Wernke,** Karl Theodor (1870–1946), Lehrstuhl für Augenheilkunde. Er wurde am 9./21.03.1870 im Gouvernement Lifland geboren. Lutheraner. 1896 beendete er die Medizinische Fakultät der Universität Dorpat, wo er 1900 seinen Doktor machte. Von 1902 an war er Assistent der Augenklinik Odessa, von 1908 an war er gleichzeitig Privat-Dozent des Lehrstuhls für Augenheilkunde der Universität Noworossijsk.

3. **Thomson,** Hermann-Emil Johann (1862–1933), Lehrstuhl der Klinik für Geburtenhilfe und Gynäkologie. Er absolvierte die Medizinische Fakultät der Universität Dorpat, wo er 1886 Doktor der Medizin wurde. Nach seiner Übersiedlung nach Odessa arbeitete er als Oberarzt im Evangelischen Krankenhaus. Anfang des XX. Jahrhunderts wurde er zum Professor des Lehrstuhls für Geburtenhilfe berufen. Er war mit Jefrosinia Alexandrowna Tschelebedaki verheiratet, mit der er einen Sohn und eine Tochter hatte.

4. **Brant,** Viktor Dimitrij (1872–?), Lehrstuhl für Geburtenhilfe und Frauenkrankheiten. Er wurde in Sankt Petersburg geboren, erwarb das Arzt-Diplom 1896 und arbeitete als Landstandesarzt. Anfang des XX. Jahrhunderts war er am Lehrstuhl für Geburtenhilfe der Medizinischen Fakultät tätig.

5. **Korsch,** Alexander Vsevolod (1846–1925), Lehrstuhl für Gerichtsmedizin. Er wurde am 17./29.12.1846 geboren, absolvierte das Gymnasium in Poltawa. 1870 beendete er die Medizinisch-Chirurgische Akademie in Petersburg. Er war als Landstandesarzt tätig, beteiligte sich an dem Russisch-Türki-

schen Krieg (1877–1878). Von 1879 an war er Ordinator der Klinik für Geburtenhilfe und Gynäkologie an der Medizin-Chirurgische Akademie. 1891 wurde er Doktor der Medizin. 1886 wurde er Ärzte-Inspektor in Odessa, von 1888 an war er gleichzeitig Privat-Dozent für Gerichtsmedizin an der Jura-Fakultät. Von 1903 an war er Professor des Lehrstuhls für Gerichtsmedizin an der medizinischen Fakultät.

Anstellung der Dozenten zu unterschiedlichen Zeiten:

6. **Walter,** Otto-Heinrich Karl (1862–1917). Er wurde am 22.02./06.03.1862 auf dem Landgut Paggar im Gouvernement Estland geboren. Lutheraner.1886 absolvierte er die Medizinische Fakultät der Universität Dorpat, wo er auch ein Jahr darauf seinen Doktor machte. Von 1892 bis 1908 war als Assistenzarzt in der Augenklinik Odessa tätig, danach als Arzt in der Augenklinik Pawlowsk. 1913 wurde er zum Privat-Dozenten des Lehrstuhls für Augenkrankheiten. Er starb am 28.11./11.12.1917. Die Todesursache ist unbekannt.

7. **Flemmer,** Jakob Michael (1861–?) wurde am 29.05./10.06.1861 in der Familie eines Siedlers in der Kolonie Glückstal, Kreis Tiraspol, Gouvernement Cherson, geboren. Lutheraner. 1889 absolvierte er die Medizinische Fakultät der Universität Dorpat. Im selben Jahr erhielt er das Diplom des Doktors der Medizin. Von 1893 bis 1898 diente er im Amt für Militärwesen in Odessa. Nachdem er aus dem Militärdienst entlassen worden war, arbeitete er als Lektor in der Zahnärztlichen Schule des Doktors I. I. Margolin. 1914 wurde er zum Privat-Dozenten des Lehrstuhls für Zahnheilkunde der Medizinischen Fakultät gewählt.

8. **Kanger,** Artur Martin (1875–1960), wurde in der Stadt Walke, Gouvernement Lifland, in der Familie Martin Kanger und Jenny Holstein geboren. Nach einigen Jahren Arbeit als Apothekergehilfe ging er 1896 an die Abteilung für Pharmazie der Medizinischen Fakultät der Universität Dorpat. Von 1898 an war er Apotheker. Nachdem er 1902 promo-

viert hatte, wurde er Magister der Pharmazie. In Odessa arbeitete er als Laborant am Lehrstuhl für Pharmazie und Pharmakologie bei Professor K. M. Blauberg. Von 1911 bis 1922 war er Privat-Dozent des Lehrstuhls. 1923 kehrte er in seine Heimat, nach Lettland, zurück. Ende 1939 emigrierte er als ethnischer Deutscher nach Deutschland, wo er 1960 verstarb.

9. **Koch,** Emmanuel Christian (1877–1942) wurde in der Kolonie Gnadental in Bessarabien geboren. Nach Abschluss der Grundschule und eines Lehrerseminars schickten ihn seine Eltern aufs Gymnasium nach Dorpat (Estland). 1908 belegte er Medizin an der Universität Dorpat, die er 1913 absolvierte. Anfänglich arbeitete er als Chirurg im Evangelischen Krankenhaus in Odessa. Von 1914 bis 1918 war er im Ersten Weltkrieg. Nach seiner Rückkehr promovierte er an der Universität Noworossijsk in Odessa, wurde Doktor der Medizin und wurde an den Lehrstuhl für Chirurgie am Medizinischen Institut Odessa berufen, wo er zunächst als Dozent, dann als Professor tätig war. 1923 heiratete er die Apotheker-Assistentin Amalie Hust, mit der er 1925 eine Auslandsreise machte. Sie besuchten Berlin, Wien und Prag. Im Dezember 1937 wurde Professor Koch verhaftet und zu zehn Jahren Haft verurteilt und in das Besserungs-Arbeitslager nach Kolyma (Nord-Osten) verschickt, wo er Arzt der Häftlinge war. Im November 1941 wurde er erneut nach Paragraph 58 (konterrevolutionäre Tätigkeit) angeklagt und das Militärtribunal verurteilte ihn zum Tode. Am 31.01.1942 wurde Professor Koch erschossen. Seine Frau ging 1944 mit der Tochter nach Deutschland.[26]

Anzumerken ist, dass die Deutschen nur bis 1914 aktiv in der Lehr- und wissenschaftlichen Tätigkeit waren. Nachdem Russland in den Krieg mit Deutschland eingetreten war, begann man

---

26 H. Roemmich: „Professor Emmanuel Koch", Heimatbuch 1964, S. 132–139

die Deutschstämmigen massenweise aus den Universitäten Russlands zu vertreiben.[27]

G.a – Russlanddeutsche Absolventen der Novorossijski-Universität (Universität Neurusslands)

Die Medizinische Fakultät gab es an der Universität Neurusslands von 1900 bis 1920 und nur einige Dutzend Russlanddeutsche absolvierten sie. Sie kamen aus der Ukraine, aus Bessarabien, Transkaukasien. Da ich keine Möglichkeit habe, alle Deutschstämmigen zu nennen, beschränke ich mich auf einige, die die Medizinische Fakultät absolviert haben und die einen Beitrag zur Entwicklung der russischen Medizin leisteten.[28] Einige von ihnen gingen auch einer Lehrtätigkeit am Medizinischen Institut Odessa nach.

1. **Bessler**, Alexander Jakob (1884–?) wurde im Dorf Adshi-Ketsch, Kreis Simferopol, Gouvernement Taurien, in der Familie deutscher Kolonisten, der Lutheraner Jakob und Maria Bessler (geb. Aman), geboren. Er beendete das Gymnasium in Simferopol und belegte er Medizin an der Universität Neurusslands in Odessa, die er 1914 absolvierte. Sein weiteres Schicksal ist unbekannt.

---

27 I. W. Tschekasjanowa: „Deutsche, die russischen Gelehrten in den Jahren des Ersten Weltkrieges. Episoden aus der Geschichte der Akademie der Wissenschaften", 2008, archive.nbuv.gov.ua
28 K. K. Vasylyev: „Deutsche an der Medizinischen Fakultät der Novorossijsk-Universität in Odessa. Deutsch-russische Beziehungen in Medizin und Naturwissenschaften", Herausgeber D. von Engelhardt und I. Kästner, Band 9, Verlag Shaker, Aachen, 2004, S.141–164

2. **Dobler,** Leopold Andreas (1888–?) wurde in der Kolonie Teplitz, Kreis Ackermann, in Bessarabien in der Familie der Lutheraner Andreas und Margarete Dobler (geb. Deiss) geboren. Er erhielt Privatunterricht und legte 1908 die Abschlussprüfung fürs Gymnasium ab und belegte er Medizin an der Universität Neurusslands in Odessa. Diese absolvierte er mit der Note „Ausgezeichnet" und erhielt das Arzt-Diplom. Sein weiteres Schicksal ist unbekannt.

3. **Esau,** Peter Jakob (1891–?) wurde in Kansirowka, Gouvernement Jekaterinoslaw, in der Familie der Mennoniten Karl und Susanne Esau (geb. Hesse) geboren. Sein Vater, Absolvent der Universität Kiew, war ein bekannter Landstandessarzt. Peter beendete 1910 das Gymnasium in Jekaterinoslaw und belegte er Medizin an der Universität Neurusslands in Odessa. Wegen des Krieges wurde er 1914 zum Arzt I. Kategorie ernannt. Sein weiteres Schicksal ist unbekannt.

4. **Fischer,** Eugen Maximilian, eigentlich: Spennemann, Eugen Richard (1892–1953). Er wurde in einer deutsch-russischen Familie geboren in Aserbaidshan und nach dem Glauben seiner Mutter orthodox getauft. Nach dem Tod seines leiblichen Vaters, einem Lutheraner, wurde er von seinem Stiefvater adoptiert und bekam seinen Familien- und Vatersnamen. 1907 absolvierte er das Gymnasium in Tiflis und belegte er Medizin an der Universität Sankt Petersburg. Nach einem Jahr wechselte er zur Medizinischen Fakultät der Universität Prag. Doch kurz vor dem Abschluss des Studiums wechselte er erneut den Ort seines Studiums, diesmal ging er nach Odessa, an die Medizinische Fakultät der Universität Neurusslands, wo er sein Arztdiplom bekam. Von 1915 an war Fischer Arzt der Augenklinik des Medizinischen Instituts, das von Professor W.P. Filatow (1875–1956) geleitet wurde. 1921–1922 war er Militärarzt der Roten Armee, danach von 1923 bis 1929 Assistenzarzt. 1929 begann er in der Augenklinik des Instituts für Ärzteweiterbildung (Odessa) zu arbeiten, wo er 1935 Dozent wurde. 1940 promovierte er und wurde Doktor der Medizin. 1941–1944, während der Besatzung durch die

rumänische Armee, war er freischaffender Augenarzt. 1950 wurde er Professor und zum Leiter des Lehrstuhls für Augenheilkunde gewählt. Diese Stelle bekleidete er bis zu seinem Tod im Jahr 1953.

5. **Frank**, Andreas Michael (1886–?) wurde in Plotzk, Kreis Ackermann (Bessarabien), in der Familie der Lutheraner Michael und Karoline Frank (geb. Lange) geboren. 1909 beendete er in Bolgrad das Gymnasium und belegte er Medizin an der Universität Neurusslands in Odessa, die er 1914 absolvierte und das Arzt-Diplom bekam. Sein weiteres Schicksal ist unbekannt.

6. **Müller,** Emil Adolph Emmanuel (1885–?) wurde in der Kolonie Peterstal, Gouvernement Cherson, in der Familie der Lutheraner Emmanuel und Christine Müller (geb. Singer) geboren. 1906 beendete er das Gymnasium in Ackermann (heute: Belgorod Dnestrowskij) und belegte er Medizin an der Universität Neurusslands. Nach einem Jahr wechselte er zur Medizinischen Fakultät, die er 1913 absolvierte. Sein weiteres Schicksal ist unbekannt.

7. **Schaible**, Woldemar Johann (1887–?) wurde in der Kolonie Klöstitz, Kreis Ackermann (Bessarabien), geboren. Sein Vater stammte aus der Kolonie Glückstal, Gouvernement Cherson. Er absolvierte 1907 das Gymnasium und belegte er Medizin an der Universität Neurusslands. 1913 bestand er die Prüfung, erhielt sein Arzt-Diplom und eine Anstellung als Ordinator in der Augenklinik der Universität. Während des Ersten Weltkrieges war als Arzt der Augenabteilung im Militärhospital Winniza tätig. Im März 1918 wurde er demobilisiert. Sein weiteres Schicksal ist unbekannt.

8. **Schardt**, Gregor Josef (1892–?) wurde in der Kolonie Karlsruhe, Gouvernement Cherson, in der katholischen Kolonistenfamilie Josef und Rosa Schardt (geb. Dukardt) geboren. 1911 beendete er das Gymnasium in Nikolajew und belegte er Medizin an der Universität Neurusslands in Odessa, die er 1916 absolvierte und das Arztdiplom erhielt. Sein weiteres Schicksal ist unbekannt.

9. **Schöttle**, Eduard Gustav Karl (1878–?) wurde in Odessa in der evangelisch-lutherischen Familie Karl und Klementine Schöttle (geb. Hudoffsky) geboren. Sein Vater, Offizier a. D., war Direktor der Real-Fachschule der evangelischen Gemeinde Odessa und unterrichtete gleichzeitig die Schüler in Mathematik. Er stand unter Einfluss des väterlichen Berufs, deswegen belegte er Medizin Phisik und Mathematik an der Universität Neurusslands in Odessa, wechselte aber nach zwei Semestern an die Medizinische Fakultät, die er 1906 absolvierte. Während des letzten Studienjahres heiratete er 1905 Alexandra Stavro. Ich besitze keine vollständige Liste seiner Dienstzeiten, weiß aber, dass er 1920 noch als Chirurg im Evangelischen Krankenhaus in Odessa tätig war. Danach wurde er politisch verfolgt und schließlich aus Odessa verwiesen. Sein weiteres Schicksal in der Verbannung ist unbekannt.

10. **Stux**, Herbert Julius (1889–1963) wurde in österreichischen Kaufmannsfamilie der Familie Hermann und Klara Stux (geb. Färber) geboren. Sein Vater war ein zum Luthertum konvertierter Jude, seine Mutter eine Katholikin. Nach Abschluss der Medizinischen Fakultät der Universität Neurusslands in Odessa 1912 wurde er russischer Staatsbürger und konvertierte zum orthodoxen Glauben. Von 1913 bis zu seiner Einberufung in die Zarenarmee arbeitete er in einem der Krankenhäuser in Odessa, danach war er Arzt im Hospital für Evakuierte. Nach der Machtergreifung der Bolschewiken arbeitete er als praktizierender Arzt im Krankenhaus zu Odessa, wo er die junge Ärztin Viktoria Leonardowna Eberts (1895–1965) kennenlernte. Er entführte die verheiratete Frau und ihr einjähriges Kind im Jahr 1918. Nachdem man 1920 die Medizinische Fakultät der Noworossijski Universität zu einem Medizinischen Institut umgestaltet hatte, wurde er dort Assistent am Lehrstuhl für Kinderkrankheiten. Anfang 1930 leitete er die Abteilung der sozialen Hygiene und sozialen Pathologie, gleichzeitig leitete er das neu gegründete Institut für Mutter- und Kindesschutz. 1935 wurde er Leiter des Lehrstuhls für Kinderkrankheiten im Medizinischen In-

stitut Krim in Simferopol. Zu Beginn des Zweiten Weltkrieges wurde er mit Familie in das Gebiet Kustanai (Kasachstan) deportiert, wo er mit seiner Frau als Kinderarzt in der Stadt Dshetygara arbeitete. Im November 1945 wurde er zum Leiter des Lehrstuhls für Kinderkrankheiten ans Medizinische Institut Tomsk berufen, wo er bis zu seinem Tode tätig war.

11. **Tschakert,** Reinhold Otto Paul Karl (1893–?) wurde in Tiflis in der Familie der Lutheraner Karl und Elfriede Katharina Tschakert (geb. Kugler) geboren. 1912 beendete er das Gymnasium Nr. 4 in Tiflis und ging an die Medizinische Fakultät der Universität Neurusslands in Odessa, von hier wechselte er zur Moskauer Universität. Sein weiteres Schicksal ist unbekannt.

12. **Vogt,** Jakob Johann (1891–?) wurde in Gologovk, Gouvernement Cherson, in der Kolonistenfamilie Johann und Margarete Vogt (geb. Ackermann) geboren. 1911 beendete er in Ananjew das Gymnasium und belegte er Medizin an der Universität Neurusslands in Odessa. 1914 ging er mit der Rote-Kreuz-Truppe an die Front, wo er bis Mai 1915 als Arzthelfer der 8. Zarenarmee tätig war. Sein weiteres Schicksal ist unbekannt.

13. **Warkentin,** Heinrich Kornelius (1891–?), wurde in einer mennonitischen Kolonistenfamilie im Gouvernement Taurien geboren. Er absolvierte das Gymnasium in Berdjansk und ging 1911 an die Medizinische Fakultät der Universität Neurusslands in Odessa. Da der Erste Weltkrieg begann, wurde ihm nach dem 8. Semester 1915 der Titel Arzt II. Kategorie zugesprochen. Sein weiteres Schicksal ist unbekannt.

H – Kaiserliche Nikolai-Universität Saratow

Universität von Saratow

Die Frage der Gründung einer höheren Lehranstalt in Saratow wurde seit Mitte der 50er Jahre des XIX. Jahrhunderts erörtert. Doch realisieren konnte man dieses Projekt erst, als der ehemalige Bürgermeister von Saratow, P.–A. Stolypin (1862–1911), Premierminister der Zarenregierung wurde. Als er 1903 Saratow verließ, versprach er der Stadtduma, ihr Sachwalter bei der Fürbitte um die Universität zu sein. Während der Sitzung des Ministerrates im April 1907 konnte P. A. Stolypin mit dem Minister für Bildung, P. M. von Kaufmann (1857–1926), den Rat von der Wichtigkeit des Projekts in Saratow überzeugen. Doch die finanziellen Probleme des Landes erlaubten es lediglich, statt vier nur eine, die Medizinische Fakultät, zu eröffnen. 1909 ging das Projekt durch die Staatsduma und wurde im Mai desselben Jahres von Zar Nikolai II. gebilligt. Im Dezember 1909 wurde die Universität offiziell eröffnet.

Den Bauentwurf des Universitätsgebäudes und des Klinik-Städtchens machte der deutsche Architekt aus Kasan, Karl Ludwig Müffke (1868–1933).

Zu Beginn des XX. Jahrhunderts hatte Russland schon genügend medizinische Fachkräfte, um eine Fakultät mit Professoren und Lektoren zu komplettieren. Zum ersten Rektor wurde W. I. Rasumowski (1857–1935) bestimmt, der die Universität Kasan absolviert hatte. Die Leitung der wissenschaftlichen Bibliothek wurde dem Deutschen Johann Anton Busse (? bis nach 1929) anvertraut, der diesen Pflichten von 1909 bis 1920 nachging. Unter den ersten Lektoren der Universität war auch der russlanddeutsche Professor Adolf Woldemar Wilhelm Worms (1868–1941), der den Lehrstuhl für physiologische Chemie leitete und gleichzeitig den Pflichten des Prorektors nachging. 1912 kam an den Lehrstuhl für Chemie Professor R. F. Hollmann. Im selben Jahr kam noch ein Russlanddeutscher an die Universität: Doktor der Medizin Peter Karl Haller (1858–1920), geboren in der Kolonie Schilling, Kreis Kamyschin, wurde zum Privat-Dozenten des Lehrstuhls für Privat-Pathologie und Therapie gewählt. 1926 wurde Professor Nikolaus Hieronimus Krause (1887–1950), der die Universität 1914 absolviert hatte, zum Leiter des Lehrstuhls für Hospital-Chirurgie. Mit ihm zusammen arbeitete von 1921 bis 1930 Woldemar Johann Jost (1886–?) als Dozent, der 1931 die Leitung des Lehrstuhls für Hospital-Chirurgie des Medizinischen Instituts in Nishni Nowgorod (Gorki) übernahm. In den Jahren 1929–1930 arbeitete der künftige Professor Alfred Peter Stess (1899–1955) als Assistent des Lehrstuhls für Nervenkrankheiten; er hatte 1925 diese Universität absolviert.

Die Eröffnung der Universität in Saratow hatte eine große Bedeutung für die Kinder der deutschen Kolonisten des Wolgagebiets, denn sie strebten nach Bildung, darunter auch nach medizinischer. Schon bei der ersten Aufnahme machten die Kinder der Kolonisten einen beträchtlichen Teil der Studenten aus. Im alphabetischen Verzeichnis der Studenten und Fremdhörer der Studienjahre 1912/13, 1913/14 und 1915/16 sind einige Dutzend deutscher Namen zu sehen.[29] Darunter waren nicht wenige Kinder der Kolonisten, die im Wolgagebiet geboren waren. Ich habe eine Liste dieser Studenten aus dem Original zusammengestellt.

---

29 http:/elibbary.sgu.ru/djvu/s.html

H.a – Studenten der Medizinischen Fakultät unter den Wolgadeutschen

Alphabetisches Verzeichnis der Studenten der Medizinischen Fakultät im Studienjahr 1912–1913.

ERSTES STUDIENJAHR

Name, Vorname	Geburtsjahr	Geburtsort	Glaube	Studienjahr
Klassen, Rudolf	1893	Liebental	Samara Mennonit	1912
Koch, Eugen	1892	Motowilowka	Saratow Ev.-Luth.	1911; 1912
Krauspe, Woldemar	1894	Astrachan	Orthodox	1912
Miller, Eugen	1894	Saratow	Ev.-Luth.	1912
Onhesorge, Wilhelm	1892	Saratow	Ev.-Luth.	1912
Reisich, Alexander	1890	Rosenberg, Saratow	Ev.-Luth.	1912
Schmidt, Konstantin	1891	Basel, Samara	Ev.-Luth.	1912
Sprenger, Woldemar	1886	Tschernawka, Saratow	Orthodox	1906; 1911

Zweites Studienjahr

Name, Vorname	Geburtsjahr	Geburtsort	Glaube	Studien-jahr
Butter, Wilhelm	1893	Astrachan	Ev.-Luth.	1911
Wacker, Woldemar	1892	Saratow	Orthodox	1911
Karl, Alexander	1891	Saratow	Ev.-Luth.	1911
Müller, Alfons	1892	Katharinen-stadt	Ev.-Luth.	1911
Pose, Boris	1892	Saratow	Orthodox	1911
Raith, Gottlieb	1891	Zürich, Samara	Reform.	1911
Traut, Wilhelm	1890	Saratow	Ev.-Luth.	1911
Filbert, Friedrich	1891	Katharinen-stadt	Ev.-Luth.	1911

DRITTES STUDIENJAHR

Name, Vorname	Geburtsjahr	Geburtsort	Glaube	Studien- jahr
Becker, Michael	1885	Ekaterinos- law	Orthodox	1910
Siebenhaar, August	1888	Kamenka, Saratow	Kathol.	1909; 1911
Liebich, Leopold	1891	Astrachan	Ev.-Luth.	1908; 1909
Miller, Alexander	1891	Katharinen- stadt	Ev.-Luth.	1910
Schmick, Alexander	1891	Grimm, Saratow	Ev.-Luth.	1910
Schneider, Johannes	1889	Saratow	Ev.-Luth.	1910

Name, Vorname	Geburtsjahr	Geburtsort	Glaube	Studien-jahr
Haller, Oskar	1891	Dietel, Saratow	Ev.-Luth.	1909
Liebich, Viktor	1884	Wolsk, Saratow	Ev.-Luth.	1908; 1909
Meisinger, Heinrich	1890	Saratow	Ev.-Luth.	1909
Merkel, Adolph	1889	Astrachan	Ev.-Luth.	1908; 1909
Pfaffenrodt, Wilhelm	1888	Jagodnaja Poljana	Ev.-Luth.	1908; 1909

Die nachstehend erwähnten sieben Studenten wurden in das erste Studienjahr aufgenommen. Studenten, die 1912/13 im ersten bis vierten Studienjahr waren, kamen 1913/14 entsprechend in die Studienjahre zwei bis fünf. Alphabetisches Verzeichnis der Studenten der Medizinischen Fakultät im Studienjahr 1913–1914.

ERSTES STUDIENJAHR

Name, Vorname	Geburtsjahr	Geburtsort	Glaube	Studienjahr
Huber, Konrad	1891	Balzer, Saratow	Ev.-Ref.	1913
König, Joannes	1891	Katharinenstadt	Ev.-Luth.	1913
Koch, Alexander	1894	Jagodnaja Poljana	Ev.-Luth.	1913
Marker, Konstantin	1893	Saratow	Ev.-Luth.	1913
Neuwirt, Alexander	1893	Reinwald, Samara	Ev.-Luth.	1913
Paschkang, Valerij	1892	Koleno, Saratow	Orthodox	1913
Fink, Joann	1893	Zürich, Samara	Ev.-Luth.	1913

ALPHABETISCHES VERZEICHNIS DER STUDENTEN DES ERSTEN
STUDIENJAHRES DER MEDIZINISCHEN FAKULTÄT 1914–1915

Name, Vorname	Geburtsjahr	Geburtsort	Glaube	Studien- jahr
Hafner, Johann	1889	Atkarsk, Saratow	Ev.-Luth.	1914
Grasmück, Theodor	1896	Krasnojar, Samara	Ev.-Luth.	1914
Hunger, Adolph	1895	Mariental, Samara	Kathol.	1914
Jost, Woldemar	1886	Eckheim, Samara	Ev.-Luth.	1914
König, Johannes	1891	Katharinen- stadt	Ev.-Luth.	1913; 1914
Kromm, Johannes	1884	Rudnja, Saratow	Ev.-Luth.	1915
Martel, Peter	1893	Pokrowsk	Kathol.	1914
Miller, Johann	1893	Katharinen- stadt	Ev.-Luth.	1914
Neuwirt, Alexander	1893	Reinwald, Samara	Ev.-Luth.	1913; 1914
Rost, Pius	1894	Seelmann, Samara	Kathol.	1914
Schäfer, Hermann	1895	Balzer, Saratow	Reform.	1914
Schmidt, Konstantin	1891	Basel, Samara	Ev.-Luth.	1912
Staub, Alfred	1895	Saratow	Kathol.	1914

ALPHABETISCHES VERZEICHNIS DER STUDENTEN DES ERSTEN
STUDIENJAHRES DER MEDIZINISCHEN FAKULTÄT 1915–1916

Name, Vorname	Geburtsjahr	Geburtsort	Glaube	Studien-jahr
Buchholz, Egbert	1896	Zürich, Samara	Ev.-Luth.	1915
Weißheim, Viktor	1895	Zarizyn, Saratow	Ev.-Luth.	1915
Winkler, Georg	1895	Saratow	Ev.-Luth.	1915
Keilmann, Woldemar	1887	Unterwalden, Samara	Ev.-Luth.	1915
Kling, Viktor	1897	Saratow	Ev.-Luth.	1915
Kniss, David	1897	Schöndorf, Samara	Ev.-Luth.	1915
Neuberger, Johann	1897	Saratow	Ev.-Luth.	1915
Raith, Tobias	1896	Zürich, Samara	Reform.	1915
Frank, Viktor	1896	Seelmann, Samara	Ev.-Luth.	1915
Schäfer, Alexander	1888	Kamenka, Saratow	Kathol.	1915
Strack, Alexander	1894	Katharinen-stadt	Ev.-Luth.	1915
Schmidt, Konstantin	1891	Basel, Samara	Ev.-Luth.	1912
Stuber, Wilhelm	1893	Brunnental, Samara	Ev.-Luth.	1915

Im letzten Studienjahr vieler Studenten brach der Bürgerkrieg aus, deswegen haben einige von ihnen in einem Eilprogramm die Universität absolviert, ohne ihr Diplom verteidigt zu haben. Ein Teil dieser Arzte fiel an der Front, aber die meisten wurden später repressiert. Die Kurzbiografien einiger bringe ich in einem speziellen Kapitel.

Von den Medizin-Studenten der Studienjahre 1916–1918 aus dem Wolgaland fand ich nur einige Namen.

1. Klein, Adolf Adolf (1895–1973), wurde 1916 immatrikuliert. 1920 emigrierte er mit seinem Vater nach Deutschland, wo er sein Medizinstudium fortsetzte. 1928 schloss er sein Studium in Tübingen ab, wurde Doktor der Medizin.
2. May, Viktor Gottfried (1897–1960), belegte er Medizin an der Universität Saratow, die er 1921 beendete.
3. Diesendorf, Heinrich Heinrich (1896–?), belegte er Medizin an der Universität Saratow 1917 und beendete sie 1922.
4. Ullmann, Ewald Reimund (1897–?), belegte er Medizin an der Universität Saratow und beendete sie 1923.

1930 wurde die Medizinische Fakultät der Universität Saratow in eine Medizinische Hochschule mit vier Fakultäten umgewandelt. Nach zwei Jahren (1932) wurde auf Gesuch der Regierung der Autonomie Sowjet Sozialistische Republik (ASSR) der Wolgadeutschen eine deutsche Abteilung für die Kolonistenkinder oder Kinder der Grundeigentümer eingerichtet. Von 1930 bis 1941 waren einige Dozenten deutscher Herkunft an der Hochschule tätig. Der bekannteste von ihnen war das ordentliche Akademiemitglied der Medizinischen Wissenschaften, Professor Alexius Alexius Münch (1904–1984). Er wurde im Gouvernement Saratow geboren. Nach Absolvierung der Universität Saratow 1927 wählte er die prophylaktische Richtung der Medizin. Von 1930 bis 1932 leitete er den Lehrstuhl für Hygiene. Über andere Mitarbeiter deutscher Herkunft gibt es nur lückenhafte Angaben. So war Schaufler als Assistent des Lehrstuhls für Hospital-Chirurgie, der von

N. H. Krause geleitet wurde, tätig.[30] Am Lehrstuhl für Pharmakologie arbeitete als Assistent J. J. Bellendir, Aspirant des Lehrstuhls war J. G. Dahmer. Beide wurden wegen der Deportation aller Wolgadeutschen am 02.09.1941 aus der Hochschule entlassen. Dasselbe Schicksal traf auch den Assistenten des Lehrstuhls für Geburtshilfe und Gynäkologie, K.G. Wilhelm-Elersch.[31]

Eine große Rolle bei der Ärzte-Ausbildung der Wolgadeutschen spielte die deutsche Abteilung, die es acht Jahre gab, von 1932 bis September 1941. Ungeachtet dessen, dass viele Studenten ihr Studium abgebrochen hatten, gab es fünf Abschlusslehrgänge der Ärzte. Der Absolvent Johannes Emanuel Philip (1915 bis nach 1997) beschrieb in seinen Erinnerungen die Aufnahme der Studenten in diese Abteilung im Jahr 1934.[32] Die 45 Studenten des ersten Studienjahres wurden in zwei Gruppen geteilt: eine bestand aus den Absolventen der medizinischen Arbeiterfakultät Balzer, die andere aus den Schulabgängern. Da viele schon nach kurzer Zeit das Studium Abbrachen, bildete man aus dem Rest eine akademische Gruppe. Darin blieben folgende Studenten aus den deutschen Kolonien, die es wegen der Repressalien und Deportationen nicht geschafft haben, das Studium zu beenden.

1. Johannes, Emanuel Philipp, repressiert 1938
2. Wickert, Theodor
3. Reis, Reinhold, repressiert
4. Reimer, Johannes
5. Hoppe, Martin
6. Bauer, Maria

1935 bezog Heinrich, der jüngste Bruder von Emanuel Johannes, die deutsche Abteilung der Hochschule, der bald darauf repressiert

---

30 G. N. Pschenitschnikowa, Wikipedia
31 J. Pessikow in: „Medizinische Zeitung der Medizinischen Akademie Saratow", Nr. 68 vom 07.09.2011
32 Wolgadeutsche.ru/johannes/tiranija01-012.htm

wurde.[33] Im selben Jahr kam Friedrich Fischer (1915–?) an die Hochschule, dessen Studium durch die Deportation unterbrochen wurde, der aber in Tomsk sein Studium beenden konnte.[34] Die Vertreibung unterbrach auch das Studium von Reinhold Peter Albrecht (1918–1983), der 1939 die Medizinische Hochschule belegte und später, ungeachtet aller Schwierigkeiten, in Krasnojarsk (Sibirien) sein Arzt-Diplom bekam und seinen Doktor machte. Zum Schluss bringen wir noch einige Namen von Wolgadeutschen, die 1941 die Medizinische Hochschule absolviert haben:

1. Gerber, Emma Johannes (1907–2003), absolvierte 1939 die Medizinische Hochschule und arbeitete zwei Jahre als Bereichsärztin in der Kolonie Schilling (Sosnowka)
2. Walter, Alma Karl, Absolventin der Deutschen Abteilung. 1996 lebte sie in Saratow.
3. Schamne, Sylvia Peter (1903–?), geboren in der Kolonie Rosenfeld. In der Verbannung war sie als Ärztin im Rayonkrankenhaus Pokrowsk, Jakutische ASSR, tätig.
4. Schellhorn, Ida August (?–1956), wurde in der Kolonie Seelmann (Rownoje) geboren. Vor der Deportation arbeitete sie als Therapeutin in Saratow. In der Verbannung war sie als Therapeutin in Krasnojarsk tätig, wo sie auch verstorben ist.
5. Justus, Maria Friedrich (1918–?), wurde in Engels geboren. In der Verbannung war sie als Bereichsärztin auf der Halbinsel Taimyr tätig.
6. Dietrich, Maria Johannes, wurde in der Kolonie Seelmann geboren.
7. Munz, Maria Philipp (1905–1995), wurde in der Kolonie Semjonowka geboren. 1935 absolvierte sie die Fakultät für Hygiene.
8. Munz, Pius Philipp (1907–1979), wurde in der Kolonie Semjonowka geboren. 1941 wurde er ins Gebiet Krasnojarsk ausgewiesen.[35]

---

33 Wolgadeutsche.ru/johannes/tiranija01-012.htm
34 Heimatbuch der Landsmannschaft der Russlanddeutschen, 2001–2002, S. 215
35 http://www.rusdeutsch-panorama.ru

KAPITEL II

Medizinische Ausbildung
der Frauen in Russland

Medizinische Hochschule für die Frauen, Sankt Petersburg

Bis Mitte des XIX. Jahrhunderts hatten die Frauen in Russland
kein Recht, höhere Bildung zu erwerben, eingeschlossen die
medizinische. Ihr Bereich (ihr Monopol) beschränkte sich auf die
Arbeit der Hebamme. Erst Ende des XVIII. Jahrhunderts wurden
die Hebammen vom Staat ausgebildet. 1754 hat der Grieche
Panajota Condoidi (1710–1760), der 1733 die Medizinische Fakultät der Universität Leyden (heute Niederlande) absolviert hatte,
dem Senat Russlands das Projekt „Vorstellung über eine ordentliche Institution des Weise-Frauen-Wesens zu Gunsten der Gesellschaft" vorgeschlagen. Dieses Projekt sah vor, alle Frauen, die
bei Geburten behilflich waren, zu zertifizieren.[36] Diejenigen, die
den medizinischen Test bestanden hatten, nannte man Eidesfrauen.
1757 eröffnete man in Moskau und in Sankt Petersburg die ersten

---

36 Als Weise Frau und Hebamme, die ihre Erfahrungen in der Praxis er-
   warben

Hebammen-Schulen. Unterrichtet wurden die künftigen Hebammen von deutschen Ärztinnen.[37]

Ähnliche Schulen wurden auch in der ersten Hälfte des XIX. Jahrhunderts im Wolgagebiet eröffnet. Hebammen-Schulen gab es in den Gouvernementstädten Saratow, Samara, Astrachen. In Saratow wurde so eine Schule von der Ärzte-Gesellschaft „Medizinische Gespräche Saratow", die in die „Physikalisch-Medizinische Gesellschaft" umbenannt wurde, eröffnet. In Samara gab es eine Landstandes-Hebammen-Schule und in Astrachan eine Geburtshilfe-Schule. In diesen Schulen wurden nur die Handgriffe bei der Geburtshilfe vermittelt, ohne diet. Grundlagen der Medizin. beigebracht, ohne die theoretischen Grundlagen der Medizin zu erlernenUm die theoretischen Kenntnisse der Hebammen an den Medizinischen Fakultäten der Universitäten Russlands zu verbessern, wurden Hebammen-Hochschulen eröffnet. Dorthin gingen die Absolventinnen der Hebammen-Schulen, um am Schnellkurs für das Hebammen-Wesen teilzunehmen. Danach mussten sie eine Prüfung ablegen und sie bekamen den Titel „Weise Frau" (Hebamme). Die erste Hebammen-Hochschule wurde 1806 an der Moskauer Universität eröffnet. Leiter der Hochschule war der bekannte Professor für Gynäkologie Wilhelm Michael von Richter (1767–1822).

Die Hebammen-Hochschule an der Universität Kasan wurde 1855 eröffnet. Von der Gründung an bis 1903 bildete man 1549 Hebammen aus, dabei war die Ausbildung unterschiedlich lang. Einige erlernten ihren Beruf in einem oder in wenigen Monaten, die anderen brauchten dazu über ein Jahr (siehe das Beispiel).

1. Burland, Lydia Bernhardt, (06.09.1900–28.10.1900), „Weise Frau",
2. Haikowitsch, geb. Hermann, Florentina-Maria Michael, (25.09. 1900–11.05.1902).

---

37 http://www.pvituha.ru/histpov.php

Außerdem kamen für kurze Zeit Schülerinnen aus verschiedenen Schulen an diese Hochschulen, legten die Prüfung ab und erhielten das Zeugnis mit dem Titel „Weise Frau". Von 1855 bis 1903 bekamen 2247 Schülerinnen das Zeugnis der Hebammen-Hochschule an der Universität Kasan, davon waren 45 Deutsche, die die Hebammenschule in Saratow, Samara und Astrachen absolviert hatten. Weiter bringen wir deren Liste im Original (Nächste Seiten). Einer der Initiatoren der gründlichen Ausbildung der Hebammen war der Professor der Universität Kasan, Peter Franz Lesshaft (1837–1909). Ungeachtet dessen, dass es von Januar 1871 einen „imperialen Befehl über die Nichtzulassung der Frauen zu Vorlesungen mit Studenten" gab, war er einer der ersten Professoren, der es den Hörerinnen der Hebammen-Klassen erlaubte, seinen Vorlesungen beizuwohnen. 1870 hatten der Professor Nikolaus Sdekauer (1815–1897) und seine Kollegen die Notwendigkeit begründet, die Hebammen-Kurse auf ein medizinisches Universitätsniveau zu heben. Der Mediziner-Rat wandte sich an die Universitäten mit der Bitte, ihre Meinung darüber zu äußern. Die meisten Medizinischen Fakultäten bestätigten, dass man qualifizierte Hebammen nur über ein volles Universitätsstudium bekommen könne. [38] Höchstwahrscheinlich zwang dies die Regierung Russlands dazu, 1872 die ersten Höheren Medizinischen Kurse für Frauen bei der Militär-Medizinischen Akademie zu eröffnen. Diese Kurse gab es zehn Jahre lang und in dieser Zeit wurden sie von 959 Teilnehmerinnen beendet, darunter waren 572 Teilnehmerinnen orthodoxen Glaubens, 169 jüdischen Glaubens, 38 waren Katholikinnen und 17 Lutheranerinnen. [39]

Von 1883 an gibt es in den Mediziner-Listen Russlands Namen von Ärztinnen für Frauen- und Kinderkrankheiten, die die Prüfung nach den Medizinischen Frauenkursen bestanden haben. Gleichzeitig mit ihnen legten solche Frauen die Prüfung ab, die die Medizinische Fakultät im Ausland absolviert hatten. Den

---

38 Dic.academic.ru/dic.nsf/brokgaus_efron/.../Ärztinnenkurse
39 Ebenda

Test machten die Frauen im Militär-Hospital in Nikolajew. Prüfungen fanden von 1875 an statt. Nach erfolgreicher Prüfung bekamen sie den Titel „Frau Arzt" (Ärztin). Aus den veröffentlichten Listen habe ich die Namen deutscher Frauen entnommen, die diesen Titel bekamen.

A – Deutschstämmige Ärztinnen in Russlands

Auswahl aus der Mediziner-Liste Russlands für das Jahr 1883

1. Bantle, Nadija Anton, verheiratete Subbotin, 1878
2. Bollboot, Sophie Johannes, 1878
3. Brustein, Maria Jakob, 1882
4. Wulfert, Matilda Konstantin, verheiratete Pochitonow, 1881
5. Hasse, Sophie, hat den Doktortitel im Ausland erworben, 1877
6. Hefintscher, Luisa Franz, 1882
7. Kerner, Lubow, hat den Doktortitel im Ausland erworben, 1878
8. Latern, Sophie Dimitrij, 1882
9. Neuenburg, Emma Jakob, 1881
10. Schmemann, Sophie Wilhelm, 1882
11. Stange, geb. Meinhardt, Viktoria Paul, 1882
12. Stoff, Olga, hat den Doktortitel im Ausland erworben, 1876
13. Schulz, Anastasia Nikolaus, 1878
14. Schulz, Nadija, hat den Doktortitel im Ausland erworben, 1877
15. Eckert, Alexandra Johannes, 1878
16. Erdeli, Anna Eduard, 1881
17. Ernrot, Maria Karl, 1880
18. Ertel, Maria, hat den Doktortitel im Ausland erworben, 1882

Auswahl aus der Mediziner-Liste Russlands für das Jahr 1884

1. Hofmann, Alexandra Alexander, 1883
2. Drenteln, Elisabeth Sergius, 1883
3. Sackheim, Theresia Samuil, 1883
4. Siebold, Maria, hat den Doktortitel im Ausland erworben, 1877
5. Silversvan, Alexandra Karl, 1883
6. Scheidemann, Barbara Karl, 1883

Auswahl aus der Mediziner-Liste Russlands für das Jahr 1885

1. Braude, Tanja Wilhelm, 1884
2. Witte, Katharina Karl, 1884
3. Hackel, Maria Ignatius, 1884
4. Idelsohn, geb. Jakerschberg, Rosalia Christoph, hat den Doktortitel im Ausland erworben, 1884
5. Jungmeister, Maria Karl, 1884

Auswahl aus der Mediziner-Liste Russlands für das Jahr 1886

1. Lichtermann, Sophie Nikolaus, 1885
2. Rapp, Raisa Johann, 1885
3. Schille, geb. Wiehgant, Valeria Alexander, 1885

Auswahl aus der Mediziner-Liste Russlands für das Jahr 1887

1. Heinz, Maria Heinrich, 1886
2. Glause, Amalia Leon, 1886
3. Katel, Polina Jakob, 1886
4. Klank, Maria Alexander, 1886
5. Scheffer, Mina Johann, 1886
6. Schlee, Maria, 1886

Auswahl aus der Mediziner-Liste Russlands für das Jahr 1888

1. Weinberg, Klara Benjamin, 1887
2. Woltke, Sophie Samuil, 1887
3. Handler, Sophie, 1887
4. Geduld, Sophie Alexander, 1887
5. Hipstor, Maria Alexis, 1887
6. Kranz, Michaela Markus, 1887

In der Mediziner-Liste Russlands für das Jahr 1889 gibt es keine Namen deutscher Frauen.

Von der Mediziner-Liste Russlands für das Jahr 1890 an enthalten die Listen auch die Geburtsdaten und Orte der Tätigkeit, darunter auch die der Ärztinnen. In der allgemeinen Liste für das Jahr 1890 sind die Namen der Ärztinnen für 1883–1888 erneut aufgeführt.

Name	Geburts-jahr	Arzttitel	Amt	Ort
Bantle, N. A	1851	1875	Landärztin	Wologda
Braude, T. W.	1860	1884	Landarzt	Gouv. Jaroslawl
Brustein, M. Ja.	1859	1882	Freiwillige	Perm
Eckert, A. J.	1859	1878	Rathaus-ärztin	Sankt Petersburg
Erdeli, A. E.	1854	1884	Freiwillige	Kiew
Ertel, M. M.	1852	1882	Freiwilige	Gouv. Moskau
Geduld, S. A.	1860	1877	Freiwillige	Odessa

Glause, A. L.	1856	1886	Privatdienst	Kamenetz-Podolsk
Hackel, M. I.	1857	1884	Freiwillige	Witebsk
Handler, S. S.	1856	1886	Freiwillige	Kiew
Hefinger, L. F.	1857	1882	Ordinatorin	Kischinau
Heinz, M. H.	1859	1886	Schulärztin	Krementschuk
Heistor, M. A.	1859	1887	Freiwillige	Samarkand
Jungmeister, M. K.	1859	?	Freiwillige	Gouv. Nowgorod
Katel, P. Ja.	1852	1887	Freiwillige	Belgorod
Kerner, L. G.	1856	1878	Freiwillige	Simferopol
Kleiff, S. D.	1864	1886	Fabrikärztin	Charkow
Kopp, M. J.	1862	1886	Freiwillige	Gouv. Ekaterinoslaw
Kranz, M. M.	1863	1887	Landärztin	Tschernigow
Lagerbeck, A. G.	1858	1886	Freiwillige	Gouv. Grodno
Montvid, K. G.	1860	1887	Freiwillige	Pensa
Schadt; M. A.	1856	1878	Freiwillige	Kischinau
Scheffer-Broud, M. J.	1860	1886	Freiwillige	Odessa

Schille, v. A.	1851	1885	Freiwillige	Kursk
Schlee, M. M.	1858	1887	Landarzt	Kronenthal, Gouv. Tauria
Schme-mann, M. M.	1857	1881	Landarzt	Gouv. Jaroslawl
Schmitz, S. A.	1856	1883	Freiwillige	Tiflis
Schulz, A. H.	1851	1878	Landarzt	Gouv. Pleskau
Stoff-Siebold, O. A.	1848	1876	Freiwillige	Sankt-Petersburg
Witte, K. K.	1856	1884	Privat Klinik	Gouv. S.-Petersburg
Woltke, S. S.	1864	1887	Freiwillige	Odessa

B – Russlanddeutsche Hörerinnen der medizinischen Kurse der Universität Kasan

Ähnliche Ärzte-Kurse für Frauen wurden 1876 an der Universität Kasan gegründet. Sie währten bis 1885.

Die erste Gruppe zählte 101 Hörerinnen, darunter waren sieben deutscher Abstammung.

(Erklärung der Kennzeichen: * Freiwillige Hörerinnen, die sich zum gesamten Kurs anmeldeten. ** Freiwillige Hörerinnen, die sich für einzelne Fächer anmeldeten. D – Hörerinnen, die ein Abschlusszeugnis bekamen.

1. Geh, geb. Hess, Anna Paul, 30.09.1876–01.06.1878 ★★
2. Sederstedt, Matilda Johann, 12.10.1876–01.06.1877 ★
3. Petrowskaja, geb. Geh, 30.09.1876–07.06.1878 ★★
4. Rentsch, Maria-Luisa, 23.09.1876–18.09.1878 D
5. Tiele, Eisabeth Nikolaus, 14.101876.–01.01.1877 ★
6. Frese, Elisabeth Alexander, 11.09.1876–17.05.1878 D
7. Evers, Anna Woldemar, 13.09.1876–17.05.1878 D

1877 gab es keine Hörerinnen deutscher Abstammung.

1878
1. Almendienger, Sophie Johann, 17.08.1878–20.06.1880 D
2. Holtermann, Katharina, 14.10.1878–01.01.1879 ★★

1879
1. Helm, Helena Paul, 22.08.1879–1881 †

1880 gab es unter den Hörerinnen keine deutschen Frauen.

1881
1. Petermann, Dorothea Friedrich, 05.09.1881–15.10.1883 D
2. Elend, Barbara Michael, 21.09.1881–29.01.1882 ★★

1882
1. Schuler, Alaida Georg, 05.10–29.11.1882 – abgebrochen. Wieder 19.10.1885–01.01.1886

1883
1. Holst, Maria Johann, 19.10. 1883–19.05.1885 ★★

1884
1. Berstel, Perpetua Peter, 11.09.1884-01.06.1886
2. Petermann, Nadija Friedrich, 09.11.1884–04.02.1885 ★★

1885
1. Kramer, Vera Alexander, 26.09.1885–01.06. 1886 ★

In zehn Jahren absolvierten 378 Hörerinnen die Höheren Frauen-
kurse bei der Universität Kasan, darunter waren 18 deutscher
Abstammung.

C – Deutsche Frauen des Wolgagebiets, die den Titel „Weise Frau" (Hebamme) trugen

In der Zeitspanne 1865 bis 1903 haben 45 Deutsche das Diplom
„Weise Frau" bekommen, davon waren 28 Absolventinnen der
Hebammen-Schule Saratow, 13 aus der Hebammen-Schule Samara
und vier aus der Astrachaner Schule. Unter ihnen waren auch
Töchter der Kolonisten.

Aus der Schülerinnen-Liste der Hebammen-Schule, die von
der Ärzte-Gesellschaft „Medizinische Gespräche Saratow" gegründet wurde.

1. Wamsganz, Maria Johann, 13.09.–08.10.1865
2. Von Dreviz, Augusta Christoph, 13.09.–03.10.1865
3. Kornrurimpf, Maria Nahum, 13.09.–08.10.1865
4. Alexejewskaja, geb. Buchmann, Maria Alexander,
   21.09.–25.10.1866
5. Wahrlich, Julia Roman, 13.–25.05.1867
6. Schimkewitsch, Emilia-Theresia, 03.–26.05.1867
7. Günther, geb. Felden, Theresia Peter, 09.–27.09.1868
8. Karg, Katharina-Margareta Johann, 09.–27.09.1868
9. Bierfreund, Charlotte Friedrich, 25.08.–2.09.1870. Bestätigung 24.10.1870
10. Schenkel, Katharina Georg, 26.–31.08.1872. Bestätigung
    16.12.1872
11. Schneider, Anna-Katharina Heinrich, 06.09.–19.10.1874
12. Stenberg, Nadja Nikolaus, 30.04.–24.05.1875
13. Schreiber, Katharina Dimitrij, 01.09.–02.10.1876

14. Kaiser, Elisabeth Georg, 03.09.–01.11.1880
15. Kotelnikowa, geb. Trautwein, Paulina Friedrich, 10.–31.05.1880. Bestätigung 18.08.1884
16. Reichert, Katharina Heinrich, 22.09.–22.12.1882
17. Zingel, Julia Kaspar, 16.–24.10.1887. Bestätigung 13.11.1887
18. Hahne, Eugenia Friedrich, 28.09.–08.10. 1888. Bestätigung 16.09.1889
19. Reichmann, Maria Andrian, 11.–28.10. 1889. Bestätigung 13.04.1891
20. Reiswig, Emma Johann, 02.–27.10.1890
21. Pauli, Katharina Friedrich, 05.–24.10. 1892. Bestätigung 16.01.1893
22. Dahmer, Katharina-Elisabeth Johann, 08.–25.10.1897
23. Reinhardt, Katharina-Elisabeth Gottfried, 30.09.–30.10.1900
24. Reinhardt, Augustina Gottfried, 27.09.–29.10.1901
25. Egestorf, Elisabeth Friedrich, 01.–29.10.1901
26. Blummer, Julia Nikandr, 17.09.–28.10.1902
27. Schreiber, Perpetua Peter, 17.09.–28.10.1902
28. Krausne, Maria-Agnes Johann, 17.09.–27.10.1903

Aus der Schülerinnen-Liste der Landstandes-Hebammen-Schule Samara

1. Kirstein, Anna, 10.–19.09.1869
2. Baus, Natalia Boris, 01.–12.09.1870. Bestätigung 24.10.1870
3. Stankewitsch, geb. Lunzte, Dorothea-Matilda-Amalia Karl, 09.09.–18.10.1875
4. Rempler, Klara Karl, 21.09.–01.12.1879
5. Keller, Maria Jakob, 13.09.–20.10.1884
6. Sokolowa, geb. Woltmann, Perpetua Nikolaus, 18.–21.09.1885. Bestätigung 28.02.1898
7. Oldekop, Maria Dimitrij, 15.09.–24.10.1887. Bestätigung 08.10.1888
8. Eberle, Klaudia Wilhelm, 28.09.–08.10.1888
9. Franz, Ernestina Karl, 16.09.–26.10.1891. Bestätigung 29.09.1892

10. Masing, Anna Robert, 19.09.–05.10.1896
11. Schmunk, Rosine Heinrich, 09–11.10.1899
12. Hahn, Olga Julius, 29.05.–30.10.1900. Bestätigung 01.04.1902
13. Ullbrecht, Alexandra Wilhelm, 29.09.–28.10.1902

Aus der Schülerinnen-Liste der Hebammen-Schule Astrachan

1. Beigul, Lydia Nikolaus, 04.09.–28.10.1878
2. Hildebrandt, Maria-Elisabeth Gottfried, 11.09.–16.10.1882.
   Bestätigung 21.04.1884
3. Von Stein, Lubow Georg, 05.09.–20.10.1884
4. Lindwahl, Emilia-Johanna Heinrich, 16.09.–11.10.1899

Ungeachtet des langen offiziellen Verbots der höheren Ausbildung der Frauen gewann ihre Ausbildung mit der Zeit immer mehr an Gestalt. Die Frauen verlangten die Erlaubnis, ein Studium, und zwar an allen Fakultäten und in allen Fächern, beginnen zu können. Auf dem Gebiet der Medizin wollten sie ein weiteres Spektrum der Ausbildung. Zum Schluss trugen die Frauen den Sieg davon.1897 eröffnete man in Sankt Petersburg die Medizinische Hochschule für Frauen, die nach einem Universitätsprogramm arbeitete. Ihr erster Direktor war Wassili (Wilhelm) Konstantin Anger (1852–1927), der diese Stelle von 1897 bis 1899 innehatte. Ihm folgte Professor Dmitrij (Dietrich) Oskar Ott (1835–1929), der bis 1905 Direktor war. Später wurden ähnliche Medizinische Frauenhochschulen in Moskau, Kiew und Charkow gegründet. Anfang des XX. Jahrhunderts durften die Frauen Russlands – wie die Männer – an allen Universitäten studieren.

KAPITEL III

Die medizinische Betreuung im Wolgagebiet zu Zeiten deutscher Kolonien

Die Zivilmedizin begann ihre Entwicklung in der Provinz mit der Unterzeichnung des Erlasses vom 07.11.1775. Der von Zarin Katharina II. unterzeichnete Erlass hieß „Institutionen zur Verwaltung der Gouvernements des Russischen Reiches" und auf dessen Grundlagen wurde in den Gouvernements eine Struktur zur Verwaltung der zivilen Medizin geschaffen: der „Erlass der gesellschaftlichen Fürsorge (Pflege)", der später den Namen „Ärztliche Verwaltung" bekam. Derselbe Erlass der Zarin gab die Möglichkeit, Stellen für Kreis- und Stadtärzte zu schaffen.

In der Statthalterschaft Saratow war Johann Knorre der erste Arzt der Stadt Wolsk, der diese Stelle 1780 bekam. Anfang des XIX. Jahrhunderts arbeitete Franz Erneschy als Heiler (Arzt), und in Atkarsk Nikolaus Meier.[40] Doch die ersten deutschen Mediziner kamen bedeutend früher ins Wolgagebiet, d. h. mit dem großen Strom der Einwanderer. Die Angaben, die ich aus den Listen der Einwanderer entnommen habe, besagen, dass unter ihnen 20 Ärzte, 14 Feldscher, drei Apotheker und eine Hebamme waren.[41] Doch sie wurden nicht gebraucht, weil damals noch keine Statliche Medizin existierte. Aber der Bedarf an medizinischen Fachkräften war mehr als groß. Diese Mediziner haben die Kolonisten illegal behandelt.

Die Liste der Mediziner, die unter den Einwanderern ins Wolgagebiet waren:

---

40 „Geschichte der Entwicklung der Medizin im Gebiet Saratow", *homepage* minzdrav@saratov.gov.ru

41 „Einwanderung in das Wolgagebiet 1764–1767", Bände I–IV, zusammengestellt von Igor Plewe, Göttingen 2003–2006

1. Aman, Georg, 36 Jahre, Katholik, Arzt, Kolonie Hölzel
2. Andreas, Gottlieb, 38 Jahre, Lutheraner, Feldscher, Kolonie Lauwe
3. Axt, Johann, 26 Jahre, Lutheraner, Arzt, Kolonie Bauer
4. Barat, Jean, 28 Jahre, Katholik, Feldscher, Kolonie Franzosen
5. Barthlyus, August, 20 Jahre, Lutheraner, Feldscher, Kolonie Lauwe
6. Berlatz, Franziskus, 29 Jahre, Katholik, Arzt, Kolonie Katharinenstadt
7. Bonegard, Johannes, 50 Jahre, Lutheraner, Arzt, Kolonie Orlowskaja
8. Boquere, Josef, 34 Jahre, Katholik, Feldscher, Kolonie Franzosen
9. Brabander, Franz, 45 Jahre, Katholik, Zahnarzt, Kolonie Brabander
10. Brill, Kornelius, 21 Jahre, Reformist, Arzt, Kolonie Katharinenstadt
11. Dalfuss, Andreas, 30 Jahre, Katholik, Apotheker, Kolonie Seelmann
12. Feck, Balthasar, 39 Jahre, Katholik, Feldscher, Kolonie Brabander
13. Fei, Johann, 28 Jahre, Katholik, Feldscher, Kolonie Niedermonjou
14. Fleischer, Johann, 25 Jahre, Lutheraner, Apotheker, Kolonie Katharinenstadt
15. Frank, Appolonie, ?, Lutheranerin, Hebamme, Kolonie Stahl am Tarlyk
16. Gloo, Piere, 29 Jahre, Katholik, Arzt, Kolonie Katharinenstadt
17. Gorschani, Andreas, 34 Jahre, Reformist, Arzt, Kolonie Katharinenstadt
18. Heckmann, Johannes, 23 Jahre, Katholik, Arzt, Kolonie Keller
19. Herdle, Thaddäus, 19 Jahre, Katholik, Feldscher, Kolonie Vollmer
20. Herzog, Johann, 41 Jahre, Lutheraner, Feldscher, Kolonie Schulz
21. Holzer, Johann, 29 Jahre, Katholik, Apotheker, Kolonie Keller
22. Just, Johann, 60 Jahre, Lutheraner, Feldscher, Kolonie Merkel
23. Lemaire, Brijan, 42 Jahre, Katholik, Feldscher, Kolonie Franzosen
24. Merk, Johann, 33 Jahre, Lutheraner, Feldscher, Kolonie Jost
25. Müller, Adolf, 38 Jahre, Reformist, Arzt, Kolonie Müller

26. Müller, Valentin, 31 Jahre, Lutheraner, Feldscher, Kolonie Jost
27. Netger, Franz, 40 Jahre, Katholik, Arzt, Kolonie Hölzel
28. Oesterreicher, Conrad, 37 Jahre, Lutheraner, Feldscher, Kolonie Warenburg
29. Rau, Johann, 68 Jahre, Lutheraner, Arzt, Kolonie Dobrinka
30. Riller, Michael, 34 Jahre, Lutheraner, Arzt, Kolonie Katharinenstadt
31. Sinsler, Nikolaus, 35 Jahre, Katholik, Arzt, Kolonie Preuss
32. Sommer, Karl, 33 Jahre, Katholik, Arzt, Kolonie Obermonjou
33. Stappelfeld, Johann, 51 Jahre, Lutheraner, Arzt, Kolonie Stahl am Tarlyk
34. Tegraw, Christoph, 31 Jahre, Katholik, Arzt, Kolonie Katharinenstadt
35. Timmler Friedrich, 20 Jahre, Lutheraner, Arzt, Kolonie Katharinenstadt
36. Wettermann, Johann, 25 Jahre, Lutheraner, Arzt, Kolonie Kano (Kaneau)
37. Winkler, Georg, 29 Jahre, Katholik, Feldscher, Kolonie Preuss
38. Zose, Johann, 34 Jahre, Lutheraner, Arzt, Kolonie Bettingen

Nachdem in Russland in den Gouvernements ärztliche Verwaltungen entstanden waren, schuf man Stellen wie Inspektor, Operateur (Chirurg) und Geburtshelfer. In den Kreisen konnte man diese Stellen nicht besetzen, weil es an Fachkräften fehlte. Übrigens waren 1810 nur im Gouvernement Saratow alle Stellen komplett besetzt. Inspektor war Doktor der Medizin, Erich Rheinholm, Operateur der Stabsarzt Maximilian Grünfeld und Geburtshelfer war Andrejewskij. Im Gouvernement Astrachan leitete die Ärzteverwaltung Doktor der Medizin, Friedrich Purgold, Operateur war der Arzt Afanassjew, die Stelle des Geburtshelfers war vakant.[42] Nach Angaben der Mediziner-Listen Russlands für 1825 waren an der Unteren Wolga alle Kreisstellen mit

---

42 Mediziner-Liste Russlands für die Jahre 1810 und 1815, Gouvernements Astrachan und Saratow

Ärzten besetzt. Im Gouvernement Saratow waren alle Ärztestellen von Russlanddeutschen besetzt. Inspektor war der Doktor der Medizin, Erich Rheinholm; Operateur der Stabsarzt Paul Liebgold; Geburtshelfer war Johann Niemeier. Die Ärzteverwaltung des Gouvernements Astrachan bestand aus zwei Ärzten. Inspektor war der Arzt Schkinski, Operateur war Doktor der Medizin, Karl Sartorius, die Stelle des Geburtshelfers war vakant. 1825 gab es in beiden Gouvernements Kreisärzte. Im Gouvernement Saratow gab es in acht Kreisstädten sieben Ärzte. In Saratow, Kusnezk und Petrowsk waren Russlanddeutsche als Ärzte tätig: Johann Kleiner, Friedrich Feldhausen und Andreas Besik. Im Gouvernement Astrachan gab es nur vier Stellen der Kreisärzte, von denen nur drei besetzt waren: In Astrachan war es der Arzt Salomon, in Krasny Jar der Doktor der Medizin, Makawejew, in Jenotajewsk der Arzt Smirnow, in Tschorny Jar gab es keinen Arzt.[43]

Die schnelle Entwicklung der zivilen Medizin in Russland, besonders auf dem Lande, begann 1864, als man die Landstandes-Selbstverwaltung einführte. In dieser Zeit hatte die Untere Wolga in ihrem Bereich drei Gouvernements: Astrachan, Saratow, Samara. Zu den zwei letzten gehörten auch die Kolonien der deutschen Einwanderer. Deswegen war es interessant, die Entwicklung des Gesundheitswesens von der Zeit der Landstande-Verwaltung an zu analysieren, um nachzuvollziehen, wie sich das Heilungs- und Apothekernetz in den Siedlungen entwickelte, auch in den deutschen Kolonien. Wie hat sich die Zahl der Mediziner entwickelt, die Zahl der Krankenhäuser, Heilstationen, Ärzte- und Feldscherstationen? Weiter wird die chronologische Entwicklung der staatlichen, Landstandes- und privaten Betreuung in den erwähnten Gouvernements mit kompakten deutschen Siedlungen aufgezeigt.

---

43 Mediziner-Liste Russlands für das Jahr 1825, Gouvernements Astrachan und Saratow

A – Gouvernement Saratow
(Karte – Schema und Wappen)

In diesem Kapitel wollen wir die Entstehung und Entwicklung der Heilinstitutionen und Apotheken, der Ärztezahl, der Provisoren, der Krankenschwestern, Sanitäter, Hebammen im Gouvernement Saratow von 1810 bis 1916 verfolgen. Die Hauptaufgabe der Forschung war, die Rolle der Mediziner deutscher Abstammung bei der Entwicklung der Staats- und Landstandes-Medizin im Gouvernement Saratow zu zeigen. Wie ich schon erwähnte, war 1851 die Statthalterschaft Saratow in zwei Gouvernements geteilt: Saratow und Samara. Die Fläche des Gouvernements Saratow umfasste entlang des rechten Wolgaufers zehn Kreise, die 45 deutsche Siedlungen zählten, die von den ersten Einwanderern gegründet worden waren.[44] Die absolute Mehrheit der Kolonien befand sich im Kreis Kamyschin (40 Kolonien). Mit der Gründung der zwei selbstständigen Gouvernements entwickelte sich ihr Gesundheitswesen parallel. Man muss erwähnen, dass es in Saratow schon 1806

---

44 Beratz, Gottlieb: „Die deutschen Kolonien an der unteren Wolga in ihrer Entstehung und der ersten Entwicklung", II. Auflage, Berlin, 1923

das Gouvernements-Krankenhaus namens Alexander gab, das später zu einer großen medizinischen Landstandes-Institution wurde. Außerdem hatte man zu Zeiten der Epidemien provisorische Infektionsbaracken errichtet, um die Kranken unterzubringen.

Das Alexander-Krankenhaus in Saratow

Die Baracke für Infektionskranke

1855 hatten die deutschen Kolonien 29 Fachkräfte für Pockenimpfung, 92 Geburtshelfer und einen staatlichen Arzt, der in der Kolonie Dönnhof lebte und dessen Name nicht erwähnt wurde.[45] Höchstwahrscheinlich war es Carl Theodor Kreutzmann (1818–1869), der in Lifland geboren wurde und die Universität Dorpat absolviert hatte.

---

45 Zeitschrift des Ministeriums für Staatsvermögen, Teil 55, 1855-2, Sankt Petersburg, 1855, Seite 75, Publikationen: wolgadeutsche.ru/bibliothek/DjVu/zmgi_1855_5_6.pdf

Nach Angaben des Adresse-Kalenders des Gouvernements Saratow waren 1858 dort sechs Ärzte deutscher Abstammung tätig: Friedrich Johann Koch – Gouvernementsarzt, Inspektor; Leopold Martin Kirchberg – Gouvernementsarzt, Geburtshelfer; Nikolaus Gustav Rücker – Assistenzarzt des Gouvernements-Krankenhauses; Michael Karl Hempel – Stadtarzt von Kamyschin; Theodor Johann Keller – Stadtarzt in Wolsk; Eduard Karl Zuckschwerdt – Kreisarzt in Petrowsk. Außer ihnen waren noch drei deutsche Ärzte, die zum Vormundschaftskontor gehörten, für die Siedler zuständig: Jakob Daniel Meier, der Heiler Johann Woldemar Rech und Doktor der Medizin, Heinrich Julius Semmer.[46]

Noch ein Arzt, der bei dem Vormundschaftskontor angestellt war, war Ernst Heinrich Gottlieb Liephold (Liebhold), der in Katharinenstadt, Gouvernement Samara, lebte. Er hatte elf Frauen der Kolonie die praktischen Handgriffe der Geburtshilfe beigebracht.[47]

Ehemalige Vormundschaftskontor in Saratow

46 Nach Angaben der Universität Dorpat hieß der Doktor der Medizin Carl Semmer, Absolvent der medizinischen Fakultät 1859
47 Jakob Dietz. Geschichte der Wolgadeutschen Kolonien. Moskau „Gotika" 1997, S. 369–370.

Mit der Einführung der Landstandes-Verwaltung 1864 vor Ort startete die Entwicklung der medizinischen Hilfe auf dem Dorf und sie wurde zur Hauptaufgabe des Landstandes-Gesundheitswesens. 1864 zählte das Gouvernement Saratow 35 staatliche Mediziner, darunter waren elf Deutsche (31,4 %). Zu den oben erwähnten kamen noch fünf weitere Mediziner:

1. Knorre, Adolf Adolf – Assistenzarzt des städtischen Krankenhauses
2. Luzau, August Johann – Kreisarzt im Kreis Zarizyn, Doktor der Medizin
3. Norden, August Gabriel – Geburtshelfer der ärztlichen Verwaltung und Arzt des Edelfrauen-Instituts Mariinsk
4. Rosenthal, Ernst Karl – Kreisarzt in Serdob
5. Seebauer, Martin Bartholomäus – Arzt der Eisenbahn Wolshsk – Don

Sehr berühmt wurde damals Dr. med. Ernst Karl Rosental (1834–1897) der als Hauptarzt des Saratowschen Krankenhauses von 1874 bis zu seinem Tod tätig war. Gleichzeitig war er auch Präsident der medizinischen Gesellschaft in Saratow.

Rosental, Ernst Karl (1834–1897)

1864 arbeiteten in 56 Kolonien des Gouvernements Saratow 16 Feldscher, 11 Fachkräfte für Pockenimpfung und 122 Geburtshelferinnen.

Aber die Gesundheitsfürsorge der Kolonisten wurde bis Anfang XX. Jahrhundert sehr schlecht organisiert. Das bestätigt Pastor Johannes Kufeld (1868–1919) in seinem Buch „Die deutschen Kolonien an der Wolga". Er schrieb: *„In einer üblen Lage befindet sich unsere Bevölkerung in Krankheitsfällen; die wenigen Semstwo-Ärzte und die von der Semstwo angestellten Feldscher und Hebammen, die wir jetzt haben, helfen immer noch herzlich wenig, es ist traurig anzusehen, wie oft Menschen in den ärgsten Schmerzen und Qualen dahinsterben ohne jegliche ärztliche Hilfe".*

A.a – Ärzte, die die deutschen Kolonien des Gouvernements betreuten

Bevor ich über die medizinische Betreuung der Kolonisten berichte, muss man sagen, dass von 1864 bis 1916 in den deutschen Kolonien des Gouvernements Saratow 17 Ärztereviere und Feldscher-Stationen funktionierten, in denen Ärzte und Mediziner mittlerer Ausbildung tätig waren. Zu diesen Angaben kam ich infolge der Studien der Gedenkbücher der Gouvernements, der Adresse-Kalender und Mediziner-Listen Russlands. Nachstehend bringe ich die Namen der Kolonien und der darin arbeitenden Ärzte bis 1916.

Kolonie Sarepta, Kreis Zarizyn

Ehemalige Apotheke in Sarepta

1769 entdeckte der deutsche Arzt Johann Bier in der Nähe von Sarepta eine Mineralquelle, wo bald darauf ein Kurort angelegt wurde. Die deutschen Kolonisten errichteten hier die erste Apotheke aus Ziegelsteinen, die heute noch erhalten ist. In Sarepta wurde der erste wolgadeutsche Absolvent der Medizinisch-Chirurgischen Akademie Sankt Petersburg, Joseph Christian Hammel (1788–1862), geboren. Hier erblickte auch der Arzt und Dichter Konstantin Theodor Glitsch (1820–1883) das Licht der Welt. Zu interschiedlichen Zeiten waren hier folgende deutsche Ärzte tätig:

1. Schilling, Carl Carl, wurde am 26.01.1837 in Twer geboren. Von 1854 bis 1858 studierte er Medizin und Pharmazie an der Universität Dorpat. Von 1858 an war er Heiler. Nach Abschluss des Studiums arbeitete er als Assistenzarzt im städtischen Krankenhaus Rjasan, danach arbeitete er in Woronesh und Lipezk. Später war er als Landstandesarzt in der Kolonie Sarepta tätig, wo er auch am 28.04.1879 verstarb.
2. Hunnius, Leonhard Karl, wurde am 15.10.1842 in Estland geboren. Von 1864 bis 1870 studierte er Zoologie und Medizin an der Universität Dorpat, bekam sein Ärztediplom und war von 1871 bis 1878 als Landstandesarzt in der Kolonie tätig.

3. Hamberg, Heinrich Christian, wurde 1845 geboren. Er war seit 1869 Doktor der Medizin. Von 1879 bis 1898 war er Gemeindearzt der Kolonie.
4. Vieren, Rudolf Nikolaus, wurde 1872 geboren, von 1896 an war er Arzt. In den Jahren 1900 bis 1908 war er Landstandesarzt der Kolonie.
5. Deheller, Siegfried Bernhard, wurde 1877 geboren, schon 1904 war er als Arzt tätig, von 1911 bis1913 war er Gemeindearzt.
6. Schubert, Dagobert Karl, geboren 1855. 1881 wurde er Arzt. Gemeindearzt war er von 1912 bis 1916.

Nachdem man Anfang des XX. Jahrhunderts in Sarepta ein Ärzterevier der Eisenbahn Wladikawkas eröffnet hatte, arbeiteten hier verbeamtete Ärzte, unter denen auch der Deutsche Andreas August Belle (geb. 1876) war. Arzt wurde er 1907, Eisenbahn-Arzt war er von 1909 bis 1910.

Die Kolonie Balzer (Goly Karamysch), Kreis Kamyschin

Ehemalige medizinische Schule in Balzer, 1935

1880 wurde hier eine Klinik mit zehn Betten errichtet. 1894 wandelte man sie in ein Landstandes-Krankenhaus mit Ambulanz und Apotheke um. Hier waren tätig: ein Arzt, ein Feldscher und ein Geburtshelfer. 1923 gründete man in Balzer eine Medizinische Fachschule, um Feldscher und Geburtshelfer heranzubilden. Nachstehend bringen wir die Namen der Ärzte, die in der Kolonie tätig waren.

1. Von Thaler, Samuel Samuel, wurde am 25.10.1851 geboren. 1881 absolvierte er die Medizinische Fakultät der Universität Dorpat und wurde Arzt. Von 1882 bis 1883 war er Arzthelfer des Landstandeskrankenhauses in Saratow und 1883 bis 1916 freischaffender Arzt in Balzer. Er hatte eine eigene Ambulanz eröffnet.
2. Adler, Franz-Karl Franz, geboren 1863. Von 1889 an Arzt. In den Jahren 1890 bis 1907 war er Landstandesarzt der Kolonie.
3. Botschkow, Fjodor Michailowitsch, geboren 1864. Von 1888 an war er Arzt. In den Jahren 1890 bis 1895 Landstandesarzt.
4. Feldman, Schama-Morduch Lasar, geboren 1874. Arzt von 1899 an. Von 1905 bis 1916 war er Landstandesarzt.
5. Albova, Alexandra Jakowlewna, geboren 1876. Ärztin von 1907 an. In den Jahren 1909 bis 1913 Landstandesärztin.

1888 arbeitete Katharina Andreas Schneider als Geburtshelferin in der Kolonie. 1891 war Johann Ölberg in der Kolonie als Feldscher tätig und als Geburtshelferin Luise Johann Decker.

1915 richtete man in der Kolonie für die Verwundeten des Ersten Weltkrieges ein Lazarett ein, das von den Kolonisten finanziert wurde.

In den Zeiten der ASSR der Wolgadeutschen (1918–1941) arbeiteten im städtischen Krankenhaus:

1. Hergenröder, Friedrich Alexander, geboren 1898. Von 1916 an Heiler. In den Jahren 1921 bis 1932 war er Arzt und Chirurg.
2. Siebenhaar, August Peter, geboren 1888. Arzt von 1914 an. In den Jahren 1919 bis 1932 Chefarzt im städtischen Krankenhaus.

3. Kruse, Emil August, geboren 1897, Arzt von 1922 an. 1924 war er Leiter der Ambulanz.
4. Jurtaikin, Michail Georgiewitsch, geboren 1876, Arzt von 1913 an. 1924 war er Geburtshelfer im städtischen Krankenhaus.

Die Kolonie Kamenka, Kreis Kamyschin

Ab 1871 war in Kamenka nur eine Aufnahmestation mit Betreuung von Feldscher. 1880 wurde in der Kolonie eine Heilstätte eröffnet, die man 1888 in ein Zehn-Betten-Krankenhaus umgestaltete, ein Landstandes-Krankenhaus mit Ambulanz und Apotheke. Laut Angaben des statistischen Komitees gab es 1891 in der Kolonie einen Arzt, zwei Feldscher und eine Geburtshelferin.[48] Von der Gründung der Kolonie an arbeiteten dort einige Ärzte und Feldscher.

1. Becker, Wilhelm Friedrich, wurde am 23.11.1826 in Lifland geboren. Von 1852 bis 1857 studierte er Medizin an der Universität Dorpat. Er besaß ein Arzt-Diplom. Anfang der 1870er Jahre war er Landstandesarzt der Kolonie. In den Jahren 1877–1878 war er Arzt des Feldlazaretts im Russisch-Türkischen Krieg.
2. Huhnsburg, Ernst Markus, wurde 1831 geboren. Heiler von 1851 an. In den Jahren 1880 bis 1889 war er als Landstandesarzt tätig.
3. Galkowskij, Pjotr Ossipowitsch, wurde 1863 geboren. Arzt von 1898 an. 1900 war er als Landstandesarzt tätig.
4. Schmidt, Peter-Eduard Karl, wurde 1863 geboren. 1890 wurde er Arzt. 1892 war er als Landstandesarzt tätig.
5. Argentow, Dmitrij Iwanowitsch, wurde 1854 geboren. Von 1882 an war er als Arzt tätig. In den Jahren 1890–1893 war er Landstandesarzt der Kolonie.
6. Keller, Theodor Heinrich, wurde 1865 geboren, 1897 war er Arzt. 1904 war er Landstandesarzt.

---

48 Wolgadeutsche.net/list/kamenka.htm

7. Jelin, David-Gip Motelewitsch, wurde 1873 geboren, 1900 wurde er Arzt. In den Jahren 1907–1908 war er Landstandesarzt.

8. Gurewitsch, Jakow Samuilowitsch, wurde 1880 geboren, 1908 wurde er Arzt. 1910 war er Landstandesarzt der Kolonie.[49]

9. Podolskij, Abram Lejbowitsch, wurde 1885 geboren, 1910 wurde er Arzt. In den Jahren 1912–1916 war er Landstandesarzt.

1891 arbeiteten im Krankenhaus noch die Geburtshelferin Elisabeth Georg Kaiser und der Feldscher Wilhelm Macht.[50]

Die Kolonie Rosenberg (Umet), Kreis Kamyschin

Von 1892 an betreute ein Landstandesarzt die Kranken, 1893 wurde eine Feldscher-Station eröffnet und erst 1895 kam der erste Feldscher in die Kolonie.[51] Das Gedenkbuch des Gouvernements Saratow für das Jahr 1888 enthält den Namen des Feldschers Friedrich Horst. 1900 wurde die Kolonie zum Zentrum der Kreismedizin. Der erfahrene Arzt Franz-Karl Adler aus der Kolonie Blazer wurde nach Rosenberg versetzt.

1. Adler, Franz-Karl Franz, wurde 1863 geboren. Von 1889 an war er Arzt. In den Jahren 1908 bis 1916 war er Landstandesarzt.

2. Miroslawskij, Michail Wassiljewitsch, wurde 1865 geboren, schon 1891 war er Arzt. In den Jahren 1894 bis 1900 war er Landstandesarzt.

1891 war Friedrich Horst als Feldscher in der Kolonie tätig.

---

49 Laut Angaben des Gedenkbuches des Jahres 1910 des Gouvernements Saratow, S. 197

50 Adress-Kalender des Jahres 1891 des Gouvernements Saratow, Kapitel II, S. 155

51 Wolgadeutsche.net/list/rosenberg.htm

Die Kolonie Holstein (Werchnjaja Kulalinka), Kreis Kamyschin

1888 eröffnete man in der Kolonie die erste Feldscher- und Geburtshelfer-Station, wo die Geburtshelferin auch die Kranken betreute. Laut Angaben des Statistischen Komitees des Gouvernements gab es in der Kolonie auch eine Station, in der ein Feldscher die Kranken behandelte.[52] Ärzte, die in der Kolonie gearbeitet hatten:

1. Kahn, Moritz Hermann, war 1900 Landstandesarzt.[53]
2. Feinstein, Chuna-Jankel Aaronowitsch, wurde 1875 geboren, er war von 1900 an Arzt und in den Jahren 1902–1906 war er Landstandesarzt und Gemeindearzt.
3. Jelin, David-Gip. Moschelewitsch, wurde 1873 geboren, von 1900 an war er Arzt und in den Jahren 1905–1907 Landstandesarzt.
4. Rapotichin, Wassilij Iwanowitsch, geboren 1877, war von 1903 an Arzt und in den Jahren 1905–1906 Landstandesarzt.
5. Fuchs, Anna Romanowna (Nechama Ruwelejewna), geboren 1871, war von 1903 an Ärztin und 1907 Landstandesärztin.

Die Kolonie Galka (Ust-Kulalinka), Kreis Kamyschin

Die Einwohner der Kolonie wurden vom Feldscher oder Landstandesarzt zu Hause betreut. In Notfällen brachte man Kranke ins Krankenhaus der Kolonie Holstein. Auf Initiative der Gemeinde der Kolonie Galka wurden für die Bedürfnisse der niederkommenden Frauen zwei Geburtshelferinnen ausgebildet, die in der Kolonie wohnten.[54] 1906 wurde ein Krankenhaus mit 3 Betten eröffnet.[55]

---

52 Wolgadeutsche.net/list/holstein.htm
53 Laut Adress-Kalender des Jahres 1900 des Gouvernements Saratow, S. 283
54 Max Praetorius: „Galka, eine deutsche Ansiedlung an der Wolga" Weida i. Th., Leipzig, 1912, S.84
55 Max Praetorius: „Galka, eine deutsche Ansiedlung an der Wolga" Weida i. Th., Leipzig, 1912, S.84

Ärzte, die die Einwohner der Kolonie betreuten:

1. Kan, Meier-Ber Chaimowitsch, wurde 1873 geboren. 1898 wurde er Arzt. 1900 war er Landstandes- und Gemeindearzt.
2. Lifschitz-Brodskaja, Schejna (Sophie) Simonowna, geboren 1883, wurde 1906 Ärztin. In den Jahren 1908 bis 1915 war sie Landstandesärztin.
3. Gutman, Todres Gerschowitsch, geboren 1880, wurde 1906 Arzt. In den Jahren 1912–1916 war er Landstandesarzt.

Die Kolonie Grimm (Lesnoj Karamysch), Kreis Kamyschin

Ende des XIX. Jahrhunderts gab es eine Feldscher-Station, in der 1891 der Feldscher Konrad Walter die Kranken behandelt hat.[56] Zur Jahrhundertwende eröffnete man eine Ärzte-Station, in der zu unterschiedlichen Zeiten folgende Ärzte tätig waren:

1. Von Hertel, Wilhelm Wilhelm, geboren 1868, wurde 1894 Arzt. In den Jahren 1898–1901 war er ein freischaffender Arzt.
2. Holzvogt, Johann Karl, geboren 1861, wurde 1888 Arzt, 1910 Landstandesarzt.[57]
3. Albova, Alexandra Jakowlewna, geboren 1876, wurde 1907 Ärztin. In den Jahren 1909–1913 war sie Landstandesärztin.
4. Bernstein, Malvina Grigorjewna, Geburtsjahr unbekannt, wurde 1906 Ärztin und 1912 Landstandesärztin.[58]
5. 5. Bograd, Aneta Ruvimowna, geboren 1875, wurde 1908 Ärztin. In den Jahren 1913–1916 war sie Landstandesärztin.

---

56 Adress-Kalender des Jahres 1891 des Gouvernements Saratow, Kapitel II, S. 155
57 Laut Angaben des Gedenkbuches für das Jahr 1910 im Gouvernement Saratow, S. 197
58 Laut Angaben des Gedenkbuches des Gouvernements Saratow für 1912, S. 274

Die Kolonie Norka, Kreis Kamyschin

Die Feldscher-Station wurde hier schon 1834 eröffnet, wahrscheinlich war das die erste ländliche medizinische Einrichtung im Gouvernement.[59] Doch eine qualifiziertere medizinische Hilfe bekamen die Einwohner erst, als man in der Kolonie eine Ärzte-Station eröffnete. Die Namen der Ärzte, die hier praktizierten:

1. Wollman, Anna Gawrilowna, Landstandesärztin im Jahr 1910.[60]
2. Perel, Ljubow Abramowna Landstandesärztin im Jahr 1912.[61]

Die Kolonie Dreispitz (Werchnjaja Dobrinka), Kreis Kamyschin

Es gibt keine Angaben, dass es in der Kolonie eine Feldscher- oder Ärzte-Station gab. Die Ärzte, die die Einwohner der Kolonie betreuten, waren:

1. Galaj Abram Davidowitsch, geboren 1866, wurde 1891 Arzt. Landstandesarzt war er in den Jahren 1895–1896.
2. Korenzwet, Klara Iossifowna, geboren 1881, wurde 1910 Ärztin. In den Jahren 1912–1914 war sie Landstandesärztin.[62]
3. Ernst, Alexander Heinrich, geboren 1884, wurde 1913 Arzt. In den Jahren 1914–1916 war er Landstandesarzt.

---

59 Informationen des statistischen Komitees des Gouvernements für 1891, Wolgadeutsche.net/list/norka.htm
60 Dieser Name tauchte in den Mediziner-Listen einiger Jahre nicht auf. Die Angaben wurden dem Gedenkbuch des Gouvernement Saratow für 1910, S.197, entnommen.
61 Dieser Name tauchte in den Mediziner-Listen einiger Jahre nicht auf. Die Angaben wurden dem Gedenkbuch des Gouvernements Saratow für 1912, S.274 entnommen.
62 Laut Angaben des Gedenkbuches des Gouvernements Saratow für 1912, S. 274

Die Kolonie Frank (Medwediewskij krestowyj Bujerak), Kreis Atkarsk

Nach einer Quelle gab es 1911 in der Kolonie eine Ärzte-Station.[63] Doch diese ist nicht genau, denn schon 1907 arbeitete dort ein Landstandesarzt. [64]

Ärzte, die die Kolonie betreuten:

1. Orraw, Johann Ludwig, geboren 1866, wurde 1896 Arzt. In den Jahren 1907–1913 war er Landstandesarzt.
2. Engel (geb. Gejewskaja), Olga Viktorowna, geboren 1878, wurde 1906 Ärztin, 1914 – Landstandesärztin.
3. Nowodworskaja, Jekaterina Iwanowna, geboren 1890, wurde 1916 Landstandesärztin.
4. Rachinskaja, Anna Jakowlewna, wurde 1916 Landstandesärztin.[65]
5. Prosorowskij, Wladimir Grigorjewitsch, geboren 1887, wurde 1912 Arzt, von 1914 bis 1916 war er Landstandesarzt.
6. Pedder, Paul Hans, geboren 1886, wurde 1909 Arzt, 1911 – Landstandesarzt.
7. Karmilow, Wassilij Iwanowitsch, geboren 1886, wurde 1911 Arzt und 1924 leitete er die medizinische Einrichtung.[66]

---

63 Olga Litzenberger. Deutsche evangelische Siedlungen an der Wolga. Hrsg. Von HFDR, Nürnberg, 2013, S. 161
64 Vgl. Das Gedenkbuch des Gouvernements Saratow für 1907, S. 157 u. 332 (Liste der Familiennamen)
65 Der Name ist in den Mediziner-Listen mehrere Jahre lang nicht vorhanden. Die Angaben sind dem Gedenkbuch des Gouvernements Saratow für 1916, S. 154, entnommen.
66 Ungeachtet des Abschlusses des Studiums 1911 gibt es seinen Namen in den Mediziner-Listen Russlands für 1912–1916 nicht. Die Angaben wurden den Mediziner-Listen der UdSSR für 1924 entnommen.

Die Kolonie Hussenbach (Linjowo osero), Kreis Kamyschin

In der zugänglichen Literatur gibt es keine Angaben über die Eröffnung einer medizinischen Anstalt. Ausgehend von den Mediziner-Listen für das Jahr 1896 könnte aber eine Ärzte-Station schon Ende des XIX. Jahrhunderts eingerichtet worden sein. Ärzte, die die Kolonie betreuten:

1. Schmeman, Adolf (Abram) Chaikowitsch, geboren 1867, wurde 1894 Arzt, in den Jahren 1896–1898 war er Landstandesarzt.
2. Gurewitsch, Naum Ljwowitsch, geboren 1878, wurde 1903 Arzt. 1905 war er Landstandesarzt.
3. Chassina, Rachil Borissowna, Landstandesärztin 1912.[67]

Die Kolonie Husaren (Jelschanka), Kreis Kamyschin

Eine Ärzte-Station wurde in der Kolonie Anfang des XX. Jahrhunderts eingerichtet. Die Ärztin, die die Einwohner der Kolonie betreute, war:

1. Gubina, Nadeshda Maximilianowna (verheiratete Hermann), geb. 1877, Ärztin von 1904 an, Landstandesärztin in den Jahren 1908–1909.

67 Der Name ist in den Mediziner-Listen mehrere Jahre lang nicht vorhanden. Die Angaben sind dem Gedenkbuch des Gouvernements Saratow für 1912, S.274, entnommen.

Die Kolonie Beideck (Talowka), Kreis Kamyschin

Eine Ärzte-Station wurde in der Kolonie Anfang des XX. Jahrhunderts errichtet. Der Arzt, der in der Kolonie praktizierte, war:

1. Archangelskij, Wladimir Nikolajewitsch. Landstandesarzt
   von 1916 an.[68]

Die Kolonie Moor (Kljutschi), Kreis Kamyschin

Eine Ärzte-Station wurde in der Kolonie Anfang des XX. Jahrhunderts errichtet. Die Ärztin, die in der Kolonie praktizierte, war:

1. Markowa, Klawdija Alexandrowna, geboren 1871, Ärztin von
   1901 an, Landstandesärztin war sie im Jahr 1912.

Die Kolonie Leichtling (Jelawlja), Kreis Kamyschin

Ärzte, die in der Kolonie praktiziert haben:

1. Elkind, Samuil Ossipowitsch, Landstandesarzt von 1912 an.[69]
2. Andermann, Veronika Martin, geboren 1884, Ärztin und
   Landstandesärztin von 1911 an.

---

68 Der Name ist in den Mediziner-Listen Russlands mehrere Jahre lang
   nicht vorhanden. Er ist aus dem Gedenkbuch des Gouvernements Saratow für 1916, S.154, entnommen.
69 Der Name ist in den Mediziner-Listen Russlands mehrere Jahre lang
   nicht vorhanden. Er wurde aus dem Gedenkbuch des Gouvernements
   Saratow für 1912, S.274, entnommen.

Die Kolonie Dietel (Oleschnja), Kreis Kamyschin

1891 war in der Kolonie Heinrich Koch als Feldscher tätig.

Die Kolonie Kraft (Werchnjaja Grjasnucha), Kreis Kamyschin

1891 war in der Kolonie Konrad Dahlinger als Feldscher tätig.

1915 wurde in der Kolonie Friedenfeld aus Spenden der Kolonisten ein Lazarett für die verwundeten Soldaten eröffnet.

Bei der Durchsicht der Mediziner-Listen ist mir aufgefallen, dass in den deutschen Kolonien sehr viele jüdische Ärzte tätig waren. Dabei wichen sie der jährlichen Registrierung in den Mediziner-Listen Russlands aus, was einige gefälschte Diplome vermuten lässt.

Die Kolonie Huck (Splawnucha), Kreis Kamyschin

In der Kolonie Huck wurde ein Feldscher-Entbindungspunkt eröffnet. In den Jahren 1897–1898 praktizierte hier als Landstandesarzt Bruttan, Karl Friedrich, geboren 1863. Doktor der Medizin ab 1892.

B – Gouvernement Samara
(Karte – Schema und Wappen)

Das Kreisstädtchen Samara gehörte vor 1851 zum Gouvernement Kasan. Nachdem man das neue Gouvernement gebildet hatte, wurde es seine Hauptstadt. Zu ihm gehörten von nun an sieben Kreise, die am linken Wolgaufer lagen.

Die deutschen Kolonien der Wiesenseite befanden sich in drei Kreisen. Davon gehörten 86 Kolonien dem Kreis Nowousensk an, 26 gehörten dem Kreis Nikolajewsk und eine dem Kreis Samara an. In Samara wurde eine ärztliche Gouvernements-Verwaltung gegründet. Ihr waren alle städtischen und Kreis-Kliniken, Apotheken und Mediziner unterstellt. Zu jener Zeit hatte das Gouvernement nur zwei Ärzte, drei Feldscher und zwei Hebammen. Als erster Inspektor der Ärztlichen Verwaltung wurde der Russlanddeutsche Eduard Karl Finke (?–27.01.1884) ernannt. Die Rolle der Russlanddeutschen bei der Schaffung und Entwicklung des Gesundheitswesens im Gouvernement Samara ist deutlich beim Studium der Publikationen in den Gedenkbüchern der Jahre 1863 bis 1916 zu sehen. Um die ärztlichen und Apotheker-Fachkräfte zu identifizieren, wurden die Mediziner-Listen verwendet, die im Internet zu finden sind.

1855 arbeiteten in den deutschen Kolonien des Gouvernements Samara ein Arzt (in Katharinenstadt), sieben Impfer gegen Pocken und 112 Hebammen.[70]

Im Jahr der Landstandesreform (1864) gab es im Gouvernement Samara acht Krankenhäuser und sieben Annahmestellen für die Kranken mit fünf bis zehn Betten. An der Spitze der ärztlichen Gouvernement-Verwaltung standen Russlanddeutsche. Der Chirurg Eberhard Gustav **Krause** war Inspektor, der Arzt Karl Karl **Schenebeer** war Operateur (Chirurg), und Doktor der Medizin Julius Bernhard **Ucke** war Geburtshelfer. Beisitzer im Vorstand war Major a. D. Rostislav Andreas **Dannenberg**.

Das Krankenhaus vom Roten Kreuz in Samara

Man muss sagen, dass es zu jenen Zeiten in jeder Kreisstadt die Stellen eines Stadt- und eines Kreisarztes gab. Zu den Aufgaben des ersten gehörten Hygiene- und Prophylaxe-Fragen der Medizin und zu den Aufgaben des zweiten der Bereich der Heilung und der medizinischen Hilfeleistung. Zu den Pflichten der dritten Kategorie, der Landstandesärzte, gehörte die Betreuung der entsprechenden Bevölkerung im Ärzterevier.

In den Kreiszentren Nikolajewsk und Nowousensk mit kompakten deutschen Siedlungen gab es je ein Krankenhaus mit fünf Betten. Außerdem gab es in Nikolajewsk noch eine Annahmestelle für Kranke, aber die Stelle des Arztes war vakant. In dem Krankenhaus arbeiteten folgende Ärzte:

N. P. Fadejew (Kreisarzt) und F. A. Ralzewitsch (Stadtarzt). In Nowousensk ging der Assistenzarzt Kaetan Petrowitsch Perleau den Pflichten des Kreisarztes nach; Stadtarzt war J. G. Dmitrijew. In den deutschen Kolonien gab es zu jener Zeit weder Krankenhäuser noch Kliniken noch Annahmestellen für Kranke. Das erste Krankenhaus wurde in Katharinenstadt 1872 eröffnet (siehe unten).

B.a – Ärzte, die die deutschen Kolonien des Gouvernements betreuten

Will man den gesammelten Stoff verallgemeinern, so muss man folgende Schlussfolgerungen ziehen: Die stationäre medizinische Betreuung der Kolonisten entwickelte sich sehr langsam. In 50 Jahren der Landstandesmedizin (1864–1914) wurden nur in 16 deutschen Kolonien Kliniken und Ärzte-Stationen eröffnet. Die Ausbildung der medizinischen Kräfte aus der Gruppe der Kolonistenkinder wurde vom Staat nicht unterstützt.

Die Entwicklungsdynamik der Kliniken, die Orte der Ärzte-reviere und die Namen der Ärzte, die die Einwohner der Kolonien betreuten, können Sie nachstehend lesen.

Die Kolonie Katharinenstadt, Kreis Nikolajewsk

Das ehemalige Landeskrankenhaus

In diese Kolonie kamen mit den deutschen Einwanderern sieben Ärzte, doch keiner von ihnen konnte seinen Beruf ausüben. 1855 lebte in der Kolonie ein Arzt, dessen Namen unbekannt ist.[71]

Die erste Klinik mit zehn Betten wurde 1870 eröffnet und bis zum XX. Jahrhundert war sie die einzige stationäre Einrichtung im ganzen Kreis Nikolajewsk. Es gab noch eine freie Apotheke des Provisors Grunauer. Ende des XIX. Jahrhunderts wurden eine Augenklinik und zwei freie Apotheken eröffnet. 1904 hatte ein neues Landstandeskrankenhaus, dessen Gebäude man noch heute sehen kann, seine Pforten geöffnet. Von 1924 bis 1941 war dort Theodor Alexander Grasmück (1896–1972) Chefarzt. Für die Patienten mit ansteckenden Krankheiten gab es eine Baracke mit 40 Betten. 1910 wurde in der Kolonie ein Apothekenladen eröffnet, der den Provisoren Julius Otto Seiler und David Andreas Rauschenbach gehörte. 1919 gründete man in Marx (vor 1917 Katharinenstadt) ein Entbindungsheim.

---

71 Ebenda

Ärzte, die in der Kolonie gearbeitet haben:

1. Anonimow, Wassilij Charitonowitsch, geboren 1833, von 1856 an Arzt. In den 1890er-Jahren Gemeindearzt (Richter) der Kolonie.

2. Saremba, Roman Kasperowitsch, Landstandesarzt von 1871 bis 1885.

3. Meyer, Theodor-August-Wilhelm Ludwig, wurde am 22.03.1835 in Lifland geboren. 1874 absolvierte er die Medizinische Fakultät der Universität Dorpat mit einem Arzt-Diplom. Von 1875 bis 1878 war er Stadtarzt in der Kolonie.

4. Kudrjawzew, Michail Wassiljewitsch, geboren 1859, Arzt von 1883 an, Landstandesarzt von 1890 bis 1912.

5. Rutstein, David Moissejewitsch, geboren 1868, Arzt von 1895 an, von 1913 bis 1914 Landstandesarzt.

6. Bolz, Johann Georg, geboren 1856, Doktor der Medizin von 1883 an, von 1892 bis 1914 freischaffender Arzt.

7. Johnson (Dschonson), Anton Maximilian Konstantin, geboren 1874 von 1898 an Arzt, von 1904 bis 1916 freischaffender Arzt.

8. Lehmann, Nikolaus Alexander, geboren 1873, von 1901 an Arzt, von 1909 bis 1916 freischaffender Arzt.

9. Rauschenbach, Wilhelm Friedrich, geboren 1880, von 1910 an Arzt, von 1914 bis 1916 freischaffender Arzt.

10. Rothermel, Ernst Friedrich, geboren 1895, von 1921 an Arzt, 1924 Leiter des Krankenhauses Nr. 1 in Marxstadt.

11. Rothermel, Paul Nikolaus, geboren 1886, Arzt von 1913 an, 1924 war er Ordinator des Krankenhauses Nr. 1 in Marxstadt.

12. Norskaja, Lidia Alexejewna, geboren 1883, von 1912 an Ärztin, 1924 Leiterin des Entbindungsheimes in Marxstadt.

Medizinteam des Landeskrankenhauses 1930.
In der 2. Reihe rechts sitzt Arzt Theodor Grasmück.

Kolonie Warenburg (Priwaljnoje), Kreis Nowousensk

Hauptstraße

1874 wurde die Kolonie Zentrum des Ärzte-Reviers, das von Iwan Iwanowitsch Sazwilichowskij, geb. 1830, Arzt von 1857 an, geleitet wurde. 1875 wurde hier eine Klinik mit acht Betten eröffnet. Darin arbeiteten ein Arzt, ein Feldscher und eine Hebamme.

Der erste Landstandesarzt der Kolonie wurde Iwan Viktorowitsch Guminskij. 1880 verlegte man das Zentrum des Ärzte-Reviers nach Seelmann, wohin auch der Arzt Guminskij übersiedelte. In der Kolonie Warenburg blieb eine Station, in der die Ärzte-Stelle viele Jahre vakant war. blieÄrzte, die in der Kolonie tätig waren:

1. Guminskij Iwan Viktorowitsch, geb. 1845, Arzt von 1874 an, Landstandesarzt von 1875 bis 1880.
2. Haller, Peter Karl, geboren 1858. Von 1885 an Doktor der Medizin, 1887 Landstandesarzt.
3. Schinder, Isaj Aronowitsch, geboren 1871, von 1899 an Arzt, Landstandesarzt von 1900 bis 1911.
4. Eckmann, Jakob-Bruno Jan, geboren 1885, von 1912 bis 1913 Arzt, Landstandesarzt von 1912 bis 1913.
5. Fonarew, Gersch Judkewitsch, geboren 1867, von 1897 an Arzt, Landstandesarzt 1914–1915.

Kolonie Seelmann (Rownoje), Kreis Nowousensk

1880 wurde die Kolonie zum Zentrum des Ärzte-Reviers. Im selben Jahr eröffnete man hier eine Klinik mit acht Betten. Um die Klinik unterzubringen, kaufte die Kreislandstandesverwaltung für 300 Rubel ein Haus mit Seitengebäude vom Kolonisten Hartwig. 1889 bekam die Klinik den Status Landstandeskrankenhaus und hatte schon zwölf Betten.[72] Zum Krankenhaus gehörten eine Ambulanz und eine Apotheke. In der Kolonie gab es noch eine Infektionsbaracke am Flussufer, um während der Epidemien die Kranken von den Schiffen aus zu behandeln. Von 1898 bis 1916 unterhielt der Provisor Julian Friedrich Sammel die freie Apotheke in der Kolonie. Ärzte, die in der Kolonie arbeiteten:

---

72 Adresse-Kalender und Gedenkbuch des Gouvernements Samara für 1889, S. 100

1. Guminskij, Iwan Viktorowitsch, geboren 1845, Arzt von 1874 an, Landstandesarzt von 1880 bis 1907. 1912 kehrte er wieder zurück und praktizierte bis 1916 als Landstandesarzt.
2. Juschkewitsch, Wladislaw Jakowlewitsch, geboren 1872, Arzt von 1899 an, Landstandesarzt 1905.
3. Laschtanowa, Jekaterina Andrejewna, geboren 1870, Ärztin von 1903 an, 1906 Landstandesärztin.
4. Ostrowskij, Naum Morduchowitsch (Wassilij Markowitsch), Geburtsdatum nicht vermerkt, Arzt von 1906 an, Landstandesarzt von 1906 bis 1910.[73]
5. Fonarew, Gersch Judkewitsch, geboren 1867, Arzt von 1897 an, Landstandesarzt von 1910 bis 1911.
6. Kwjatkowski, Ferdinand Alexandrowitsch, geboren 1876, Arzt von 1903 an, freischaffender Arzt im Jahr 1908.
7. Maljkowskij, Pjotr Iwanowitsch, geboren 1876, Arzt von 1901 an, Gemeindearzt im Jahr 1908.[74]
8. Michel, Woldemar Martin, geboren 1876, Arzt von 1906 an, Landstandesarzt im Jahr 1908.
9. Grasmück, Alexander Ludwig, geboren 1869, Arzt von 1894 an, 1924 Arzt des Kreiskrankenhauses.[75]
10. Arsamaszew, Alexander Michailowitsch, geboren 1891, Arzt von 1914 an, 1924 Leiter der Sanitätsabteilung.
11. Schäfer, Heinrich Jakob, geboren 1895, Arzt von 1921 an, Leiter der Infektionsbaracke im Jahr 1924.

---

73 In den Mediziner-Listen Russlands für 1911–1916 ist der Arbeitsort nicht angegeben.
74 Adresse-Kalender des Gouvernements Samara für 1908, S. 165
75 Nach Nationalisierung seines Privat-Krankenhauses in Saratow durch die Sowjetmacht übersiedelte er nach Seelmann.

Die **Kolonie Mariental** (Tonkoschurowka), Kreis Nowousensk

Die Gebäude des Krankenhauses

Die ehemalige Apotheke
Beide Bilder von V. P. Awtonomowa

In den 1870er-Jahren gab es in der Kolonie ein Feldscher-Revier, in dem von 1879 an gleichzeitig der Feldscher des Feldscher-Reviers Krasnojar, Bachmann, tätig war.[76]

Das Fehlen der rechtzeitigen qualifizierten medizinischen Hilfe war die Ursache der hohen Kindersterblichkeit im ersten Lebensjahr. So waren 1879 unter den 105 Todesfällen 52 Säuglinge (49,5 %), 1880 waren von den 110 Toten 36 Kinder unter einem Jahr (32,7 %).

Die erste Klinik mit sechs Betten wurde 1884 eröffnet. So groß blieb sie auch bis zur Revolution 1917. 1927 gab es in der Kolonie ein Krankenhaus mit acht bis zwölf Betten.[77] Ende der 1930er Jahre wurde ein neues Krankenhaus mit 30 Betten gebaut. Es hatte zwei Abteilungen: für Therapie und für Geburtshilfe. Ärzte, die in der Kolonie gearbeitet haben, sind:

1. Bogoljubow, Alexander Alexandrowitsch, geboren 1855, Arzt von 1881 an, Landstandesarzt in den Jahren 1884–1885.
2. Isshorskij, Alexander Wassiljewitsch, geboren 1855, Arzt von 1880 an, Landstandesarzt im Jahr 1886.
3. Serebrjakow, Nikolai Alexandrowitsch, geboren 1850, Arzt von 1879 an, Landstandesarzt im Jahr 1887.
4. Mjasnikow, Alexander Andrejewitsch, geboren 1861, Arzt von 1886 an, Landstandesarzt im Jahr 1888.
5. Pribylowskij, Nikolai Michailowitsch, geboren 1855, Arzt von 1881 an, Landstandesarzt in den Jahren 1889–1890.
6. Krawez, Michail Grigorjewitsch, geboren 1865, Arzt von 1889 an, Landstandesarzt im Jahr 1891.
7. Maslenkow, Iwan Wassiljewitsch, geboren 1863, Arzt von 1890 an, Landstandesarzt im Jahr 1893.
8. Hartwig, Georg Georg, geboren 1875, Arzt von 1902 an, Landstandesarzt von 1902 bis 1908.

---

76 „Die Session der XVI. Landstandesversammlung des Kreises Nowousensk", 12.09.1880, aus der Publikation der Internet-Ressource „Die Geschichte der Wolgadeutschen"

77 78 R. K. Florenzow: „Hygiene und Epidemiologie", 1929, Nr. 1, S. 64–67.

9. Blumental, Karl Naumowitsch, geboren 1861, Arzt von 1888 an, Landstandesarzt von 1901 bis 1905.
10. Tschernyschew, Alexander Nikolajewitsch, geboren 1884, Arzt von 1908 an, Landstandesarzt von 1910 bis 1916.
11. Simin, Nikolaus Nikolaus, geboren 1884, Arzt von 1910 an, Landstandesarzt 1911.
12. Galkin, Arkadij Wassiljewitsch, geboren 1884, Arzt von 1909 an, Landstandesarzt von 1912 bis 1916.

1908 waren als Gemeinde-Ärzte in der Kolonie Mariental Lew Alexandrowitsch Kirschon (geboren 1865, Arzt von 1893 an) und Igor Wladimirowitsch Golstein tätig.[78] 1911 war Nikolai Nikolajewitsch Simin (geboren 1884, Arzt von 1910 an) Gemeindearzt.

Die erste freie Apotheke in der Kolonie gründete 1911 der Provisor Adolf Andreas Bauer. Im darauffolgenden Jahr durfte der Apothekergehilfe Benz Schmulewitsch Awerbuch (ein Jude) die Apotheke verwalten und 1913 wurde er ihr Inhaber. 1916 gehörte die Apotheke dem Apothekergehilfen Mordko Moischewitsch Ponorowskij (einem Juden). In den Jahren des Autonomen Gebiets und der ASSR der Wolgadeutschen (1918–1941) entwickelten sich in Mariental ein Ärzterevier-Netz und die spezialisierte medizinische Hilfe. Doch das Fehlen der nötigen Information erlaubt es mir nicht, diesen Prozess ausführlich zu schildern.

Deswegen erwähne ich nur einige Fakten aus der Geschichte des Gesundheitswesens des Dorfes jener Zeit. So brachen während der großen Hungersnot im Wolgagebiet (1921–1922) Epidemien (Flecktyphus, Ruhr, Unterleibtyphus) aus, auch in dieser Kolonie. Die Zahl der Malaria-Erkrankungen stieg rapide an.[79] 1927 wurde in der Kolonie der Ausbruch des Unterleibtyphus registriert, deren Ursache verseuchte Milch war und die zu 42 Opfern (23,4 % der

---

78 Adresse-Kalender des Gouvernements Samara für 1908, S. 165
79 Dr. O. Fischer: „Die Bedeutung der Malaria für das deutsche Gebiet an der Wolga und die Maßnahmen zu ihrer Bekämpfung", Wolgadeutsche Monatshefte 1923, Nr. 7/8, S. 97–98

Infizierten) führte.[80] Nach wie vor blieb die Kindersterblichkeit hoch. Um sie zu senken, plante man, zwei Entbindungsheime zu eröffnen.[81] Von den Ärzten, die von 1917 bis1941 in der Kolonie tätig waren, sind gesichert zu nennen[82]:

1. Schtschegorzew, Trofim Lasarewitsch, geboren 1886, Arzt von 1916 an, 1924 Leiter des medizinischen Reviers.
2. Neuwirt, Alexander Johann, geboren am 06.02.1893 in der Siedlung Stariza, Gouvernement Samara. 1913 belegte er Medizin an der Universität Saratow, die er ungefähr 1920 absolviert hat.[83] 1927 war er Abteilungsarzt.
3. May, Viktor Gottfried, geboren 1897, Arzt von 1921 an, von 1933 bis 1941 Chefarzt des Krankenhauses.
4. Michailowa, Anna Jewdokimowna, geboren 1898, Ärztin von 1933 an, von 1933 bis 1941 Frauenärztin.
5. Gerber, Emma Johann, geboren 1907, Ärztin von 1939 an, von 1939 bis 1941 Therapeutin.
6. Gefele, Anna Nathanowna, geboren 1916, Ärztin von 1939 an, 1941 Therapeutin.
7. Weiner, Ch. J., geboren 1907, Arzt von 1938 an, 1938 war er Kinderarzt.
8. Surkowa, Zahnärztin aus Engels, die 1939 zur Arbeit nach Mariental deschickt wurde.
9. Riedel, Joseph Karl, geboren 1900, war 1941 Arzt.

---

80 R. K. Florensow: „Hygiene und Epidemiologie", 1929 Nr. 1, S. 64–67
81 Stenogramm der Republik-Beratung der Kanton-Leiter für Gesundheitswesen und der Fachkräfte für Mutter- und Kinderschutz, 7.07.1936. Die Filiale Engels des Staatsarchivs, Gebiet Saratow, Fond 975 (EFGASO), Inventar 1 o/d, Liste 158. Dieses Material bekam der Autor von der Einwohnerin des Dorfes Sowjetskoje (Mariental) Vera Petrowna Awtonomowa.
82 Die Namen der Ärzte unter Nr. 3–8 sind dem Archivfond 975 (EFGASO) entnommen, die Vera Petrowna Awtonomowa mir liebenswürdigerweise bereitstellte.
83 Das zweite Studienjahr wurde wiederholt.

Zu erwähnen sind auch die Mediziner, die die Medizinischen Fachschulen absolviert hatten und die im Krankenhaus tätig waren. Unter ihnen waren fast ausschließlich Töchter deutscher Kolonisten.[84]

1. Erich, Heinrich Jakob (1908–1941), Feldscher, starb am 02.09.1941 nach Verhaftung.
2. Fribus, Amalia Alexander, geboren 1921 in der Kolonie Fischer (Teljausa), Kanton Marxstadt. 1941 absolvierte sie die Medizinische Fachschule in Marxstadt und arbeitete von 01.08.1941 an als Krankenschwester in Mariental.
3. Fischler, Irma Theodor, geboren 1920 in der Kolonie Stephan, Kanton Kamyschin. 1939 absolvierte sie die Medizinische Fachschule und war von 12.01.1940 an als Krankenschwester im Krankenhaus tätig.
4. Weibe, Anna Johann, wurde 1912 geboren. 1937 absolvierte sie die Feldscher-Fachschule und begann als Feldscherin zu arbeiten.
5. Karl, Anna Alexander, wurde 1913 in der Kolonie Katharinenstadt geboren. 1933 erhielt sie das Diplom einer Geburtshelferin, im selben Jahr begann sie als Geburtshelferin in der Entbindungsabteilung zu arbeiten.
6. Bernhardt (geb. Österlein), Ella Ludwig, wurde 1914 in der Kolonie Frank (Medwedizkij krestowoj bujerak), Kreis Atkarsk, geboren. 1935 erwarb sie die mittlere medizinische Ausbildung. Von 1936 bis 1941 arbeitete sie als Geburtshelferin in der Entbindungsabteilung. Sie starb 2006 in Deutschland.
7. Hermann, Marie Peter, wurde 1914 in der Kolonie Mariental, Kreis Nowousensk geboren. 1939 erwarb sie die mittlere medizinische Ausbildung und begann am 1.12.1939 als Geburtshelferin in der Entbindungsabteilung zu arbeiten.
8. Schäfer, Anna Konstantin, wurde 1913 geboren. 1940 betreute die Krankenschwester die Trachom-Kranken.

---

84 Die Namen der Mediziner mit Fachschulbildung wurden dem Archivfond 275 EFGASO entnommen.

9. Düppel, Sophie, wurde 1919 geboren. 1940 betreute die Krankenschwester die Trachom-Kranken.
10. Becker, Klara Josef, wurde 1923 geboren. Sie war Desinfektorin.

1940 war Oleg Fjodorowitsch Koptschektschi, geboren 1919, Leiter der Apotheke. Um dieselbe Zeit war dort Ernst Georg Hummel (geb. 1872) als Apotheker tätig.

Die **Kolonie Alexanderhöh**, Kreis Nowousensk

1885 wurden in der Kolonie eine Aufnahme und ein Krankenhaus mit sechs Betten eingerichtet. 1891 waren hier ein Arzt, ein Feldscher und eine Geburtshelferin tätig. Von der Gründungszeit bis 1916 arbeiteten hier über zehn Ärzte. Nachstehend können Sie ihre Namen lesen.

1. Almasow, Sergej Iwanowitsch, geboren 1859, Arzt von 1883 an, Landstandesarzt von 1885 bis 1894.
2. Kirschon, Lew Alexandrowitsch, geboren 1863, Arzt von 1893 an, Landstandesarzt im Jahr 1896.
3. Grasmück, Johann Ludwig, geboren 1871, Arzt von 1894 an, Landstandesarzt von 1896 bis 1900.
4. Djatschkow, Sergej Iwanowitsch, geboren 1875, Arzt von 1899 an, Landstandesarzt von 1900 bis 1906.
5. Schargorodskij, Moissej Aronowitsch, geboren 1891, Arzt von 1905 an, Landstandesarzt von 1907 bis 1912.
6. Schirman, Darja Moissejewna, geboren 1874, Ärztin von 1900 an, Landstandesärztin von 1907 bis 1911.
7. Gejman, Alexander Ljwowitsch, geboren 1883, Arzt von 1910 an, Gemeindearzt in den Jahren 1910–1911, Landstandesarzt von 1912 an.
8. Fritzner, Rudolf Alexander, geboren 1887, Arzt von 1911 an, Landstandesarzt von 1913 bis 1916.

9. Mischitsch, Milan Damianowitsch, geboren 1878, Arzt von 1909 an, Landstandesarzt im Jahr 1914.
10. Bystrizkaja, Dunja Ljwowna, das Geburtsjahr ist unbekannt. Ärztin von 1909 an, von 1916 war sie Landstandesärztin.
11. Wonsoskij, Stephan Stanislawowitsch, geboren 1880, Arzt von 1913 an, Landstandesarzt von 1914 bis 1916.
12. Fedotow, Iwan Iwanowitsch, geboren 1888, Arzt von 1913 an, Landstandesarzt im Jahr 1915.
13. Filatowa, Paraskowja Timofejewna, geboren 1881, Ärztin von 1910 an, 1916 war sie freischaffende Ärztin.

Die erste freie Apotheke wurde in der Kolonie 1891 von dem Provisoren Emil Friedrich Lemberg (Lutheraner) eröffnet. Er leitete die Apotheke bis 1894. 1895 wurde der Provisor Lasar Meerowitsch Schapiro (Jude) Inhaber der Apotheke, er verwaltete die Apotheke bis 1901. 1902 war der Provisor Lejb Joselewitsch Kaschedin (Jude) Inhaber der Apotheke, der sie bis 1904 verwaltete. 1905 besaß die Apotheke in Alexanderhöh der Provisor Kasimir Wladislaus Trshinski (Pole, Katholik). 1913 gehörte die Apotheke der Apothekergehilfin Schlioma Pinchowna Solowej (Jüdin), und von 1914 bis 1916 war der Inhaber der Apotheke der Apothekergehilfe Abram Benizianowitsch Gurewitsch (Jude).

Die **Kolonie Krasnojar,** Kreis Nowousensk

Das ehemalige Krankenhaus

1888 wurde in der Kolonie eine Feldscher-Station eröffnet und sechs Jahre später (1894) wurde ein Ärzte-Revier geschaffen und Schimon Davidowitsch Fischbein wurde zum Landstandesarzt bestimmt. Ende des XIX. Jahrhunderts gab es in der Kolonie ein Krankenhaus, das sich im zweistöckigen Holzgebäude links vom Haupteingang der Kirche befand. Später errichtete man neben dem Krankenhaus eine Augenklinik. Beide Bauten wurden bis Anfang des XX. Jahrhunderts benutzt. In der Kolonie gab es eine Kranken-Annahme, eine Augenklinik, hier arbeiteten zwei Ärzte, zwei Feldscherinnen und ein Feldscher.[85] Ärzte, die in der Kolonie gearbeitet haben:

1. Fischbein, Schimon Davidowitsch, geboren 1865, Arzt von 1893 an, Landstandesarzt in den Jahren 1894–1895.
2. Schiemann, Josef-Georg Markus, geboren 1862, Arzt von 1889 an, freischaffender Arzt von 1891 bis 1902.
3. Grasmück, Alexander Ludwig, geboren 1869, Arzt von 1894 an, Landstandesarzt von 1895 bis 1898.
4. Reinhardt, Gottlieb Gottlieb, geboren 1863, Arzt von 1897 an, Landstandesarzt von 1899 bis 1904.
5. Kibel, Jefroim Moissejewitsch, geboren 1870, Arzt von 1895 an, Arzt der Augenklinik in den Jahren 1905–1907.
6. Alman Boris Dmitrijewitsch, geboren 1878, Arzt von 1904 an, Arzt der Landstandes-Augenklinik von 1908 bis 1916.
7. Kirschon, Lew Alexandrowitsch, geboren 1865, Arzt von 1895 an, 1908 war er Landstandesarzt.
8. Holmsten, Igor Woldemarowitsch, geboren 1875, Arzt von 1900 an, Landstandesarzt von 1908 bis 1910.
9. Hartwig, Georg Georg, geboren 1875, Arzt von 1901 an, Landstandesarzt von 1909 bis 1916.

---

85 Wolgadeutsche.net/list/krasnojar.htm

Die **Kolonie Stahl am Tarlyk** (Stepnoje), Kreis Nowousensk

Zum ersten Mal wurde die Kolonie als Ärzte-Revier in dem Adress-Kalender und im Gedenkbuch des Gouvernements Samara für 1902 erwähnt. Davon ausgehend ist anzunehmen, dass die medizinische Betreuung der Einwohner der Kolonie nicht vor 1900 begann. Ärzte, die in der Kolonie gearbeitet haben:

1. Fonarew, Gersch Judkowitsch, geboren 1867, Arzt von 1897 an, Landstandesarzt von 1901 bis 1909.
2. Miller, Friedrich Alexander, Landstandesarzt in den Jahren 1905–1906.[86]
3. Newskij, Viktor Wassiljewitsch, geboren 1875, Arzt von 1903 an, Landstandesarzt von 1908 bis 1910.
4. Hartwig, Georg Georg, geboren 1875, Arzt von 1901 an, Landstandesarzt im Jahr 1909[87] und 1911.
5. Michel,Woldemar Martin, geboren 1876, Arzt von 1906 an, Landstandesarzt im Jahr 1908.
6. Frejdina, Eta Efremowna, geboren 1875, Ärztin von 1907 an, Landstandesärztin von 1908 bis 1915.
7. Bykowzewa, Jewdokija Nikolajewna, war Landstandesärztin im Jahr 1916[88]

---

86 Adresse-Kalender des Gouvernements Samara für 1905, Kreis Nowousensk, S. 113
87 Adresse-Kalender des Gouvernements Samara für 1908, Kreis Nowousensk, S. 165
88 Gedenkbuch des Gouvernements Samara für 1916. Kreis Nowousensk, S. 196

Die **Kolonie Brunnental**, Kreis Nowousensk

Die erste Klinik wurde in der Kolonie Anfang des XX. Jahrhunderts eröffnet.[89] Von 1904 an arbeitete hier als Landstandesarzt Jakow Solomonowitsch Nachimowitsch.[90] Doch in den Mediziner-Listen Russlands für 1908 steht, dass in der Kolonie Jankel Nachimson als Arzt tätig war; der Name N. tauscht überhaupt nicht auf.[91] Nachstehend die Liste der Ärzte, die vor 1916 in der Kolonie gearbeitet haben:

1. Nachimson, Jankel Meer Zalkow, geboren 1870, Arzt von 1902 an, Landstandesarzt von 1904 bis 1910.
2. Deggeller, Siegfried Bernhard, geboren 1877, Arzt von 1904 an, 1905 war er Landstandesarzt.
3. Berger, Kissiel Gerschowitsch, geboren 1874, Arzt von 1901 an, von 1907 bis 1911 war er Landstandesarzt.
4. Daitschman, Aron Owsej-Nussim, geboren 1884, Arzt von 1912 an, von 1914 bis 1915 war er Landstandesarzt.
5. Gerschator, Michael Wilhelm, geboren 1888, Arzt von 1912 an, Landstandesarzt war er von 1913 bis 1916.
6. Witzrumba, Maria Christoph, geboren 1885, Ärztin von 1911 an, Landstandesärztin war sie von 1912 bis 1913.

---

89 Wolgadeutsche.net/list/brunnental.htm
90 Adresse-Kalender des Gouvernements Samara, Kreis Nowousensk, S. 276
91 Mediziner-Listen für 1908, S. 279

Die **Kolonie Friedenfeld** (Birjutschje), Kreis Nowousensk

1876 gehörte die Kolonie zum Feldscher-Rayon Djakowo. Die Einwohner der Kolonie wurden von einem reisenden Feldscher betreut.[92] 1900 hatte die Kolonie schon eine Klinik, in der ein Arzt, ein Feldscher und eine Geburtshelferin tätig waren. Ärzte, die in der Kolonie tätig waren:

1. Moor, Friedrich August, geboren 1869, Arzt von 1894 an, Landstandesarzt von 1897 bis 1902.
2. Laas, Oskar Karl, geboren 1876, Arzt von 1902 an, Landstandesarzt von 1904 bis 1908.
3. Guminskij, Iwan Viktorowitsch, geboren 1845, Arzt von 1874 an, Landstandesarzt von 1907 bis 1911.
4. Begak, Cecilia Sergejewna (Israilewna), geboren 1878, Ärztin von 1907 an, Landstandesärztin war sie von 1912 bis 1916.

Die **Kolonie Schöndorf**, Kreis Nowousensk

1876 gehörte die Kolonie zum Feldscher-Rayon Iwanowsk und wurde von einem Feldscher betreut.[93] Ein Ärzte-Revier wurde Anfang des XX. Jahrhunderts gegründet. Ärzte, die in dieser Kolonie gearbeitet hatten:

1. Plemjannikow, Jewgenij Semjonowitsch, geboren 1875, Arzt von 1903 an, in den Jahren 1909–1910 war er Landstandesarzt.
2. Jakobson, Bernhard Herbert Eliaschewitsh, geboren 1859, Arzt von 1892 an, 1907 war er Landstandesarzt.

---

92 Dokumente der Session der XII. Landstandesversammlung des Kreises Nowousensk (28.05.1876). Zeitschrift Nr. 1. Publikation der Internet-Ressource „Die Geschichte der Wolgadeutschen"
93 Ebenda

3. Rosenstein, Abram Issajewitsch, war Landstandesarzt im Jahr 1912.[94]
4. Solowjow, Sergej Fjodorowitsch, geboren 1886, Arzt von 1912 an, 1913 war er Landstandesarzt.
5. Drushinin, Iwan Nikolajewitsch, geboren 1864, Arzt von 1893 an, Landstandesarzt war er von 1913.
6. Kowaltschewskij, Michael Stephan Bronislawowitsch, geboren 1879, Arzt von 1913 an, in den Jahren 1914 bis 1915 war er Landstandesarzt.

Die **Kolonie Schönchen** (Paninskoje), Kreis Nikolajewsk

Ein Ärzte-Revier wurde Anfang des XX. Jahrhunderts eingerichtet. In der Kolonie lebten ein Arzt und ein Feldscher.[95] Ärzte, die die Einwohner der Kolonie betreuten:

1. Laas, Oskar Karl, geboren 1876, Arzt von 1902 an, von 1908 bis 1911 war er Landstandesarzt.
2. Gref, Gustav Bernhard, geboren 1885, Arzt von 1910 an, in den Jahren von 1911 bis 1914 war er Landstandesarzt.[96]
3. Saporoschtschenko, Alexander Jakowlewitsch, geboren 1886, Arzt von 1912 an, von 1912 bis 1914 war er Landstandesarzt.
4. Godes (verheiratete Ginsburg), geboren 1884, Ärztin ab 1908, 1910 war sie Landstandesärztin.
5. Wedenjapin, Nikolai Mitrofanowitsch, geboren 1890, Arzt von 1914 an, Landstandesarzt war er von 1914 bis 1916.

---

94 Gedenkbuch des Gouvernements Samara für 1912, Kreis Nowousensk, S. 162
95 Wolgadeutsche.net/list/schönchen.htm
96 Laut Angaben der Gedenkbücher des Gouvernements Samara für die Jahre 1911–1914

Die **Kolonie Zürich** (Eckardt), Kreis Nikolajewsk

Haus von David Pauli in Zürich, Wolgagebiet

Die ehemalige Apotheke in Zürich

Im Laufe des Jahres 1897 betreute ein freischaffender Arzt die Einwohner der Kolonie. Es gab eine Apotheke. 1903 wurde ein Krankenhaus eröffnet. Es war die einzige Kolonie, in der nur deutsche Ärzte tätig waren.

1. Von Hertel, William Wilhelm, geboren 1868, Arzt von 1894 an, 1897 war er freischaffender Arzt.
2. Moor, Friedrich August, geboren 1869, Arzt von 1894 an, in den Jahren 1904 bis 1907 war er Gemeindearzt.
3. Keller, Theodor Heinrich, geboren 1865, Arzt von 1896 an, in den Jahren 1909 bis 1916 war er Gemeindearzt.
4. Laas, Oskar Karl, geboren 1876, Arzt von 1902 an, 1916 war er Arzt der Gesellschaft für Armenhilfe.

Die **Kolonie Reinhard** (Ossinowka), Kreis Nowousensk

1876 gehörte die Kolonie zum Feldscher-Rayon Tonkoschurowka und wurde von einem Feldscher betreut.[97] Anfang des XX. Jahrhunderts wurde in der Kolonie eine Ärzte-Station eröffnet. Ärzte, die in der Kolonie tätig waren:

1. Obert, Eugen Michael, geboren 1889, Arzt und Landstandesarzt von 1913 an.
2. Diesendorf, Heinrich Heinrich, geboren 1896, Arzt von 1922 an, 1924 war er Leiter der Ambulanz.

Die **Kolonie Näb** (Resanowka), Kreis Nikolajewsk

Anfang des XX. Jahrhunderts wurde in der Kolonie eine Ärzte-Station eröffnet, in der 1911 Wassilij Naumowitsch Katkow arbeitete [98]

Die **Kolonie Blumenfeld**, Kreis Nowousensk

1876 gehörte die Kolonie zum Feldscher-Rayon Torgun. Sie wurde von einem Feldscher betreut.[99] Anfang des XX. Jahrhunderts arbeitete hier:

1. Ancheles, Izko Morduchowitsch, geboren 1883, Arzt von 1911 an, Landstandesarzt von 1913 bis 1916.

---

97 Dokumente der XII. Session der Landstandesversammlung (28.05.1876. Zeitschrift Nr. 1), Publikation der Internet-Ressource „Die Geschichte der Wolgadeutschen"

98 Gedenkbuch des Gouvernements Samara für 1911, Kreis Nikolajewsk, S. 133

99 Dokumente der XII. Session der Landstandesversammlung (28.05.1876. Zeitschrift Nr. 1), Publikation der Internet-Ressource „Die Geschichte der Wolgadeutschen"

Die Kolonie Orlowskoje, Kreis Nikolajewsk

Von 1896 bis 1906 war Rutenberg, Mendel Lipowitsch, geboren 1866, Hygieneinspektor in der Kolonie. Arzt war er von 1894 an.

Ungeachtet dessen, dass die Gesamtzahl der deutschen Ärzte in dem Gouvernement bedeutend war, waren nicht so viele in deutschen Kolonien tätig. Die große Fluktuation der medizinischen Kräfte in den deutschen Kolonien war eine gewöhnliche Situation. Verfolgt man die geschichtliche Entwicklung der Stadt- und Landstandesmedizin im Wolgagebiet im Laufe der 100 Jahre, so muss man den bedeutenden Beitrag der Russlanddeutschen in deren Werdegang betonen. Dabei spielten die Baltendeutschen eine besondere Rolle, die die Mehrheit unter den Ärzten im Wolgagebiet ausmachten. Doch zu Anfang des XX. Jahrhunderts wurden sie von den russischen und jüdischen Ärzten abgelöst, die die wichtigsten Positionen in der Medizin Russlands einnahmen. Zur Illustration bringen wir die Forschungsergebnisse, die diese These bekräftigen.

Laut Angaben der Medizinischen Liste Russlands vom 1.03.1905 waren im Russischen Reich 22.527 Ärzte registriert, davon lebten 621 im Unteren Wolgagebiet. Ihre Nationalität kann man nach Namen, spezifischen Vor- und Vatersnamen feststellen. Diese Liste zeigt, dass von den 621 Ärzten 416 (67,0 %) russischer, polnischer oder anderer Nationalität (später als russisch bezeichnet) waren, 132 (21,3 %) waren Juden und 73 (11,7 %) Deutsche. Im Gouvernement Saratow waren zu jener Zeit 308 Ärzte registriert, darunter waren 38 (12,3 %) Deutsche, 64 (20,8 %) waren Juden und 206 (66,9 %) Russen. Das Gouvernement Samara hatte 219 Ärzte, davon waren 23 (10,5 %) Deutsche, 44 (20,1 %) waren Juden und 152 (69,4 %) Russen. Das Gouvernement Astrachan hatte 94 Ärzte, davon waren 12 (12,8%) Deutsche, 21 (22,3%) Juden und 61 (64,9 %) Russen. Das Bildungsniveau, d.h. die Anzahl der Personen, die einen Doktor-Titel innehatte, sah folgendermaßen aus: Insgesamt waren 1905 an der Unteren Wolga 50 (8,6 %) Doktoren der Medizin tätig. Davon waren 23 (5,8 %) Russen, 12 (9,1 %) Juden und 15 (21,1 %) Deutsche.

Sehr interessant sind die Angaben über die Ärzte bezüglich ihrer Tätigkeit und Nationalität. (siehe Tabelle 1).

TABELLE 1

EINTEILUNG DER ÄRZTE ENTSPRECHEND
IHRER NATIONALITÄT IM JAHR 1905

Nationalität	Ärzte insgesamt	davon	
		Landstandesärzte	Freischaffende Ärzte
Russen	416	148 (35,6 %)	90 (21,6 %)
Deutsche	73	25 (34,2 %)	16 (21,9 %)
Juden	132	35 (26,5 %)	61 (46,2 %)

Aus der Tabelle ist zu ersehen, dass mehr Russen und Deutsche Landstandesärzte waren, die jüdischen Ärzte bevorzugten es, freischaffend zu sein. Ihre Zahl war um das 1,5 bis 2-fache höher, was ihnen erlaubte, sich profitablere Einkünfte zu sichern.

Eine ähnliche Analyse der Medizinischen Listen Russlands für 1916 zeigt, dass zu Beginn der Revolution 1917 die Ärztezahl im Vergleich zu 1905 bedeutend gestiegen war und 934 Ärzte umfasste. Der Nationalität nach waren davon 662 (79,9 %) Russen, 188 (20,1 %) Juden, 84 (9,0 %) Deutsche. Wenn man diese Angaben vergleicht, so muss man sagen, dass die Zahl der russischen Ärzte gestiegen und die der Deutschen gesunken war. In der gleichen Zeit aber blieb das professionelle Niveau der deutschen Ärzte bedeutend höher, als das der Russen und Juden. So waren unter den 85 Doktoren der Medizin 59 Russen, was 8,9 Prozent der Gesamtzahl der russischen Ärzte ausmachte, 13 Juden (6,9 % der Gesamtzahl der jüdischen Ärzte) und 13 Deutsche, was 15,5 Prozent ihrer Gesamtzahl ausmachte. Wenn wir die Art der medizinischen Tätigkeit vergleichen, so ist zu sehen, dass von der Gesamtzahl der Ärzte 296 (31,7 %) Landstandesärzte waren und

216 (23,1 %) in der privaten Medizin tätig waren. Die anderen Ärzte waren im Bereich des Staates, des Militärs und der Ämter tätig. (Tabelle 2).

TABELLE 2
EINTEILUNG DER ÄRZTE ENTSPRECHEND IHRER
NATIONALITÄT UND BESCHÄFTIGUNG IM JAHR 1916

Nationalität	Ärzte insgesamt	davon	
		Landstandes-ärzte	Freischaffende Ärzte
Russen	262	227 (34,3 %)	110 (16,6 %)
Deutsche	84	20 (23,8 %)	21 (25 %)
Juden	188	49 (26,1 %)	85 (45,2 %)

Diese Angaben erlauben es zu schlussfolgern, dass zu Zeiten des Untergangs des Zarenreiches die Zahl der Ärzte unter den Russlanddeutschen in den deutschen Siedlungen sehr gering war (9 %). Dabei waren die Kinder der Kolonisten unter den Ärzten sehr spärlich vertreten, es gibt nur einige Namen.

KAPITEL IV

Apothekenversorgung der deutschen Kolonien im Wolgagebiet

Zu Beginn des XX. Jahrhunderts war in Russland ein breites Netz freier Apotheken vorhanden. Zum 1.03.1905 hatte Russland 3861 Apotheken. Ein gewisser Teil von ihnen gehörte den Russlanddeutschen oder sie wurden von ihnen verwaltet. Im Unteren Wolgagebiet gehörten ihnen 34 von 109 Apotheken, was 31,2 % der Gesamtzahl ausmachte. In den Gouvernements sah es entsprechend aus: Im Gouvernement Astrachan gehörten den Russlanddeutschen vier von 25 Apotheken (16 %), im Gouvernement Samara 14 von 43 (32,5 %) und im Gouvernement Saratow gehörten ihnen 16 von 41 Apotheken (39 %). Neue Apotheken konnte man in Städten nur nach besonderen Vorschriften eröffnen, die vom Ministerium für Innere Angelegenheiten am 25.05.1873 festgelegt worden waren. Ausgehend von der Einwohnerzahl und der jährlicher Zahl der Rezepte für Arzneimittel wurde die Zahl der Apotheken für die Gouvernements- oder Kreisstadt festgelegt. Die neue Redaktion dieser Vorschriften vom 7.11.1903 sah eine Apotheke für 7000 Einwohner vor, die Kreisstädte mussten dafür 6000 Rezepte vorlegen. Den Apothekern, die die Verkaufsbedingungen von Giften und stark wirkenden Mitteln verletzt hatten, wurde das Recht, diese zu verkaufen, für immer entzogen.

Die höhere Ausbildung der Apotheker (Magister der Pharmazie, Provisoren, Apothekergehilfen) erfolgte in den zwei – bis dreijährigen Kursen an den Universitäten. Gleichzeitig bildeten vermögende Apotheker eigene Apothekerschüler heran, die ihre Ausbildung fortsetzen konnten und nach der Prüfung den Titel Apothekerhelfer bekamen.

Im Jahr 1864 begann man in den jährlichen Medizinischen Listen Russlands die Apothekeradressen zu veröffentlichen, mit

Angaben des Gouvernements, des Titels des Apothekeninhabers und der Verwalter sowie deren Glaubensbekenntnis (der Nationalität). Nach 30 Jahren (1894) wurden die ersten Tabellen mit entsprechenden Angaben für jedes Gouvernement veröffentlicht. Ich bringe diese Angaben von zwei Gouvernements des Unteren Wolgagebiets in der Originalform.

Im Rechenschaftsbericht für das Jahr 1904 sind nur vier Apothekeninhaber in Saratow erwähnt: der Provisor N. J. Schmidt, die Witwe des Provisors S. B. Schmidt, der Provisor Jakob J. Thalen und der Magister der Pharmazie A. E. Siegel. Doch die Angaben, die in der Medizinischen Liste Russlands am 01.03.1905 veröffentlicht wurden, sprechen davon, dass Russlanddeutsche Inhaber von 16 Apotheken waren.

- **Kolonie Frank**, Kreis Aktarsk. Apothekeninhaber – Provisor Eugen Eduard Hofmann (N. L.)
- **Kolonie Balzer**, Kreis Kamyschin. Apothekeninhaber – Apothekenhelfer Theodor Johann Schneider (N. L.)
- **Kolonie Sarepta**, Kreis Zarizyn. Apothekeninhaber – Provisor Kurt Hugo Christoph (N. L.)

1905 gab es im Gouvernement Saratow 43 freie Apotheken. Ein Teil davon gehörte den Russlanddeutschen. Sie befanden sich in:

- **Kolonie Katharinenstadt**, Kreis Nikolajewsk. Apothekeninhaber – Provisor Julij Otton Seiler, Verwalter – Provisor Alfred Karl Jakobi (N. L.)
- **Kolonie Zürich**, Kreis Nikolajewsk. Apothekeninhaber – Apothekenhelfer Hugo Alexander Feith (N. L.)
- **Kolonie Warenburg**, Kreis Nowousensk. Apothekeninhaber – Provisor Michael Paul Schulz (N. L.)
- **Kolonie Seelmann**, Kreis Nowousensk. Apothekeninhaber – Provisor Julian Friedrich Sammel (Katholik)

Anmerkungen: In den Klammern sind die Nationalität und die Glaubenszugehörigkeit sowie die Zahl der Helfer und Schüler vermerkt. *N* bedeutet Deutscher, *L–* Lutheraner, *P –* Gehilfe, *Utsch.* – Schüler, *Pr –* Praktikant. Die verkürzte Bezeichnung des Provisors lautet *Pr*, des Apothekerhelfers *A.n.*

A – Deutsche Apotheker aus dem Wolgagebiet

Die Apothekenversorgung der Einwohner des Wolgagebiets begann bedeutend früher als die Einführung der Landstandesreform von 1864. Sie war hauptsächlich privaten Charakters. Wenn die Mehrheit der Apothekenbesitzer auch aus dem Baltikum stammte, so gab es unter ihnen auch Wolgadeutsche, die ihre Ausbildung an den Universitäten Dorpat und Kasan gemacht hatten. Leider enthalten die Namen der Provisoren und Apotheker in den Medizinischen Listen Russlands keine biografischen Angaben, deswegen bringen wir nur Kurzbiografien einiger Pharmazeuten.

- **Jahn,** Carl Ernst (1814–1848), wurde am 15.11.1814 in Saratow geboren. Von 1837 bis 1843 studierte er Medizin und Pharmakologie an der Universität Dorpat. Er war als Apotheker im Dorf Dubowka, Kreis Kusnezk im Gouvernement Saratow, tätig. Im Jahr 1848 verstarb er.
- **Würthner,** Samuel, wurde am 01.07.1848 in Saratow geboren. 1873 hatte er die zweijährigen Pharmazeuten-Kurse an der Universität Dorpat absolviert und erhielt den Titel Provisor. Bis 1884 war er in Kamyschin, Gouvernement Saratow, als Apotheker tätig. Von 1885 an besaß er eine Apotheke in Samara.
- **Glaeser**, Carl, wurde am 09.07.1854 in Samara geboren. 1883 hatte er die dreijährigen Pharmazeuten-Kurse bei der Universität Dorpat mit dem Provisoren-Diplom absolviert. Danach blieb er im Baltikum.
- **Knobloch**, Woldemar, wurde am 25.08.1860 in Saratow geboren. 1885 hatte er die zweijährigen Pharmazeuten-Kurse an

der Universität Dorpat absolviert und arbeitete in der Apotheke Würthner in Samara.

- **Hacken**, Karl (1836–1882), wurde am 23.01.1836 in Saratow geboren. 1859 hatte er die dreijährigen Pharmazeuten-Kurse an der Universität Dorpat absolviert und das Diplom eines Provisores bekommen. Zunächst arbeitete er als Apotheker in der Stadt Tambow, danach wurde er Chefpharmakologe der medizinischen Verwaltung im Gouvernement Tambow. Dort verschied er auch am 1.09.1882.
- **Schwartz**, Georg, wurde am 17.12.1853 in Saratow geboren. 1879 hatte er die zweijährigen Pharmazeuten-Kurse an der Universität Dorpat absolviert. Seine berufliche Laufbahn begann er als Apotheker im Gouvernement Moskau, danach ging er nach Petersburg in die Apotheke Thomson.

In Saratow lebten und wirkten ganze Apotheker-Dynastien von Russlanddeutschen. Die bekanntesten von ihnen waren die Familien Schmidt und Weiß, die einige Apotheken und Häuser besaßen.

Der Provisor Nikolaus Schmidt und seine Apotheke mit Wohnräumlichkeiten (Foto)

Nur von einem der Apotheker, die in der ASSR der Wolgadeutschen tätig waren, konnte ich ausreichend Information bekommen. Nachstehend seine kurze Biografie.

- **Winterholler**, Alexander Philipp (1905–1974)

Pharmazeut Alexander Winterholler

Er wurde am 23.12.1905 in der Kolonie Katharinenstadt (Marx-stadt), Gouvernement Samara, geboren. 1919 hatte er die Mittel-schule absolviert und wurde Apothekerschüler der Stadtapotheke, die der Provisor Oskar Gläser verwaltete. Als er genug Erfahrung als Apothekerschüler gesammelt hatte, wurde er 1923 Assistent in der Apotheke der Verwaltungsambulanz (Gosstrach). 1927 wur-de er zu den Schnellkursen der Pharmazie in Saratow geschickt, die er 1928 erfolgreich beendete. Danach diente er drei Monate in der Roten Armee. Im November 1928 wurde er Assistent in der Apotheke Nr. 5 im Dorf Krasny Kut. 1929 bot man ihm die Stelle eines Pharmazeuten in der Apotheke Nr. 4 in Marxstadt an, die er annahm. In den Jahren 1938–1939 war er Apotheker in der ehemaligen Kolonie Dobrinka. 1941 wurde er mit seiner Familie ins Gebiet Koktschetau (Kasachstan) deportiert, von hier kam er 1942 zum Arbeitseinsatz (Arbeitslager). Die Arbeitsdienst-pflicht leistete er im Lager „Tscheljabmetallurgstroj" ab, wo er als Feldscher im Lagerlazarett tätig war. Aber im November 1943 wurde er verhaftet und zu zehn Jahren Freiheitsentzug verurteilt. Nach Abbüßung der Gefängnisstrafe kehrte er zu seiner Familie nach Kasachstan zurück, wo er 1974 auch verstarb.

Alexander Winterholler war mit Irma Schaufler verheiratet. Das Ehepaar hat vier Söhne erzogen, die mit der Mutter nach Deutschland übergesiedelt sind.[100]

Die Bilder von ehemaligen Apotheken im Wolgagebiet

Die Apotheke von Magister Pharmazie A.G. Friedolin in Saratow

Eine Apotheke in Saratow   Eine Apotheke in Pokrowsk
                                            (Engels)

---

100 Dr. B. Winterholler: „Die Apothekerkinder", Heimatbuch der Landsmannschaft der Russlanddeutschen, 2007–2008, S. 277–285

Apotheke von Provisor J. F. Arnhold in Balakowo (Erdgeschoss)

Apotheke von Bruder Greve in Samara

Apotheke von Bruder Marki Stawropol
(Toljatti), Gouv. Samara

KAPITEL V

Die Medizin der Region Noworossijsk (Neurussland)

Infolge des Friedensvertrags von 1774 zwischen Russland und dem Osmanischen Reich wurde ein großes Territorium entlang der Schwarzmeerküste an Russland abgetreten, das man von nun an Noworossia (Neurussland) nannte. Dem Erlass des Senats vom 08.10.1802 gemäß wurde das Territorium in drei Gouvernements geteilt: Nikolajew, Jekaterinoslaw und Taurien. Doch schon am 15.05.1803 wurde das Gouvernement Nikolajew in Cherson umbenannt, seine Hauptstadt wurde die Hafenstadt Cherson. Die Hauptstadt des Gouvernements Jekaterinoslaw wurde Jekaterinoslaw (heute: Dnepropetrowsk) und die des Gouvernements Taurien Simferopol. Gleichzeitig wurde jedes Gouvernement in Kreise aufgeteilt. Das Gouvernement Jekaterinoslaw hatte acht Kreise: Alexandrowka, Bachmut, Werchnedneprowsk, Jekaterinoslaw, Mariupol, Nowomoskowsk, Pawlograd und Slawjanoserbsk. Das Gouvernement Taurien wurde ebenfalls in acht Kreise geteilt: Berdjansk, Dneprowsk, Jewpatoria, Melitopol, Perekop, Simferopol, Feodossia. Das Gouvernement Cherson wurde in sechs Kreise geteilt: Alexandria, Ananjew, Jelisawetgrad, Odessa, Tiraspol und Cherson. Eine separate administrative Einheit bildete das Militär-Gouvernement Nikolajew.

Noch vor der Gründung der Gouvernements wurde das Territorium mit Menschen aus verschiedenen Orten besiedelt. Unter ihnen waren Griechen, Polen, Deutsche und Juden.[101]

Um die ausländischen Ansiedler in Neurussland (Region Noworossia) aufzunehmen und ihr Leben zu organisieren, wurde laut Erlass vom 06.04.1800 in den Gouvernements Fürsorgekontore für die ausländischen Ansiedler gegründet. Später, als die Zahl der Kolonisten immer mehr zunahm, wurden die Gouvernements-Kontore laut Erlass vom 22.04.1818 dem neuen „Fürsorge-Komitee der deutschen Kolonisten Südrusslands" untergeordnet. Danach wurden die Kontore laut Erlass vom 01.07.1833 aufgelöst und die Verwaltungsbehörde des Fürsorgekomitees wurde von Cherson nach Odessa verlegt. 1864 war Alexander Gamm (Hamm) Leiter des Fürsorgekomitees. Dem Kontor waren die Gouvernements- und Bezirksämter unterstellt, die drei Abteilungen hatten: für Wirtschaft, Aufsicht und eine separate Abteilung für die jüdischen Siedlungen. Jede Abteilung hatte einen Arzt, einen Veterinär, einen Architekten und einen Übersetzer. Im Gouvernement Cherson waren Stabsarzt Alexander Balende-Ballju, als Veterinär Franz Keller und als Übersetzer Alexander Keller tätig.

Die Gouvernements waren in Kolonisten-Kreise aufgeteilt, die von dem sogenannten „Aufseher der Kolonie" verwaltet wurden. Für die Kolonien des Kreises Odessa war der Aufseher Wilhelm Schamberg zuständig. Diese Strukturen währten bis 1871, als alle Kolonisten, außer den jüdischen Landwirten, den russischen Bauern gleichgestellt wurden, sie wurden Grundeigentümer.

---

101 Nach der zweiten Teilung Polens 1793 wurde sein östlicher Teil Russland angegliedert. Auf dem angegliederten Territorium lebten etwa 400 000 Juden, die den Status Ausländer hatten. Sie durften die „Siedlungsgrenze" nicht überschreiten, was zur Enge in den jüdischen Siedlungen führte. Da sie aber keine Beschäftigung hatten, wurden sie immer ärmer. Der Erlass vom 9.06.1804 erlaubte es den Juden, in den Stand der Landwirte überzutreten, um landwirtschaftliche Siedlungen (Kolonien) im Gebiet Noworossia zu gründen.

Die deutschen Kolonisten lebten sich schnell ein und erreichten im ersten Viertel des XIX. Jahrhunderts einen gewissen Wohlstand; sie hatten auch den größten Teil der Staatsschulden bezahlt. Um den Angehenden jüdischen Bauern beim Erlernen der Landwirtschaft Hilfe zu leisten, zog ein Teil der deutschen Familien in deren Siedlungen. Doch ungeachtet dieser Hilfe und der günstigen Lage der Siedlungen (Klimaverhältnisse) waren die Juden für den Ackerbau völlig ungeeignet. So lautete eine Einschätzung von Fachleuten aus dem Jahr 1889, nachdem sie die Lage in den Kolonien jüdischer Landwirte analysiert hatten. Nachstehend ein Zitat aus dem Original.[102]

Zu beachten ist, dass der Ackerbau bei den deutschen Kolonisten die einzige Quelle der Lebensversorgung war, die Juden aber blieben ihren traditionellen Formen des Lebensunterhaltes treu: Handel-Tausch- und Vermittlungtätigkeit sowie verschiedene Dienstleistungen. Für die Juden hat die Art der Geldbeschaffung keinen moralischen Wert, denn nur das Geld bietet seinen Besitzern breite Möglichkeiten. Die Juden haben sehr schnell die Rolle der Bildung in der Gesellschaft begriffen, besonders die der Medizin und Rechtswissenschaft. Angefangen von der zweiten Hälfte des XIX. Jahrhunderts stürmten sie die Universitäten Russlands und des Auslands, um zur Hochschulbildung zu kommen. Besonders zog sie und zieht sie heute noch der Arztberuf an. Zu Beginn des XX. Jahrhunderts verdrängten die Juden die deutschen Ärzte aus der Medizin Russlands, des Baltikums und Deutschlands. Bis auf den heutigen Tag haben sie die Führung.

Wenn man die Ärzteliste Russlands, die 1905 in der Medizin der Gouvernements Cherson, Taurien und Jekaterinoslaw tätig waren, unter dem Gesichtspunkt der Nationalität prüft, so bekräftigt dies die Äußerung. 1905 waren in Neurussland 1938 Ärzte tätig, davon waren 1852 Männer und 86 Frauen. Davon machten die Russen, zusammen mit Polen, Griechen (weiter: Russen)

---

102 Gedenkbuch des Gouvernements Jekaterinoslaw für 1889, S. 65–67

921 (47,6 %) aus, die Juden 847 (43,8 %), die Deutschen 170 (8,6 %) aus. Doch ein hohes professionelles Niveau, d. h. den Titel Doktor der Medizin, hatten vorwiegend die Deutschen. So waren von der Gesamtzahl der deutschen Ärzte 41 Doktor der Medizin (24,4 %), bei den Russen 116 (12,6 %) und bei den Juden 43 (5,1 %). Von den 1938 Ärzten, die in Neurussland registriert waren, lebten 1001 Ärzte (51,6 %) im Gouvernement Cherson, darunter 622 (62,2 %) in Odessa. Im Gouvernement Taurien waren 503 Ärzte (26,0 %) und im Gouvernement Jekaterinoslaw 434 Ärzte (22,4 %) tätig.

Nach der Art ihrer Tätigkeit setzten sich die Ärzte Neurusslands folgendermaßen zusammen: In der Landstandesmedizin waren 281 (14,5 %) der Ärzte tätig, als freischaffende 862 (44,5 %). Die anderen waren in den staatlichen, amtlichen und privaten medizinischen Einrichtungen beschäftigt. Dabei hing die Art der Beschäftigung von der Nationalität der Ärzte ab (Tabelle 3).

TABELLE 3

DIE NATIONALE ZUGEHÖRIGKEIT DER LANDSTANDES-
UND FREISCHAFFENDEN ÄRZTE
(IN % ZUR GESAMTZAHL DER BESCHÄFTIGUNGSART)

Nationalität	Landstandesärzte	Freischaffende Ärzte
Russen	192 (68,3 %)	236 (27,3 %)
Juden	60 (21,4 %)	557 (64,6 %)
Deutsche	29 (10,3 %)	70 (8,1 %)
Ärzte insgesamt	281 (100 %)	863 (100 %)

Die Tabelle zeigt, dass über zwei Drittel des privaten medizinischen Sektors in jüdischer Hand waren, in der Landstandesmedizin waren hauptsächlich die Russen tätig.

Das Hauptziel meiner Forschung bestand darin, chronologisch den Zustand der medizinischen Betreuung der Bevölkerung in den drei Gouvernements Neurusslands, in denen die deutschen

Kolonisten kompakt lebten, festzustellen und die Rolle der deutschen Ärzte bei der Entwicklung der Medizin in der gesamten Provinz zu schildern.

A – Gouvernement Cherson

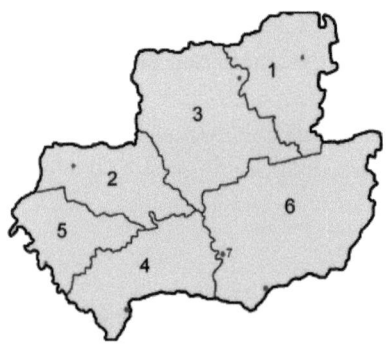

Infolge einer ganzen Reihe territorialer und administrativer Änderungen hatte das Gouvernement Cherson 1865 sechs Kreise: Alexandria, Ananjew, Jelisawetgrad, Odessa, Tiraspol und Cherson. Eine separate administrative Einheit (Nr. 7) blieb das Militär-Gouvernement Nikolajew. (Karte – Schema und Wappen).

Mit der Gründung des Gouvernements Cherson wurde sein Territorium mit deutschen Kolonisten besiedelt. Ende des XIX. Jahrhunderts gab es hier 126 Kolonien, davon waren 48 im Kreis Cherson, 44 im Kreis Odessa und 21 im Kreis Tiraspol. Die Deutschen machten im Gouvernement Cherson 4,5 Prozent der Gesamtbevölkerung aus. Der größte Teil der Deutschen lebte in vier Kreisen: Odessa (10,3 %), Tiraspol (9,8 %), Ananjew (3,8 %) und Cherson (3,5 %).

Der Anteil der Deutschen an der Entwicklung der medizinischen Betreuung im Gouvernement Cherson ist unumstritten. Davon spricht auch der Beitrag „Deutsche im Gesundheitswesen von Odessa" in der Enzyklopädie „Deutsche Russlands", Band 1. Im Beitrag finden Sie zahlreiche Namen der Ärzte, die in den medizinischen Einrichtungen von Odessa gewirkt haben. Doch das ist nur ein kleiner Teil der großen Zahl der Mediziner und Apotheker, die in der staatlichen, Landstandes- oder privaten Medizin des Gouvernements Cherson tätig waren. Die ersten deutschen Ärzte kamen mit den ersten Siedlern ins Gouvernement. Das war Franz Josef **Burger** (1776–?) aus dem Elsass, Anton **Dukart** (1767–?) und Michael **Dukart** (1795–?) aus Rheinland-Pfalz. Sie alle hatten Universitäten absolviert und leisteten den ersten Kolonisten medizinische Hilfe. Die Nachkommen Dukarts führten die Familientradition fort und wurden ebenfalls Mediziner.[103]

Anfang des XIX. Jahrhunderts hatten alle Medizinverwaltungen im Gouvernement drei Ärzte-Stellen: Inspektor, Operateur und Geburtshelfer. Außerdem gab es noch die Stellen der Kreisärzte. 1810 war in Cherson der Arzt Korolenkow Inspektor der Medizinverwaltung, der Arzt Broscherus Operateur, die Stelle des Geburtshelfers war frei. Nach fünf Jahren (1815) leitete der Arzt Danilow die medizinische Verwaltung, die Stelle des Operateurs hatte der Deutsche Lichtnecker inne, die Stelle des Geburtshelfers war immer noch frei. In jenen Jahren gab es noch keine Kreisärzte.[104] Nach weiteren zehn Jahren nahm die Zahl der Ärzte bedeutend zu, deswegen gab es in den größeren Kreisstädten auch Ärzte. So leitete Witzmann 1825 die medizinische Verwaltung Odessa und der Arzt Ummiss war Kreisarzt. In der Stadt Jelisawetgrad arbeitete der Stabsarzt Hirsch und in Oliviapol der Stabsarzt Timoschewskij, in Tiraspol der Stabsarzt Rjasanow und in Alexandria der Stabsarzt Asarow.

Als die deutschen Einwanderer ins Gouvernement siedelten, kamen auch die deutschen Ärzte aus dem Baltikum und aus Deutschland.

---

103 Konrad Keller: „Die deutschen Kolonien in Südrussland" (Neue Auflage), HFDR 2000, S.379–381, 566–567
104 Die medizinischen Listen Russlands für die Jahre 1810 und 1815

Von den ersten Ärzten im Gouvernement Cherson sind Friedrich **Wagner** und Wilhelm **Pritzkow** zu nennen, die 1827 aus Deutschland kamen und aktiv bei der Bekämpfung der Pest in Odessa mithalfen. 1849 wurde in der Stadt die „Gesellschaft Odessaer Ärzte" ins Leben gerufen, deren erste Mitglieder Friedrich Wagner und Wilhelm Pritzkow waren.

Die Namen deutscher Ärzte und Apotheker kommen regelmäßig in den Gedenkbüchern des Gouvernements Cherson vor, besonders nach der Einführung der Landstandesmedizin, was die Analyse des Zustandes des Gesundheitswesens im Laufe einiger Jahre zeigt. Laut Angaben des Gedenkbuches für 1864 gab es im Gouvernement einige Wohltätigkeitsgesellschaften, die den Kolonisten verschiedener Nationalitäten materielle und andere Hilfe leisteten. In der Gesellschaft, die für die Deutschen sorgte, wirkten der Sekretär August **Geibel,** die Mitglieder **Hessele, Elgaß, Krebs.** Die Gesellschaft, die für die Schweizer zuständig war, leitete Franz **Tritten,** sein Namensvetter Otto **Tritten** war Kassenwart. Mitglieder der Gesellschaft waren August **Knery** und **Bjunion.**

Eine qualifizierte medizinische Hilfe der Bevölkerung leisteten die Ärzte der „Odessaer Klinik für auswärtige Patienten", deren Patron Doktor der Medizin Friedrich **Wagner** war. Direktor der Gesellschaft war Doktor der Medizin Andreas **Link,** Kassenwart Doktor der Medizin Viktor **Enno,** Mitglieder waren: Doktor der Medizin Michael **Dieterichs,** der Arzt-Chirurg Adolf **Zimmermann,** Doktor der Medizin Dimitri **Dallas,** der Arzt Hilbert **Huber,** Doktor der Medizin Wilhelm **Pritzkow,** Doktor der Medizin Wilhelm **Wagner,** der Pharmazeut Alexander **Heimann.**

Viele von den erwähnten Personen machten noch bei anderen gesellschaftlichen Vereinigungen und medizinischen Einrichtungen mit. So leiteten Friedrich **Wagner** und Andreas **Link** das Fürsorgekomitee der Ernährer und deren Kinder. Michael **Dieterichs** war gleichzeitig Kurator der medizinischen Abteilung des Stadtkrankenhauses und medizinischer Oberbeamte der zentralen

Das städtische Krankenhaus

Quarantäne in Odessa. Adolf Zimmermann war Mitglied der medizinische Verwaltung Odessa und Hilbert Huber war städtischer Polizei- Arzt des Zweiten Teils von Odessa.

In der Gouvernement-Medizin waren auch andere Vertreter der Russlanddeutschen tätig, die aus dem Baltikum und Deutschland gekommen waren.

1. **Papengut**, Christof Johannes, Inspektor der Gouvernement-Ärzteverwaltung, Doktor der Medizin.
2. **Johannson**, Paul Friedrich, Aufseher des Militärhospitals Cherson.
3. **Mühlhof**, Friedrich Karl, Verwalter der staatlichen Apotheke Cherson.
4. **Grupp,** Nikolaus Johannes, Laborant der staatlichen Apotheke Cherson.
5. **Morgen,** Gustav Ludwig, angestellter Ordinator des Stadtkrankenhauses Odessa.
6. **Tedder**, Robert Johannes, angestellter Ordinator des Stadtkrankenhauses Odessa.
7. **Herzenstein,** Ulrich Leonhard, geb. 1837, Arzt von 1868 an, außerplanmäßiger Ordinator des Stadtkrankenhaus Odessa, von 1890 an war er freischaffender Arzt.
8. **Gerstner,** Michael Wilhelm, Provisor, Verwalter der Apotheke des Stadtkrankenhauses Odessa.

9. **Tscherno**, Christoph Jakob, Apothekerhelfer im Stadtkrankenhaus Odessa.
10. **Thurau**, Friedrich Johannes, Inspektor der medizinischen
    Verwaltung von 1858 an, Doktor der Medizin.
11. **Pressler,** Cornelia Johannes, Hebamme im I. und II. Teil
    von Odessa.
12. **Meier**, Heinrich Michael, geb. 1821, von 1846 an Arzt, an-
    gestellter Arzt in der zentralen Quarantäne Odessa. In den
    Jahren 1890–1894 war er Arzt-Konsultant im Lazarett beim
    Institut Nikolai I., danach von 1895 bis 1900 freischaffen-
    der Arzt.
13. **Jaster**, Karl Simon, angestellter Arzt der zentralen Quaran-
    täne Odessa.
14. **Meier**, Oskar Friedrich, Feldscher der zentralen Quarantä-
    ne Odessa.

Da es im Gouvernement einige Hafenstädte gab, war die Notwendigkeit, sich vor ansteckenden Krankheiten zu schützen, besonders groß. Deshalb entwickelte man hier früher als in anderen
Gouvernements einen Quarantäne-, Sanitäts- und Hygiene-
dienst. Pest, Cholera und andere Infektionskrankheiten gelangten
öfters bis ins Innere des Gouvernements. Die genannten Krankheiten erwähnte Konrad **Keller** auch in den deutschen Kolonien
Südrusslands.[105] Der Autor nannte die Kolonien Kleinliebental,
Josephthal am Baraboi und Marienthal am Baraboi, Franzfeld
am Dniestr, in denen von ihrer Gründung an regelmäßig Pest,
Cholera und andere Darmkrankheiten ausbrachen.

So ein Epidemie-Zustand erfüllte die Gouvernements-Leitung;
ihr war die Wichtigkeit der schnelleren Entwicklung des Gesundheitswesens bewusst. Sie war bemüht, breite Massen der Bevölkerung medizinisch zu versorgen. Diese Bemühungen führten
dazu, dass das Gouvernement als erstes mit medizinischen Fachkräften versorgt wurde. Im Kreis Ananjew waren schon 1849 zwei

---

105 Keller, Konrad: „Die deutschen Kolonien in Südrussland"

Ärzte, ein Kreis- und ein Polizei-Arzt, tätig und 1866 arbeiteten in den Kreisen 15 Landstandesärzte. Später gründete man auch Landstandeskrankenhäuser. 1885 kamen zu den Ärzten noch Hygiene-Inspektoren. Ende des XIX. Jahrhunderts entstanden auch Gesundheitsstellen und Apotheken in den deutschen Kolonien. Zum Beispiel wurden die Einwohner der Kolonie Selz und der Nachbardörfer des Kreises Odessa von einem Arzt und einem Feldscher betreut. Zur Verfügung hatten sie auch eine freie Apotheke. In der Kolonie Landau gab es eine Kranken-Annahme, in der ein Arzt und ein Feldscher tätig waren. Hier gab es auch eine Apotheke. Eine Kranken-Annahme mit einem Arzt und einem Feldscher gab es auch in der Kolonie Großliebental. In dem Amtsbezirk Netschajannoje, Kreis Odessa, gab es ein Krankenhaus, in dem ein Arzt und zwei Feldscher arbeiteten. Ein Krankenhaus mit einem Arzt und drei Feldschern hatte auch der Amtsbezirk Sewerinowka, ebenso wie eine freie Apotheke. Feldscher-Stellen wurden im Dorf Petrowskoje und in der Kolonie Rohrbach, Kreis Odessa, eröffnet. Eine ausgebildete Geburtshelferin lebte in der Kolonie Neu-Friedenthal.

A.a – Ärzte und Apotheker, die die deutschen Kolonisten des Gouvernements betreuten

Ende des XIX. Jahrhunderts gab es im Gouvernement Cherson 131 deutsche Kolonien, von denen 92 sich in den Kreisen Cherson und Odessa befanden. Aber nur in zwei Kolonien gab es Kranken-Annahmen und in acht freie Apotheken. Die Ärzte, die in den Kolonien tätig waren, gehörten verschiedenen Nationalitäten an und hatten Plural den Status Landstandesarzt, Gemeindearzt und freischaffender Arzt. Nachstehend bringen wir die Listen der Ärzte, die zu unterschiedlichen Zeiten die Einwohner der deutschen Kolonien betreuten.

Die **Kolonie Kronau**, Kreis Cherson

Ende des XIX. Jahrhunderts gab es in der Kolonie eine freie Apotheke.

1. Heinrichsen, Ernest Heinrich, geboren 1858, Arzt von 1885 an, freischaffender Arzt von 1893 bis 1903.
2. Rosenstein, Woldemar Gustav, geboren 1865, Arzt von 1897 an, Arzt der ländlichen Gemeinde von 1904 bis 1908.
3. Kahn, Alexander Hermann, geboren 1875, Arzt von 1903 an, Landstandesarzt in den Jahren 1911–1912.
4. Pankratz, Amandus Franz, geboren 1859, Arzt von 1886 an, freischaffender Arzt von 1913 bis 1916.

Die **Kolonie Großliebenthal**, Kreis Odessa

Ende des XIX. Jahrhunderts gab es in der Kolonie eine Kranken-Annahme mit der Stelle eines Arztes und eines Feldschers.

1. Rosenberg, Alexander August Martin, geboren 1857, Doktor der Medizin von 1883 an, in den Jahren 1890–1894 Landstandesarzt.
2. Dränger, Jakob Jakob, geboren 1859, Arzt von 1892 an, Landstandesarzt von 1895 bis 1907.
3. Bodnikewitsch, Iwan Jemeljanowitch, geboren 1876, Arzt von 1903 an, Landstandesarzt in den Jahren 1908–1909.
4. Satow, Boris Grigorjewitsch, geboren 1870, Arzt von 1896 an, Landstandesarzt im Laufe des Jahres 1910.
5. Driso, Isaak Jakowlewitsch, geboren 1859, Arzt von 1896 an, Landstandesarzt im Jahr 1911.
6. Schneider, Ludwig-Robert Theodor, geboren 1876, Arzt von 1903 an, Landstandesarzt von 1911 bis 1916.
7. Ter-Gukassow, Lewon Danilowitsch, geboren 1885, Arzt von 1913 an, Landstandesarzt von 1914 bis 1916.
8. Sorina, Berta Abramowna, geboren 1883, Ärztin von 1912 an, Landstandesärztin von 1914 bis 1916.

Die **Kolonie Teige**, Kreis Cherson

1901 gab es in der Kolonie eine freie Apotheke.

1. Wechsler, Gilel Chatzkel, geboren 1865, Arzt von 1889 an, freischaffender Arzt von 1895 bis 1907.
2. Kahn, Alexander Hermann, geboren 1875, Arzt von 1903 an, Landstandesarzt von 1908 bis1910.
3. Meder, Hermann Hermann, geboren 1872, Arzt von 1897 an, Gemeindearzt von 1914 bis 1916.
4. Frese, Axel-Benedikt Nikolaus, geboren 1867, Arzt von 1895 an, freischaffender Arzt von 1914 bis 1916.
5. Jakobson, Bernhard Herbert Iliaschowitsch, geboren 1859, Arzt von 1892 an, 1912 Gemeindearzt.

Die **Kolonie Hoffnungsthal,** Kreis Tiraspol

Ende des XIX. Jahrhunderts gab es in der Kolonie eine freie Apotheke.

1. Jakorew, Emmanuil Israilewitsch, geboren 1862, Arzt von 1888 an, freischaffender Arzt in den Jahren 1890–1893.
2. Warschawskij Perez Benzion, geboren 1873, Arzt von 1899 an, freischaffender Arzt von 1904 bis 1909.
3. Burnstein, Leib Srulowitsch, geboren 1876, Arzt von 1911 an freischaffender Arzt von 1913 bis 1916.

Die **Kolonie Landau,** Kreis Odessa

Ende des XIX. Jahrhunderts gab es in der Kolonie eine Kranken-Annahme, in der ein Arzt und ein Feldscher tätig waren. Die Kolonie hatte auch eine freie Apotheke.

1. Margulis, Abram-Iosif Gerschkowitsch, geboren 1855, Arzt von 1883 an, Landstandesarzt in den Jahren 1890–1891.
2. Gimmelfarb, Alexander Lejserowitsch, geboren 1861, Arzt von 1886 an, freischaffender Arzt im Jahr 1895.
3. Wensler, Berko Chazkowitsch, geboren 1864, Arzt von 1887 an, freischaffender Arzt im Jahr 1904.
4. Schkolnik Elij Gersch Ljwowitsch, geboren 1857, Arzt von 1884 an, Landstandesarzt von 1891 bis 1908.
5. Frost, Konstantin Wilhelm, geboren 1869, Arzt von 1893 an, Landstandesarzt von 1898 bis1907.
6. Stankun, Sigismund Kaliksowitsch, geboren 1872, Arzt von 1899 an, Landstandesarzt von 1901 bis 1916.
7. Agakischabelow, Farruch Alewitsch, geboren 1879, Arzt von 1914 an, Landstandesarzt im Jahr 1916.
8. Popper, Paul Hermann, geboren 1862, Doktor der Medizin von 1889 an, im Laufe des Jahres 1892 wurde er Landstandesarzt.

Die Kolonie Selz, Kreis Odessa

Ende des XIX. Jahrhunderts hatte die Kolonie einen Arzt, einen Feldscher und eine Apotheke.

1. Mazokin, Pjotr Grigorjewitsch, geboren 1850, Arzt von 1888 an, in den Jahren 1890 bis 1892 war er freischaffender Arzt.
2. Uwalinski, Adam Anselm, geboren 1872, Arzt von 1897 an, Landstandesarzt von 1904 bis 1916.
3. Tichozkij, Sergej Georgiewitsch, geboren 1873, Arzt von 1900 an, Landstandesarzt von 1907 bis 1916.

Die **Kolonie Neudorf**, Kreis Tiraspol

1. Baranowskij Sergej Nikolajewitsch, geboren 1859, Arzt von 1885 an, im Jahr 1904 war er dort freischaffender Arzt.

1901 gehörte die absolute Mehrheit der Apotheken in den deutschen Kolonien des Gouvernements Cherson den Juden, was aus der Originalliste zu ersehen ist.

- Die **Kolonie Kronau**
  Apothekeninhaberin – die Witwe von Provisor M. M. Friesenger (H. Л.) und Boris Aaron Hurfinkel (E. I.). Verwalter – Srul Chaim Izkowitsch (E. I.)
- Die **Kolonie Tiege**
  Apothekeninhaber – Provisor August Johann Gauderer (H. Л.)
- Die **Kolonie Rastadt**
  Apothekeninhaber – Apothekenhelfer Juius Michael Mendel (E. I.)
- Die **Kolonie Selz**
  Apothekeninhaber – Provisor Gersch Moschkow Kolpaktschi. Verwalter – Provisor Benzion Schmul Rosenblatt (E. I.)
- Die **Kolonie Klein-Liebentha**
  Apothekeninhaber – Jakob Jakob Brusilowski (E. I.)
- Die **Kolonie Landau**
  Apothekeninhaberin – Frau von Provisor Lass. Verwalter – Provisor Jakob Boris Lass (E. I.)
- Die **Kolonie Mannheim**
  Apothekeninhaber – Apothekenhelfer Abel Solomon Grosser. Verwalter – Apothekenhelfer Woldemar Abram Poljakow.

- Die **Kolonie Hoffnungsthal**
  Apothekeninhaber – Provisor Iochel Kopil Averbuch.
  Verwalter – Provisor Izek Srul Ferdman (E. I.)

Kennzeichnungen: Provisor (Пр), Apothekerhelfer (A. п.), Hebräer, Jude (E. I.), Deutscher – Lutheraner (H. Л.), Verwalter (Упр.)

Schwarzach, Josef Leopold, Provisor, war Apothekenverwalter am Stadtkrankenhaus in Nikolajew.

1912 befanden sich von den 141 Apotheken des Gouvernements nur acht in den deutschen Kolonien. Drei waren in den Kolonien des Kreises Odessa: in **Selz** (Inhaber war der Provisor Trubitsch), in **Landau** (Inhaberin war die Frau des Siedlers Stolz), in **Mannheim** (Inhaberin war die Frau des Apothekerhelfers Margulis). Eine Apotheke befand sich in **Hoffnungsthal**, Kreis Tiraspol (Inhaber war der Apothekerhelfer Tarnopolskij), zwei befanden sich in den Kolonien **Kronau** (Inhaber war der Provisor Grunfest) und in **Tiege** (Inhaber war der Apothekerhelfer Gauderer). Beide Kolonien befanden sich im Kreis Cherson. Zwei waren in den Kolonien des Kreises Ananjew: in Rastatt (Inhaberin war die Frau des Dentisten Bank) und in Kantakusenka (Inhaber war der Apothekerhelfer Rosenfeld). Wie Sie sehen, waren Inhaber und Verwalter der Apotheken fast ausschließlich Juden.

A.b – Das Evangelische Krankenhaus Odessa

Das Evangelische Krankenhaus

Die evangelische Gemeinde Odessa nahm sich ein Beispiel an den jüdischen Gemeinden, die eigene Krankenhäuser unterhielten, und sammelte Mittel für den Bau eines eigenen Krankenhauses. Initiator war der Pastor **H. J. Biedemann** (1833–1891). Das Krankenhaus wurde nach dem Bauentwurf des Architekten Heino **Schmieden** (1835–1913) errichtet. Es wurde 1892 nach damals modernen Planungsmethoden fertiggestellt; die Ausstattung der Innenräume entsprach den medizinischen Forderungen. Es war mit modernen Geräten ausgestattet und mit genügend Ärzten – alle Absolventen der Universität Dorpat – und erfahrenen Krankenschwestern versorgt. Hier bewiesen eine ganze Reihe deutscher Arzte ihr Können, von denen viele später Lehrstühle an der Universität Neurusslands (Odessa) leiteten.[106] Von den Ärzten, die zu unterschiedlichen Zeiten im Krankenhaus gearbeitet haben, sind zu nennen: Baron Thomas **Mahs**, Eugen **Fricker** (1846–1906), Heinrich **Meyer** (1821–1900), Wilhelm **Wagner** (1836–?), Ernst **Donat** (1836–?), Carl **Schmidt** (1857–1915), Otto **Walter** (1862–1917), Alexander **Rosenberg** (1857–1909), Peter **Walter** (1856–1932), Theodor **Wernke** (1870–1946), Friedrich-Reinhold **Jürgenson** (1869–?), Johann **Tiermann** (1867 –?), Wilhelm Ferdinand **Froben** (1866–?), Arthur **Stegemann** (1867–?).

---

106 Deutsche Russlands, Enzyklopädie, Band 2, S. 700 702.

Unter den Ärzten waren drei Kolonistensöhnen: Nikolaus **Kefer** (1864–1944) aus der Kolonie Neu-Montal, Gottlieb **Groß**, geboren 1874, aus der Kolonie Hildenfeld. Er war Arzt von 1904 an. Und Eduard Gustav **Schöttle** (1878 –?) aus Odessa. Alle drei erlitten Repressalien der Sowjetmach. Oberarzt des Evangelischen Krankenhauses war viele Jahre Jakob Karl **August** (1867–1921).[107] Jährlich kamen neue Ärzte in das Team. Assistenzarzt im Krankenhaus war von 1899 bis 1910 Hermann Hermann **Meder** (1872–?), und Ambulanzarzt war von 1910 bis 1916 Boris Eduard **Hahn** (1869–?). Von 1892 bis 1904 war Ordinator des Krankenhauses der Doktor der Medizin, Nikolaus Johann **Kefer**. Als Assistenzarzt war von 1901 bis 1905 Emil Julius **Osten-Saken** tätig, der 1874 geboren und 1899 Arzt wurde. Von 1901 bis 1906 arbeitete gleichzeitig als Arzt Hermann-Emil Johann **Thomson**, der 1862 geboren und 1886 Doktor der Medizin wurde. Als Assistenzärzte tätig waren Hermann Hermann Meder, geboren 1872, Arzt von 1897 an, und Gottlieb Groß, geboren 1876 und Arzt von 1904 an.

Die ehemaligen Krankenhäuser im Gouvernement Cherson

Stadt Tyraspol   Stadt Ananjew

107 108 Wassiljew, K. K., Kaiserliche Universität Sumy, Serie Medizin, Band II., 2009, Nr. 2, S. 5 16

Das Krankenhaus (oben) und
die Poliklinik der Stadt Nikolaew (unten)

B – Gouvernement Taurien

Infolge der administrativen Teilung des Territoriums des Gouvernements Noworossia (Neurussland) entstanden drei selbstständige Gouvernements: Jekaterinoslaw, Taurien und Cherson. Das Gouvernement Taurien wurde 1892 gebildet, hatte acht Kreise, von denen sich drei (Berdjansk, Dneprowsk und Melitopol) auf dem Festland befanden und fünf (Jewpatoria, Perekop, Simferopol, Feodossia und Jalta auf der Halbinsel Krim. (Karte – Schema und Wappen).

Die Statistik zeigt uns, dass 1868 im Gouvernement 63 8931 Personen lebten, davon gehörten 13338 der Katholischen Kirche an, 52358 waren Protestanten. Von der Gesamtzahl der Katholiken lebten 10096 auf dem Land, wo sich die deutschen Kolonien befanden. Ähnlich war es bei den Protestanten. Von denen lebten 50901 in den Kreisen.[108] Aus diesen Zahlen kann man schlussfolgern, dass 1868 im Gouvernement Taurien etwa 60000 deutsche Kolonisten waren, deren Mehrheit in den Kreisen Berdjansk und Melitopol lebten. Bis 1871 gab es im Kreis Berdjansk den Mennonitenbezirk Molotschna, in dem die Mehrheit der Mennoniten lebte. Danach wurde der Bezirk aufgehoben und aus dem Territorium zwei Amtsbezirke, Halbstadt und Gnadenfeld, gebildet. Zum ersten gehörten 32 deutsche Kolonien mit 13602 Siedlern, zum zweiten gehörten 26 Kolonien mit der Einwohnerzahl 11928. Der Kreis Melitopol hatte zwei Amtsbezirke mit deutscher Bevölkerung: Prischib mit 27 Siedlungen und Eigenfeld mit sechs Siedlungen.

Die für die Gesundheit günstigen Klimaverhältnisse zogen von uralten Zeiten an viele Mediziner auf die Krim. Nach Angliederung der Krim an Russland im Jahr 1783 wurde zum „Verwalter aller Doktoren, Ärzte und Apotheker" Friedrich August **Meier** bestimmt. Mit der Gründung des Gouvernements Taurien wurde in Simferopol ein Amt der gesellschaftlichen Fürsorge geschaffen, das später in eine Ärzte(Medizin)verwaltung um-

---

108 Gedenkbuch des Gouvernements Taurien für 1869

gewandelt wurde. Das Amt sah drei Stellen vor: einen Inspektor, einen Operateur und einen Geburtshelfer. 1810 war **Thorston** Ärzteinspektor in Simferopol, Geburtshelfer Doktor der Medizin Peter Johann **Lang**, der 1815 die Stelle des Inspektors übernahm. Auf Ansuchen des Arztes Georg **Eck** wurde 1805 eine stationäre Einrichtung mit 15 Betten eröffnet. 1825 gab es im Gouvernement schon drei Apotheken: in Simferopol, Sewastopol und Jewpatoria. Apotheker der Gouvernementsstadt war Friedrich Johann Geisel.[109]

Mit Simferopol ist die Tätigkeit noch anderer Ärzte deutscher Abstammung verbunden. Unter ihnen waren die uns heute bekannten Namen: Friedrich Karl **Mühlhausen** (1775–1853), Andreas Friedrich **Arendt** (1795–1862), Nikolaus Andreas **Arendt** (1833–1893), Adolf Ignatz **Trachtenberg** (1832–?). All das zeugt von der unmittelbaren Mitwirkung deutscher Ärzte bei der Schaffung und Entwicklung des Gesundheitswesens im Gouvernement Taurien.[110] Aber es mussten noch viele Lenze ins Land ziehen, bis die gesamte Bevölkerung Zugang zur medizinischen Betreuung bekam.

Das Gouvernements Krankenhaus

109 Medizinische Liste Russlands für das Jahr 1825
110 A. S. Kanewskij und Mitautoren, Geschichtsseiten der Krim Medizin, Sait:mz-ark.gov.ua

Das Hospital in Simferopol

Nach Simferopol wurden kleine Krankenhäuser in Feodossia (1813),
Jewpatoria (1854) und in anderen Kreisstädten eröffnet. Mit der Ein-
führung der Landstandesverwaltung begann man den medizinischen
Dienst in der Stadt zu reformieren. 1869 wurde in Simferopol bei der
Gouvernementsverwaltung eine Ärzteabteilung gegründet, deren
Aufgaben es war, Lösungen der Organisations- und Kaderfragen
im Gesundheitswesen des Gouvernements zu finden. Inspektor der
Ärzteabteilung wurde Friedrich Friedrich Bruns. Die erste Aufgabe,
die die Abteilung zu lösen hatte, war die Senkung der Sterblichkeit,
denn sie war hoch, besonders bei den Russen. Nachstehend bringen
wir Angaben zu den Einwohnern verschiedenen Glaubens, den Städten
und Kreisen aus dem Gouvernement Taurien für das Jahr 1868. [111]

**Die Zahl der Gestorbenen ihrem Glaubensbekenntnis
nach für das Jahr 1868**

Orthodoxe: 68057 Personen lebten in Städten, gestorben:
2571 P., Sterblichkeit: 3,78 % 384080 Personen
lebten in Kreisen, gestorben sind 13356 P., Sterblichkeit: 3,67 %

---

111 Taschenkalender des Gouvernements Taurien für 1869, S. 133

Katholiken:	2343 Personen lebten in Städten, gestorben: 66 P., Sterblichkeit: 2,0 %
	10096 Personen lebten in Kreisen, gestorben: 130 P., Sterblichkeit: 1,29 %
Protestanten:	1457 Personen lebten in Städten, gestorben: 8 P., Sterblichkeit: 0,55 %
	50901 Personen lebten in Kreisen, gestorben 760 P., Sterblichkeit 1,5 %
Juden:	7659 Personen lebten in Städten, gestorben: 195 P., Sterblichkeit: 2,5 %
	3970 Personen lebten in Kreisen, gestorben: 69 P., Sterblichkeit: 1,7 %

Die Hauptursache der hohen Sterblichkeit waren die Infektionskrankheiten. Um sie zu bekämpfen, musste man die Sanitär- und Hygienebedingungen verbessern, die Bevölkerung mit sauberem Trinkwasser versorgen und regelmäßig den Müll und Dreck entfernen. In den Kreisstädten begann man auf Kosten des Landstandes Privathäuser zu mieten, in denen die ersten Landstandeskrankenhäuser eingerichtet wurden. So ein Gebäude wurde 1874 in Mariupol gemietet. Leider war es ein Fehlgriff. Nach zwei Jahren mietete man ein zweites für das Krankenhaus. Es mussten 20 Jahre ins Land ziehen, bis der Kreis Mariupol ein eigenes Gebäude für das Krankenhaus hatte.

Das Landeskrankenhaus in Melitopol

Aber nach und nach entwickelte sich die Landstandesmedizin in der russischen Provinz. Im Jahr der Einführung der Landstandesverwaltung (1864) zählte das Gouvernement 18 Apotheken, in 13 von ihnen waren die Inhaber Russlanddeutsche. In der Kolonie Halbstadt war der Provisor Leonhard Georg **Schilling** Apothekeninhaber, in Prischib der Provisor **Müller**.[112]

Da es zunächst an Medizinern mangelte, gab es in den Kreisen ein Reisesystem der medizinischen Betreuung. Mit der Zunahme der Zahl der Ärzte und Feldscher begann die Landstandesmedizin ein stationäres Reisesystem der Betreuung der Bevölkerung zu entwickeln. Jeder Kreis wurde in Ärzte-Reviere aufgeteilt, die sich in einer der Siedlungen befanden. Jedes Revier betreute die Einwohner der Dörfer und Siedlungen, die sich im Radius von 35 Kilometern vom Wohnort des Arztes befanden. Gleichzeitig war jedes Ärzterevier in Feldscherstellen aufgeteilt, in denen ein Feldscher und eine Hebamme tätig waren. Das geschilderte System der medizinischen Betreuung bildete sich aber erst Ende des XIX. Jahrhunderts heraus. 1886 gab es im Gouvernement Taurien schon 37 Sanitätsstellen und in 22 davon gab es Krankenhäuser. Im Gouvernement waren 170 Ärzte tätig, 24 waren Angestellte des Ministeriums für innere Angelegenheiten, 45 waren Landstandesärzte, 51 freischaffende Ärzte, und 42 gehörten zur Militärbehörde. Unter der gesamten Ärzteschaft waren acht Frauen.

B.a – Ärzte und Apotheker, die die deutschen Kolonien des Gouvernements betreuten

Ärzte der deutschen Kolonien, die einen Vertrag mit der Dorfgemeinde abgeschlossen hatten, nannte man Gemeindeärzte.

---

112 Medizinische Liste Russlands für 1864

Die Einwohner der deutschen Kolonien wurden von Ärzten verschiedener Nationalitäten betreut. Die Namen der Kolonien und der Ärzte sehen Sie unten.

Die **Kolonie Alexanderwohl**, Kreis Berdjansk

1. Wertman, Genich-Lejvi Idelewitsch (Lew Iljitsch), geboren 1857, Arzt von 1883 an, von 1895 bis 1907 freischaffender Arzt.
2. Jakobson, Berngard Gerbert Eliaschowitsch, geboren 1859, Arzt von 1892 an, 1908 Gemeindearzt.
3. Swjaginzew, Wenedikt Alexejewitsch, geboren 1853, Arzt von 1882 an, Landstandesarzt von 1910 bis 1914.

Die **Kolonie Alexanderkrone**, Kreis Berdjansk

1. Goldberg, Owsej Nuchtowitsch, geboren 1882, Arzt von 1908 an, Gemeindearzt von 1913 bis 1916.
2. Klassen, Nikolaus David, geboren 1884, Arzt von 1913 an, Gemeindearzt von 1914 bis 1916.

Die **Kolonie Gnadenfeld** (Bogdanowka), Kreis Berdjansk

1. Pedjkow, Iwan Lwowitsch, geboren 1856, Arzt von 1887 an, von 1890 bis 1904 Landstandesarzt
2. Abramsohn, Johann Albert, geboren 1863, Arzt von 1899, Landstandesarzt von 1905 bis 1908.
3. Paskalow, Iwan Stepanowitsch, geboren 1863, Arzt von 1899 an, Landstandesarzt von 1909 bis 1916.
4. Heinrichs, Julius Heinrich, geboren 1883, Arzt von 1912 an. Gemeindearzt im Jahr 1916.

Die **Kolonie Halbstadt**, Kreis Berdjandsk –
Krankenhaus mit sechs Betten

Krankenhaus

1. Pedjkow, Wladimir Lwowitsch, geboren 1852, Arzt von 1886
   an, Landstandesarzt von 1890 bis 1907.
2. Garnier, Robert Nikolaus von, geboren 1862, Arzt von 1886
   an, freischaffender Arzt von 1900 bis 1905.
3. Ketat, Albert Ferdinand, geboren 1864, Arzt von 1894 an,
   Landstandesarzt von 1905 bis 1916.
4. Tavonius, Erich Alexander, geboren 1872, Arzt von 1896 an,
   in den Jahren 1906 bis 1908 war er Gemeindesarzt.
5. Bittner, Heinrich Heinrich, geboren 1886, Arzt von 1912 an,
   in den Jahren 1914 bis 1916 war er Gemeindearzt.

Die **Kolonie Marienthal**, Kreis Berdjansk

1. Paskalow, Iwan Stepanowitsch, geboren 1863, Arzt von 1899
   an, freischaffender Arzt von 1891 bis 1892.

Die **Kolonie Muntau** (Jablonowka), Kreis Berdjansk

1. Hausknecht, Abram David, geboren 1858, Arzt von 1888 an,
   freischaffender Arzt in den Jahren 1898 bis 1899, Landstandesarzt im Jahr 1905.

2. Tavonius, Erich Alexander, geboren 1872, Arzt von 1896 an, Landstandesarzt von 1909 bis 1916.
3. Seiler, August Karl, geboren 1861, Doktor der Medizin von 1888 an, 1916 war er freischaffender Arzt.

Die **Kolonie Neuhoffnung**, Kreis Berdjansk

1. Kämmerer, Ernst Arnold, geboren 1868, Arzt von 1895 an, in den Jahren 1898–1899 war er freischaffender Arzt.
2. Tartschewskij, Pjotr Wassiljewitsch, geboren 1856, Arzt von 1883 an, Landstandesarzt von 1890 bis 1894.
3. Abramsohn, Johann Albert, geboren 1863, Arzt von 1899 an, Landstandesarzt von 1899 bis 1904.

Die **Kolonie Orloff**, Kreis Berdjansk

1. Friesen, Nikolaus Hermann, geboren 1865, Arzt von 1891 an, freischaffender Arzt von 1894 bis 1911.
2. Dirksen, Gerhard David, geboren 1876, Arzt von 1906 an, Gemeindearzt in den Jahren 1908 bis 1916.
3. Dick, Peter Peter, geboren 1886, Arzt von 1911 an, Gemeindearzt von 1912 bis 1916.
4. Pinker, Otto Oskar, geboren 1874, Arzt von 1902 an, Arzt einer Privatklinik von 1910 bis 1916.

Die **Kolonie Tiege**, Kreis Berdjansk

1. Hofman, Moissej Solomonowitsch, geboren 1864, Arzt von 1888 an, 1893 war er freischaffender Arzt.
2. Ponomarenko, Alexander Iwanowitsch, geboren 1864, Arzt von 1891 an, in den Jahren 1893–1894 war er Gemeindearzt.

Die **Kolonie Waldheim**, Kreis Berdjansk

1. Heinrichs, Julius Heinrich, geboren 1883, Arzt von 1912 an, 1914 war er Gemeindearzt.
2. Pilzer, Felix Friedrich, geboren 1871, Arzt von 1898 an, 1906 Leiter einer privaten Klinik.
3. Seiler, August Karl, geboren 1861, Arzt von 1881 an, Doktor der Medizin von 1888 an, in den Jahren 1909–1914 war er freischaffender Arzt.
4. Skutul, Karl Jakob, geboren 1876, Arzt von 1901 an, in den Jahren 1912 bis 1913 war er freischaffender Arzt.
5. Hausknecht, Abram David, geboren 1858, Arzt von 1888 an, 1916 war er freischaffender Arzt.
6. Sarankewitsch, Dmitrij Feofanowitsch, geboren 1882, Arzt von 1909 an, 1910 war er Dorfarzt.

Die **Kolonie Mariental**, Kreis Dneprowsk

1. Eliaschewitsch, (Eljaschew), Kalman-Gersch Iljitsch, geboren 1865, Doktor der Medizin von 1892 an, freischaffender Arzt in den Jahren 1893–1905.

Die **Kolonie Schönbrunn** (Ak-Scheich), Kreis Jewpatoria

1. Ladzinskij, Watzlaw Antonowitsch, geboren 1870, Arzt von 1895 an, im Jahr 1898 war er Landstandesarzt.

Die **Kolonie Eigenfeld**, Kreis Melitopol

1. Martinsohn, Konrad Friedrich, geboren 1858, Doktor der Medizin von 1886 an, Amtsbezirksarzt in den Jahren 1890–1894.
2. Kroneberg, Edmund-Alexander Eduard, geboren 1861, Arzt von 1887 an, in den Jahren 1891–1895 war er Landstandesarzt.
3. Pangratz, Amandus Franz, geboren 1859, Arzt von 1886 an, freischaffender Arzt von 1892 bis 1893.
4. Fabricius, Johann-Friedrich Alexander, geboren 1860, Arzt von 1889 an, von 1894 bis 1900 war er Gemeindearzt.
5. Friese, Axel-Benedikt Nikolaus, geb. 1867, Arzt von 1895 an, Gemeindearzt von 1900 bis 1901.
6. Schönberg, Maximilian Jakob, geb. 1856, Arzt von 1884 an, Gemeindearzt von 1906 bis 1910.
7. Kiserizkij, Walter Georg, geb. 1853, Doktor der Medizin von 1879 an, 1911 war er freischaffender Arzt.
8. Karnatschewskij, Solomon Selmanowitsch, geb. 1870, Arzt von 1899 an, 1916 war er freischaffender Arzt.

Die **Kolonie Heidelberg**, Kreis Melitopol

1. Petersohn, Alexander Karl, geboren 1867, Arzt von 1893 an, 1898 war er Gemeindearzt.
2. Lejbow, Ilja Ossipowitsch, geboren 1859, Arzt von 1887 an, in den Jahren 1890–1892 war er Gemeindearzt.
3. Kaz, Awram Gersch Wulfowitsch, geboren 1864, Arzt von 1893 an, in den Jahren 1905–1911 war er Gemeindearzt.

Die **Kolonie Hochstadt**, Kreis Melitopol

1. Lewinsohn, Karl Nikolaus, geboren 1858, Arzt von 1886 an, von 1890 bis 1892 war er Landstandesarzt.
2. Dorfmann, Nuchim-Moissej Gezowitsch, geboren 1862, Arzt von 1888 an, von 1895 bis 1910 war er Gemeindearzt.
3. Friese, Axel-Benedikt Nikolaus, geboren 1867, Arzt von 1895 an, Gemeindearzt von 1908 bis 1911.
4. Schmidt, Arnold Georg, geboren 1883, Arzt von 1910 an, von 1912 bis 1916 war er Gemeindearzt.
5. Allthann, Georg Georg von, geboren 1839, Arzt von 1876 an, von 1896 bis 1916 freischaffender Arzt.
6. Girschmann, German Ossipowitsch, geboren 1859, Arzt von 1887 an, 1893 war er freischaffender Arzt.
7. Fink, Julius Theodor, geboren 1864, Arzt von 1892 an, 1894 war er Gemeindearzt.
8. Kögen, Matthias David, geboren 1862, Arzt von 1890 an, 1906 war er Landstandesarzt.

Die **Kolonie Neumontal**, Kreis Melitopol

1. Frenkel, Isaak-Lew Davidowitsch, geboren 1857, Arzt von 1887 an, 1890 war er freischaffender Arzt.

2. Kon, Aria Lejba Wulfowitsch, geboren 1868, Arzt von 1892 an, in den Jahren 1893–1897 war er freischaffender Arzt.

3. Suchow, Iwan Andrejewitsch, geboren 1864, Arzt von 1889 an, 1891–1895 war er Privatarzt.

Die **Kolonie Prischib**, Kreis Melitopol

1. Fuchs, Emanuel Anton, geboren 1828, Arzt von 1855 an, freischaffender Arzt von 1890 an.

2. Martinsohn, Konrad Friedrich, geboren 1858, Doktor der Medizin von 1886 an, freischaffender Arzt in den Jahren 1895–1906.

3. Klüdt, Reinhold Johann, geboren 1870, Arzt von 1898 an, von 1906 bis 1916 war er Gemeindearzt.

4. Komodsch, Reinhold Johann, war im Jahr 1914 Gemeindearzt.[113]

Die **Kolonie Reichenfeld**, Kreis Melitopol

1. Spranger, Roman Georg, geboren 1858, Arzt von 1886 an, von 1890 bis 1916 war er Gemeindearzt.

Die **Kolonie Rosenhof**, Kreis Melitopol

1. Paskalow, Iwan Stepanowitsch, geboren 1863, Arzt von 1889 an, war Arzt der Kolonie von 1893 bis 1902.

---

113 Der Name ist in der medizinischen Liste Russlands ist nicht vorhanden.

Die **Kolonie Neuhalbstadt**, Kreis Melitopol

1. Holz, Richard August, geboren 1864, Doktor der Medizin von 1891 an, in den Jahren 1897–1898 war er freischaffender Arzt.

Die **Kolonie Büten**, Kreis Perekop

1. Lass, Isaak Bereljewitsch, geboren 1861, Arzt von 1885 an, in den Jahren 1892–1894 war er Landstandesarzt.
2. Petersohn, Alexander Karl, geboren 1867, Arzt von 1893 an, 1898–1899 war er Gemeindearzt.
3. Pauker, Karl Georg, geboren 1871, Arzt von 1897 an, in den Jahren 1900–1902 war er freischaffender Arzt.
4. Klein, Eugen Michael, geboren 1868, Arzt von 1894 an, in den Jahren 1898 bis 1901 war er Landstandesarzt.
5. Kumberg, Nikolaus Julius, geboren 1863, Arzt von 1887 an, Landstandesarzt von 1904 bis 1906.
6. Oldekopf, Arnold-Otto Michael, geboren 1879, Arzt von 1903 an. Gemeindearzt in den Jahren 1905–1906.
7. Femer, Woldemar Karl, geboren 1877, Arzt von 1901 an, 1908 war er freischaffender Arzt.
8. Schneider, Dietrich Heinrich, geboren 1852, Doktor der Medizin von 1889 an, in den Jahren 1909–1910 war er Gemeindearzt.
9. Braverman, Jewsej Abramowitsch, geboren 1884, Arzt von 1910 an, in den Jahren 1913–1914 war er freischaffender Arzt.

Die **Kolonie Neumann**, Kreis Perekop

1. Allthann, Georg Georg von, geboren 1839, Arzt von 1876 an, in den Jahren 1890–1893 war er freischaffender Arzt.
2. Glau, Eduard Eduard von, geboren 1862, Arzt von 1885 an, im Jahr 1897 war er freischaffender Arzt.

3. Spindler, Georg-Wilhelm Nikolaus, geboren 1864, Doktor der Medizin von 1892 an, in den Jahren 1895–1912 war er freischaffender Arzt.
4. Froben, Wilhelm-Ferdinand Eduard, geboren 1866, Arzt von 1893 an, in den Jahren 1901–1906 war er freischaffender Arzt.
5. Kiseritzki, Walter Georg, geboren 1853, Doktor der Medizin von 1879 an, 1910 war er freischaffender Arzt.
6. Thammberg, Robert Hans, geboren 1881, Arzt von 1910 an, im selben Jahr wurde er Gemeindearzt.
7. Frese, Axel-Wendelin Woldemar, geboren 1867, Arzt von 1895 an, 1912 war er Gemeindearzt.
8. Gumenskij, Georgij Wladimirowitsch, geboren 1883, Arzt von 1909 an, in den Jahren 1912–1914 war er Landstandesarzt.
9. Schroeder, Oskar Oskar, geboren 1881, Arzt von 1909 an, von 1913 bis 1916 war er freischaffender Arzt.
10. Lam, Alter Gedaljewitsch, geboren 1882, Arzt von 1912 an, freischaffender Arzt war er im Jahr 1916.

Die **Kolonie Neusatz** (Bijuk-Onlar), Kreis Perekop

1. Gumenskij, Georgij Wladimirowitsch, geboren 1883, Arzt von 1909 an, Landstandesarzt im Jahr 1916.

Die **Kolonie Kronental**, Kreis Simferopol

1. Schlee-Lustig, Maria Matthies, geboren 1859, Ärztin von 1886 an, in den Jahren 1887–1905 war sie Landstandesärztin.

Die **Kolonie Mariental**, Kreis Feodossia

1. Mordochowitsch, Mejlech Mordkowitsch, geboren 1863, Arzt von 1888 an, 1895 war er Landstandesarzt.

Die **Kolonie Zürichtal** (Ablesch), Kreis Feodossia

1. Bär (Berg), Heinrich-Bernhard Bernhard, geboren 1862, Arzt von 1890 an in den Jahren 1898–1909 war er freischaffender Arzt.

1905 arbeiteten auch einige deutsche Apotheker in den deutschen Kolonien. Wir bieten Ihnen einen Auszug aus der medizinischen Liste für das Jahr 1905.

Inhaber und Verwalter der Apotheken in den deutschen Kolonien

- Die **Kolonie Gnadenfeld**
  Apothekeninhaber – Apothekerhelfer Abram Gersch Rofman (E. I.)
- Die **Kolonie Neu-Halbstadt**
  Apothekeninhaberin – die Witwe von Provisor Schilling. Verwalter – Eugen Leonhard Schilling (H. L.)
- Die **Kolonie Tiege-Orlow**
  Apothekeninhaber – Provisor Artur Woldemar Dross (H. L.)
- Die **Kolonie Heidelberg**
  Apothekeninhaber – Provisor Adolph Wilhelm Weiden (H. L.)
- Die **Kolonie Hochstadt**
  Apothekeninhaber – Apothekerhelfer Pinch. Apon. Witenberg (E. I.)

- Die **Kolonie Prischib**
  Apothekeninhaber – Provisor Jakob Ujdel. Iolka (E. I.)
- Die **Kolonie Reichenfed**
  Apothekeninhaberin – W. L. Bubnowa. Verwalter und
  Pächter Provisor Alexander Moses Lasarew (R. O.)
- Die **Kolonie Eigenfeld**
  Apothekeninhaber – Provisor Eliasch Levit. Verwalter –
  Provisor Izk. Meer. Elson (E. I.)
- Die **Kolonie Bjuten**
  Apothekeninhaber – Provisor Johann Christoph
  Putning (L. L.)
- Die **Kolonie Neumann**
  Apothekeninhaber – Provisor Karl Hans Kenn (Est. L.)

Inhaber und Verwalter der Apotheken in den deutschen Kolonien (Angaben für 1911)

Kreis Berdjansk
- Die **Kolonie Waldheim**
  Apothekeninhaber – Kolonist K. G. Warkentin.
  Verwalter – Apothekerhefer Eduard Jank. Barklaij (H. L.)
- Die **Kolonie Gnadenfeld**
  Apothekeninhaber – Provisor Abram Gersch. Rofman (E. I.)

Kreis Melitopol
- Die **Kolonie Heidelberg**
  Apothekeninhaber – Provisor Adolph Wilhelm Weiden (H. L.)
- Die **Kolonie Hochstadt**
  Apothekeninhaber – Apothekerhelfer Pinch Aaron
  Wittenberg (E.I.)
- Die **Kolonie Prischib**
  Apothekeninhaber – Provisor Jakob Judel. Iolka (E. I.)
- Die **Kolonie Reichenfeld**
  Apothekeninhaberin – W.L. Bubnowa (R. O.)

Kreis Perekop
- Die **Kolonie Bjuten**
Apothekeninhaber – Apothekerhelfer Schoelja Gersch. Zirlin (E. I.)
- Die **Kolonie Neumann**. Apothekeninhaber – Provisor K.G. Kenn. Verwalter – Provisor Rudolf Rein (H. L.)

Kreis Jalta
- Die **Kolonie Seitler**. Apothekeninhaber – Provisor Mendel Solomon Baranowskij (E. I.)
- Die **Kolonie Zürichthal**
Apothekeninhaber – Apothekerhelfer Hugo Heinrich Grünberg (H. L.)

1914 umfasste das Apothekennetz des Gouvernements 117 Apotheken, von denen sich zehn in den deutschen Kolonien befanden, die hauptsächlich in den Händen von Juden befanden.

Im Weiteren bringe ich die Namen der Kolonien und die Namen der Apothekeninhaber.

Kreis Berdjansk
- Die **Kolonie Alexanderwohl**
Apothekeninhaberin – E. E. Merimkina (E. I.)
- Die **Kolonie Waldheim**
Apothekeninhaberin – Frau von Apothekerhelfer Karpowski. Verwalter – Apothekerhelfer Moses Benjamin Karpowski (E. I.)
- Die **Kolonie Gnadenfeld**
Apothekeninhaber – Provisor Abram Gersch. Rofman (E. I.)
- Die **Kolonie Neu-Halbstadt**
Apothekeninhaberin – Witwe von Provisor Schilling. Verwalter – Provisor Otto Jakob Abolin (L. L.)
- Die **Kolonie Tiege-Orlow**
Apothekeninhaber – Provisor A.B. Dross. Verwalter – Apothekerhelfer Aaron Schewel Berschizkij (E. I.)

Kreis Melitopol
- Die **Kolonie Heidelberg**
  Apothekeninhaber – Provisor Adolph Wilhelm
  Weiden (H. L.)
- Die **Kolonie Hochstadt**
  Apothekeninhaber – Apothekerhelfer Pinch Aaron
  Wittenberg (E. I.)
- Die **Kolonie Prischib**
  Apothekeninhaber – Provisor Jakob Judel Iolka (E. I.)
- Die **Kolonie Reichenfeld**
  Apothekeninhaberin – Apothekerhelferin F. F. Fjedorowa.
  Verwalter – Provisor A. G. Schelomow (R. L.)
- Die **Kolonie Eigenfeld**
  Apothekeninhaber – Provisor Jakob Mowsch Kiskatschi
  (Karaim)

Kreis Perekop
- Die **Kolonie Bjuten**
  Apothekeninhaberin – Witwe von Apothekerhelfer Zirlin.
  Verwalter und Pächter – Apothekerhelfer Feige Ruwin
  Aksel (E. I.)
- Die **Kolonie Neumann**
  Apothekeninhaber – Provisor David Morduch
  Mostman-Fischman (E. I.)

Kennzeichnungen: (E. I) – Jude, (H. L)- Deutscher, Lutheraner, (P.np.)- Russe, Orthodox, (LL)- Litauer, Lutheraner, (Est. L.) – Este, Lutheraner, np. – Provisor, A.n. – Apothekerhelfer, Ynp. – Verwalter, Karaim – Zweig des Judentums.

Die medizinischen Angaben, die im Gedenkbuch des Gouvernements Taurien für das Jahr 1900 enthalten sind, spiegeln den Zustand des Gesundheitswesens im Jahr 1898 wider. In diesem Jahr lebten im Gouvernement 78305 Deutsche. Der medizinische Dienst hatte 75 Krankenhäuser mit 1431 Betten zur Verfügung. In Simferopol wurde das private Krankenhaus E. L. Mühlental eröffnet. Direktor in der Klinik war Edgar Artur **von Kossart.**

Die Klinik von Dr. Mühlental

Erik Ludwig Mühlental wurde 1870 geboren. Nach Abschluss des Studiums war er als freischaffender Arzt-Chirurg in Simferopol tätig. 1900 eröffnete er das private Krankenhaus, das bis 1918 existierte. Das Ärzteteam dieser Einrichtung bestand nur aus Russlanddeutschen. Unter ihnen war auch der Wolgadeutsche Arzt Johann Ludwig Grasmück, der 1900 aus dem Wolgagebiet nach Simferopol übersiedelte.

1. Edgar Artur **von Kossart,** geboren 1880, Arzt von 1903 an.
2. Heinrich-Artur Karl **Lau**, geboren 1868, Doktor der Medizin von 1894 an.
3. Johann Ludwig Grasmück, geboren 1871, Arzt von 1896 an.
4. William Julius Mrongovius, geboren 1874, Arzt von 1900 an.
5. Wilhelm Georg Weidenbaum, geboren 1871, Arzt von 1896 an.
6. Reinhard Eduard Maurach, geboren 1870, Arzt von 1895 an.

1900 wurde die Bevölkerung des Gouvernements von 262 Ärzten (unter ihnen waren 108 freischaffende), 217 Feldschern, 86 Hebammen und 26 Dentisten betreut. Unter den Ärzten, die in russischen Dörfern und Städten arbeiteten, waren einige Deutsche.

Die Krankenhäuser in anderen Städten

Eupatoria, Krim

C – Gouvernement Jekaterinoslaw

Nach Eroberung eines großen Territoriums des Schwarzmeergebiets vom Osmanischen Reich nannte Russland die erworbene Provinz Noworossia (Neurussland). Ein Teil dieses Territoriums, das den Namen Gouvernement Jekaterinoslaw bekam, wurde eine selbstständige administrative Einheit mit dem Zentrum Jekaterinoslaw (Dnepropetrowsk). Ende des XIX. Jahrhunderts hatte das Gouvernement acht Kreise: Alexandrowsk, Bachmut, Werchnedneprowsk, Jekaterinoslaw, Mariupol, Nowomoskowsk, Pawlograd und Slawjanoserbsk. (Karte – Schema und Wappen).

Die erste Erwähnung der Medizin ist hier mit den Namen deutscher Ärzte Christoph Finger und Lehmann verbunden, die in den 1760er-Jahren in die Saporosher Setsch geschickt wurden, um die Pest zu bekämpfen. 1788 lebte und arbeitete in Jekaterinoslaw der Arzt Karl Johann Rode (1746–11.03.1821).

1810 hatte die Gouvernement-Verwaltung nur drei Stellen für Ärzte: Inspektor war der Stabs-Arzt Karl Hofmann, Operateur war der Stabs-Arzt Andreas Becker und Geburtshelfer war Anton Trawulinskij.[114] 1825 waren schon alle Kreise mit Medizinern versorgt.

Gleichzeitig mit der Gründung des Gouvernements wurde sein Territorium mit deutschen Kolonisten besiedelt. Im Jahre 1860 lebten im Gouvernement 37075 Deutsche, die Mehrheit von ihnen (24052) im Kreis Alexandrowsk, 10812 Deutsche lebten im Kreis Jekaterinoslaw und 1644 im Kreis Nowomoskowsk. Nach fünf Jahren (1865) lebten in den Dörfern des Gouvernements 46022 Kolonisten. Die medizinische Betreuung auf dem Lande ließ damals viel zu wünschen übrig, denn die Polizeirevierärzte und die freischaffenden Ärzte lebten in Jekaterinoslaw und in den Kreisstädten. Die Facharzt-Medizin befand sich damals noch in den Kinderschuhen. Nach meinen Angaben gab es 1860–1865 unter den Ärzten nur vier Russlanddeutsche.

1. Neumann, Woldemar-Eduard Karl, geboren 1833, Arzt von 1857, war als Privatarzt bei einem Gutsbesitzer im Kreis Nowomoskowsk tätig.
2. Schwabe, August Peter, Arzt einer Garnisonabteilung in Jekaterinoslaw. Für tadellosen Dienst wurde er 15 Jahren hintereinander als Bester geehrt.
3. Rex, Appolinarius Johann, geboren 1826, Arzt von 1851 an, war Geburtshelfer des Gouvernements.
4. Scheuermann, Gottlieb Wilhelm, war Arzt des Bergwerks Lissitschansk.

---

114 Medizinische Liste Russlands für 1810, S.24

Mit der Einführung des Landstandes-Systems in Russland (1864) übernahm die Landstandesverwaltung des Kreises alle Aufgaben der Ausbildung, der medizinischen Betreuung sowie die Begrünung und Verschönerung der Wohnorte. Nach und nach begann sich das Gesundheitswesen in eine Heilungs- und prophylaktische Richtung zu entwickeln. Es entstanden die ersten Landstandes-krankenhäuser und Kranken-Aufnahmestellen, die komplett mit Ärzten und mittlerem medizinischen Personal versorgt waren. Strenger wurden der Sanitätszustand und die Hygiene der Wohn- und Gemeinschaftshäuser kontrolliert. Die Zahl der medizinischen Einrichtungen und der medizinischen Kader wuchs ständig.

Das Gouvernements Krankenhaus

Im Jahr 1914 war ein gewisses System des Gesundheitswesens in Stadt und Land geschaffen. Dazu trugen auch die russlanddeut-schen Ärzte bei. Zu jener Zeit arbeiteten im Gesundheitsbereich des Gouvernements fast ausschließlich russische und jüdische Ärzte. Die Angaben aus dem „Jahrbuch des Dneprgebiets" für 1914 zeugen davon, dass unter den Ärzten nur einige Russlanddeutsche waren. Aber Leiter des größten Gouvernement-Krankenhauses war nach wie vor Doktor der Medizin V. V. Krumbmüller, Ordinator der Abteilung für Neurologie war Hermann Oskar Goldblatt (geboren 1878), der ab 1902 als Arzt tätig war. Inspektor der Feldscher-Schule blieb Theodor Johann Schiermann, der 1872 geboren wurde und von 1898 als Arzt tätig war. Ordinatoren des Stadtkrankenhauses Alexandrowsk waren Jakob Jakob Esau und Robert Julius Weber.

In den Kreis-Krankenhäusern und in den ländlichen medizinischen Einrichtungen waren ein Dutzend russlanddeutscher Ärzte tätig.

1. Haar, Michael Lukas, geboren 1852, Arzt von 1882, Polizeirevierarzt im Kreis Alexandrowsk.
2. Schneider, Rudolf Philipp, geboren 1886, Arzt von 1911 an, Landstandesarzt im Dorf Fjodorowka, Kreis Alexandrowsk.
3. Behrwolf, Woldemar Albert, geboren 1875, von 1900 an Arzt, Landstandesarzt in Bachmut.
4. Haag, Eduard Nikolaus, geboren 1879, von 1906 an Arzt, Arzt der Stadt-Ambulanz in Mariupol.
5. Hamm, David Abram, geboren 1880, von 1909 an Arzt, Landstandesarzt der Kolonie Chortiza, Kreis Jekaterinoslaw.
6. Beul, Alexander Paul, geboren 1883, von 1908 an Arzt, Landstandesarzt des Dorfes Saksagan, Kreis Werchnedneprowsk.
7. Gottmann, Friedrich Johann, geboren 1871, von 1900 an Arzt, Landstandesarzt der Kolonie Chortiza, Kreis Jekaterinoslaw.
8. Lievus, Michael Alexander, geboren 1867, Arzt von 1893 an, Arzt des Landstandeskrankenhauses in Pawlograd.
9. Beßler, Paul Andreas, geboren 1878, Arzt von 1902 an, Landstandesarzt im Kreis Bachmut.
10. Guenther, Woldemar Richard, Landstandesarzt des 3. Reviers im Kreis Nowomoskowsk.

1915 hatte das Gouvernement ein weitverzweigtes Netz von medizinischen Einrichtungen, die meisten von ihnen gehörten Ämtern oder privaten Personen und hatten eine begrenzte Zahl an Betten. Das Gouvernement zählte 188 Krankenhäuser mit insgesamt 5182 Betten.

Im System der Zivilmedizin arbeiteten 567 Ärzte, davon waren 183 Landstandesärzte. Das mittlere medizinische Personal bestand aus 765 Feldschern und 78 Feldscherinnen. Außerdem gab es noch 122 Zahnärzte und 436 Hebammen. Die Militärbehörde des Gouvernements begann, die Ärzte für den Frontbedarf zu mobilisieren. In dem Landstandeskrankenhaus kam es aufgrund

Das Krankenhaus von Roten Kreuz, Ekaterinoslaw

des Ersten Weltkriegs zu Versetzungen, die nur die Russlanddeutschen betrafen. Die Stelle des Chefarztes nahm ein Russe ein und der frühere, V. V. Krumbmüller, wurde Oberarzt aller Gouvernement-Einrichtungen für Psychiatrie. Der Leiter des Seziersaals Theodor Johann Schiermann wurde zum Inspektor der Landstands-Feldscherschule degradiert. Der Ordinator Hermann Oskar Goldblatt siedelte nach Kiew um (siehe 1914).

In Jekaterinoslaw machten 140 Fachärzte private Krankenaufnahmen, darunter waren folgende fünf Russlanddeutsche.

1. Robert Julius Weber
2. Viktor Viktor Krumbmüller
3. Robert Gustav Grünthal
4. Wilhelm Reinhold Ullmann
5. Jakob Jakob Esau

Man muss sagen, dass zum Jahr 1915 die Zahl der Landstandeskrankenhäuser bedeutend gestiegen war. Es gab damals 72 Krankenhäuser und über 100 Krankenaufnahmestellen. Die Einwohner der Kreise wurden von 183 Ärzten und 137 Apotheken versorgt.

C.a – Deutsche Ärzte und Apotheker, die im Gouvernement tätig waren

I. Stadt Alexandrowsk und Kreis

Ärzte:
1. Haar, Michael Lukas, geboren 1852, Arzt von 1882 an, Polizeirevierarzt des Kreises Alexandrowsk.
2. Schneider, Eduard Philipp, geboren 1877, Arzt von 1903 an, Arzt der Eisenbahnstation Alexandrowsk.
3. Behr, Heinrich Bernhard, geboren 1862, Arzt von 1890 an, Arzt des Post- und Telegrafenkontors Alexandrowsk.
4. Spindler, Georg-Wilhelm Nikolaus, geboren 1864, Doktor der Medizin von 1893 an, freischaffender Arzt in Alexandrowsk.

Apotheker:
1. Alexandrowsk. Inhaberin der Apotheke – die Frau des Provisors August Georg Richter, Amalia August Petzold.
2. Kolonie Schönwiese. Apotheker William Alexander Tavonius.

II. Stadt Lugansk und Kreis Slawjanoserbsk

1. Schoklender, Woldemar Woldemar, geboren 1865, Arzt von 1893 an, Stadtarzt von Lugansk.
2. Neugebauer, Gustav Johann, geboren 1870, Arzt von 1898 an, Arzt des Bergwerks Selesnjowo.

Verwalter der Stadtapotheke von Lugansk war der Provisor Ludwig Heinrich Dahmroff.

III. Stadt Nowomoskowsk und Kreis

Es gab hier keine deutschen Ärzte.

IV. Stadt Pawlograd und Kreis

1. Lievus, Michael Alexander, geboren 1867, Arzt von 1893 an, Arzt im Landstandeskrankenhaus Pawlograd.

V. Stadt Mariupol und Kreis

Das Städtische Krankenhaus

1. Haag, Eduard Nikolaus, geboren 1879, Arzt von 1906 an, Arzt der Stadtambulanz.
2. Lutz, Alexander Heinrich, geboren 1883, Arzt von 1910 an, Landstandesarzt im Dorf Romanowka.
3. Hoff, Paul Georg, Landstandesarzt im Dorf Ursuf.

Verwalter des Stadtsapotheke Mariupol – Friedrich Sebastian Knepfer.

VI. Stadt Jekaterinoslaw und Kreis

1. Gottmann, Friedrich Johann, Landstandesarzt der Kolonie Chortiza,

Zweiter Arzt in der Kolonie Chortiza war Seigermacher, Etel Michailowna. Ihr Geburtsdatum ist unbekannt. Ärztin war sie von 1914 an.

Die Apotheke gehörte dem Provisor Ruter, German Borissowitsch, in der Stadt Nikopol.

VII. Die Stadt Dnepropetrowsk und Kreis

1. Dubach, Woldemar David, geboren 1885, Arzt von 1910 an, Landstandesarzt im Dorf Popelnastoje.
2. Beul, Alexander Paul, geboren 1883, Arzt von 1908 an, Landstandesarzt im Dorf Adamowka (Saksagan).
3. Halli, Peter Michael, geboren 1878, Arzt von 1904 an, Augenarzt für Kreis und Bezirk.
4. Fähre, Paul Eduard, geboren 1877, Arzt von 1902 an, Fabrikarzt im Dorf Wessolyje Terny.

VIII. Die Stadt Bachmut und Kreis

Das Landeskreis-Krankenhaus in Jusowka

1. Behrwolf, Woldemar Albert, geboren 1875, Arzt von 1900 an, Arzt des Landstandeskrankenhauses Bachmut.
2. Dermann, Emma Leo, geboren 1882, Ärztin von 1910 an, Landstandesärztin im Dorf Awdejewka.
3. Levinsohn, Karl Nikolaus, geboren 1858, Arzt von 1886 an, Revierarzt in dem Eisenbahnstations-Krankenhaus Bachmut.
4. Apotheker in der Kolonie Shidlowo Provisor war Wilhelm Karl Notmann.

Der Erste Weltkrieg und das Kriegsgeschehen wirkten sich negativ auf das Gesundheitswesen des Gouvernements Jekaterinoslaw aus. Besonders bekamen es die Landkreise zu spüren, wo die Zahl der Ärzte, die in den Landstandeskrankenhäusern und Sanitätsstellen gearbeitet hatten, bedeutend zurückgegangen war. 1917 hatte das Gouvernement 57 Landstandeskrankenhäuser und 80 Ambulanzstellen in den kleinen Dörfern, die vor dem Krieg komplett mit Medizinern versorgt waren. Von Kriegsbeginn an wurden 34 Landstandesärzte eingezogen, 26 von ihnen hatten in Ambulanzen gearbeitet. Darüber hinaus blieben 16 Ärztestellen vakant.

Was die Landstandesärzte und Apotheker unter den Russlanddeutschen betrifft, so nahm ihre Zahl nicht ab. In der Liste für 1917 sehen wir bekannte Namen.

I. Stadt Alexandrowsk und Kreis

1. Behr, Heinrich Bernhard, Arzt des Post- und Telegrafenkontors Alexandrowsk.
2. Schneider, Eduard Philipp, Eisenbahnarzt in Alexandowsk.

Die Apotheke der Erben des Provisors August Georg Richter wurde verwaltet von der Frau des Provisors, Amalia August Petzold, Alexandrowsk.

Außerdem gab es die unabhängige Apotheke des Provisors William Alexander Tavonius, Alexandrowsk.

II. Stadt und Kreis Bachmut

1. Behrwolf, Woldemar Albert, Landstandeskrankenhaus Bachmut.
2. Dermann, Emma Leo, Landstandesärztin im Dorf Awdejewka.

III. Stadt und Kreis Jekaterinoslaw

1. Gottmann, Friedrich Johann, Landstandesarzt der Klinik in der Kolonie Chortiza.

Apotheker der Kolonie Einlage (Kitschkas) war der Apothekergehilfe Johann Peter Kuhtz.

IV. Stadt und Kreis Mariupol

1. Lutz, Alexander Heinrich, Revierarzt im Dorf Romanowo (wurde eingezogen).

Verwalter der Stadtverwaltungsapotheke war Friedrich Sebastian Knepfer, Mariupol.

In den anderen Kreisen gab es 1917 keine deutschen Ärzte und Apotheker.

C.b – Ärzte, die die deutschen Kolonien des Gouvernements betreuten

1888 gab es im Gouvernement 147 Kolonien und nur in fünf von ihnen gab es Sanitätsstellen oder Kliniken. Nachstehend sind die Namen der Ärzte genannt, die in den Kolonien tätig waren.

Kolonie Grunau (Alexandronewsk), Kreis Mariupol

1. Blisinski, Nikolai-Ignatius-Anton Stanislaus, geboren 1834, Arzt von 1862 an, Landstandesarzt von 1890 bis 1907.

Kolonie Eigenheim, Kreis Alexandrowsk

1. Foth, Andreas Andreas, geboren 1857, Arzt von 1888 an, in den Jahren 1891 bis 1908 war er freischaffender Arzt.
2. Thamberg, Robert Hans, geboren 1881, Arzt von 1910 an, Gemeindearzt in den Jahren 1911–1912.

Kolonie Friedenfeld (Tersanka), Kreis Alexandrowsk

1. Pangratz, Amadeus Franz, geboren 1859, Arzt von 1886 an, 1912 war er freischaffender Arzt.
2. Holz, Richard August, geboren 1864, Doktor der Medizin von 1891 an, 1899–1902 war er freischaffender Arzt.
3. Frese, Axel-Wendelin Nikolaus, geboren 1867, Arzt von 1895 an, in den Jahren 1902–1904 freischaffender Arzt.

Kolonie Chortiza, Kreis Jekaterinoslaw

1. Esau, Jakob Jakob, geboren 1856, Arzt von 1885 an, in den Jahren 1890 bis 1900 war er Landstandesarzt.
2. Hausknecht, Abraham David, geboren 1858, Arzt von 1888 an, in den Jahren 1891 bis 1897 war er Betriebsarzt.
3. Gottmann, Friedrich Johann, geboren 1871, Arzt von 1900 an, von 1902 bis 1916 war er Landstandesarzt.
4. Hamm, David Abraham, geboren 1880, Arzt von 1909 an, von 1911 bis 1916 war er Landstandesarzt.
5. Pangratz, Amadeus Franz, geboren 1859, Arzt von 1886 an, in den Jahren 1902 bis 1905 war er Landstandesarzt.
6. Strongin, Jakow Lejbowitsch, geboren 1872, Arzt von 1899 an, in den Jahren 1905–1907 war er freischaffender Arzt.
7. Eibus, Leopold Martin, geboren 1866, Arzt von 1893 an, in den Jahren 1897–1898 und 1900–1905 war er Fabrikarzt.
8. Meder, Hermann Hermann, geboren 1872, Arzt von 1897 an, in den Jahren 1912–1913 war er freischaffender Arzt.

Kolonie Ludwigstal (Romanowka), Kreis Mariupol

1. Ebius, Leopold Martin, geboren 1866, Arzt von 1893 an, 1899 war er freischaffender Arzt.

C.c – Die medizinische Betreuung in den Mennoniten-Kolonien

Ungeachtet der vielen Beiträge über die medizinische Betreuung, die es in den Gedenkbüchern der Gouvernements Cherson, Taurien und Jekaterinoslaw gibt, muss man sagen, dass es keine vollständigen Angaben gibt über die Krankenhäuser und andere medizinische Einrichtungen, die auf Kosten der Mäzene, Wohltätigkeitsfonds oder Ortseinwohner eröffnet wurden. In diesen Krankenhäusern arbeiteten deutsche Ärzte, Feldscher, Apotheker, über die es keine Informationen in den Jahresberichten der Ärzteverwaltung des entsprechenden Gouvernements gibt. Deswegen beschloss der Autor, die Lücke mit Informationen über die Entwicklung der Medizin in den mennonitischen Kolonien Südrusslands (die in den Gedenkbüchern fehlen) zu füllen.

Die Mennoniten als religiöser gesonderter Stand lebten schon lange nach besonderen Gemeinderegeln, von der großen Außenwelt abgeschirmt. Ihre strenge religiöse Erziehung, ihr separates Siedeln, ihre Verweigerung des Militärdienstes erinnern an die orthodoxen Juden im deutschen Milieu. Die Sachlichkeit, Sorgsamkeit und der Unternehmergeist der Mennoniten bilden die Grundlage ihrer wirtschaftlichen Erfolge. Hoch eingeschätzt wird bei ihnen auch der Hang zum Lernen, zur Bildung. Besser als wer Erfolge erzielten die Mennoniten in der Entwicklung der Medizin in ihren Kolonien. Bereits Ende des XIX. Jahrhunderts wurden auf Kosten der Gemeinden stabile Krankenhäuser errichtet. Die ersten wurden in den 1880–1890er-Jahren in Chortiza und Oberchortiza (Werchnjaja Chortiza) gebaut. In einer Reihe von Bezirksstädten wurden freie Apotheken und Geburtshilfestationen eröffnet.

1889 eröffnete man in der Kolonie Muntau auf Kosten des Wohltätigkeitsfonds Franz Wall ein Krankenhaus (Foto).

Nach seinem Tod 1905 leitete sein Sohn Franz Franz Wall das Krankenhaus, der es 1911 völlig umbaute und den Betten-Bestand auf 60 vergrößerte. 1913 arbeiteten in der Einrichtung drei Ärzte, acht Krankenschwestern, darunter der bekannte Arzt Erich Alexander Tavonius (1872–1927) sowie Doktor der Medizin August Karl Seiler (1861–?) und der Arzt Albert Ferdinand Ketat (1864–?).

Mit den Mitteln, die 1890 von den Einwohnern der Kolonien Neuosterweg (heute:Dolinskoje), Kronstal (heute: Teil von Dolinskoje) und Schöneberg (heute: Smoljanoje) gesammelt wurden, wurde eine Geburtshilfestation eingerichtet, wovon der Beschluss der Kreislandstandesversammlung Jekaterinoslaw zeugt. [115]

Die Mennoniten aus Roshdestwenka, Kreis Alexandrowsk, Gerhard Aron Tews und Abram Gerhard Schroeder, traten 1911 zwei Desjatinen (2,2 ha) eigenen Landes der Landstandesverwaltung für den Bau eines Krankenhauses ab.[116]

In der Kolonie Orloff eröffnete man 1910 ein Krankenhaus, was dank Schenkung aus dem Erbe der Familie Reimer möglich war. (Foto)

---

115 znu.edu.ua/pu/articles/142.pdf
116 Ebenda.

Selbständige Krankenhäuser gab es in den mennonitischen Kolonien Gnadenfeld (Bogdanowka), Waldheim (Lesnoje) und Andreasfeld (Andrejewka).

Doktor der Medizin Büttner hatte eine private Klinik in der Mennoniten-Kolonie Alexanderkrone (Gruschewka).

Anfang Dezember 1909 wurde in der Kolonie Neu-Halbstadt (heute: Molotschansk) aus Spenden von Peter Schmidt aus Steinbach das Altenheim „Morija" eröffnet. Parallel hat man darin Krankenschwestern zur Pflege alter Patienten ausgebildet. (Foto)

Bei der Ausbildung der Krankenschwestern halfen die Ärzte Franz Franz Wall und Erich Alexander Tavonius mit.[117]

In der Mennoniten-Kolonie Sagradowka errichtete man mit Gemeindemitteln zwei Backsteinhäuser: für den Arzt und den Apotheker. 1877 kam der Apotheker August Gauderer in die Kolonie Tiege, wo er 1943 verstarb. In den Jahren 1908–1913 hatte der Mennonit Franz Peters in der Kolonie Tiege ein privates Krankenhaus. Erster Arzt in Sagradowka war Boris Wechsler, der dort von 1877 bis 1896 praktizierte. Sein Nachfolger wurde Doktor der Medizin Hermann Meder. In der Kolonie Steinfeld arbeitete Johanna Wiens als Ärztin.[118]

1909 gründete man in der Kolonie die evangelische Gemeinde der Barmherzigkeit-Schwestern „Morija", in der unter Leitung des Arztes E. A. Tavonius Krankenschwestern ausgebildet wurden. Diese Schwestern spielten eine beachtliche Rolle während des Ersten Weltkrieges.

1911 wurde in der Kolonie Kronsweide (Bezirk Chortiza) die psychiatrische Heilanstalt „Betanja" eröffnet. Das Sanatorium „Alexanderbad", das sich in der Nähe der Kolonie Einlage befand, war der liebste Erholungsort der Deutschen Südrusslands. 1910 war der Inhaber des Sanatoriums ein Unternehmer der Kolonie Chortiza, J. Niebur.[119]

---

117 Aus dem Buch G. Lohrenz: „Damit es nicht vergessen werde"

118 Gerhard Lohrenz: „Sagradowka", Historische Schriftenreihe, Buch 4, Echo-Verlag Kanada, 1947

119 M. V. Romanjuk: „Demografische und soziale Lebensbedingungen der mennonitischen Kolonien in der Südukraine" (erste Hälfte des XIX. Jhdts., 1917) http://web.znu.edu.ua./articles/229.pdf

KAPITEL VI

Nationalität und Tätigkeitsart der Ärzte, die die deutschen Kolonien betreuten

Es ist bekannt, dass in den fünf oben genannten Gouvernements der größte Teil der Deutschen Südrusslands lebte. Will man die erworbenen Angaben über die medizinische Betreuung der deutschen Bevölkerung verallgemeinern, so muss man sagen, dass man die Anwesenheit eines Arztes in einer Kolonie erst von 1890 an nachweisen kann, denn ab diesem Jahr geben die medizinischen Listen auch den Wohnort der Ärzte an. Davon ausgehend fielen von 1890 bis 1916 69 deutsche Kolonien unter die medizinische Versorgung, davon 31 im Wolgagebiet und 38 im Schwarzmeergebiet. In dieser Zeitspanne wurden die Einwohner dieser Kolonien von 242 Ärzten betreut, davon lebten 134 im Wolgagebiet und 108 in Südrussland. Die Ärzte, die in den deutschen Kolonien gearbeitet haben, waren unterschiedlichen Nationalität, doch die Mehrheit machten Juden, Deutschen und Russen[120]* aus. Dabei gab es im Wolgagebiet unter den Ärzten mehr Juden, in Südrussland mehr Deutsche. (Tabelle 4)

---

120 Zu der Gruppe *Russen* habe ich noch einige Polen und Kaukasier hinzugefügt.

TABELLE 4
NATIONALITÄT DER ÄRZTE, DIE IN DEN DEUTSCHEN
KOLONIEN RUSSLANDS PRAKTIZIERTEN

Region	Anzahl der Ärzte	davon		
		Juden	Russen	Deutsche
Wolgagebiet	134	48 (35,8 %)	45 (33,6 %)	41 (30,6 %)
Südrussland	108	33 (30,6 %)	16 (14,8 %)	59 (54,6 %)

Von 242 Ärzten, die in den deutschen Kolonien Russlands praktizierten, gab es nur zwölf Doktoren der Medizin, von denen
zehn Deutsche, ein Russe und ein Jude waren.

Nach Art der Tätigkeit der Ärzte, die in den Kolonien gearbeitet
haben, kann man sie in drei Gruppen teilen: Landstandesärzte,
freischaffende Ärzte und Gemeindeärzte (Gemeinschaftsärzte).
Zu beachten ist, dass im Wolgagebiet 83,6 Prozent Landstandesärzte waren, in Südrussland waren mehr freischaffende Ärzte,
oder sie schlossen Verträge mit den Dorfgemeinden ab, die sie
bezahlten. Dabei war der Anteil der Juden und Russen in der
Landstandesmedizin besonders hoch. (Tabelle 5)

TABELLE 5
EINTEILUNG DER ÄRZTE NACH ART DER BESCHÄFTIGUNG

Art der Beschäftigung	Wolgagebiet	Südrussland
Landstandesärzte	112 (83,6 %)	41 (38,0 %)
Freischaffende Ärzte	13 (9,7 %)	42 (38,9%)
Gemeindeärzte	9 (6,7 %)	25 (23,1 %)

TABELLE 6

ART DER MEDIZINISCHEN BESCHÄFTIGUNG DER ÄRZTE
DEUTSCHER KOLONIEN ENTSPRECHEND IHRER NATIONALITÄT

Nationalität Beschäftigung	Juden	Russen	Deutsche
Landstandesärzte	56 (69,2 %)	51 (83,6 %)	48 (48,0 %)
Freischaffende Ärzte	18 (22,2 %)	7 (11,5 %)	28 (28 %)
Gemeindeärzte	7 (8,6 %)	3 (4,9 %)	24 (24 %)
Insgesamt	81 (100 %)	61 (100 %)	100 (100 %)

Der Anteil der Ärzte nach ihrer Beschäftigung wurde bezogen auf die Gesamtzahl der Ärzte dieser Nationalität berechnet.

Die meisten Juden Südrusslands wurden in den sogenannten „Judischen Krankenhäuser" betreut (Foto).

Die Judischen Krankenhäuser in Odessa und Tyraspol

Von den deutschen Ärzten stammten die meisten aus dem Baltikum und nur wenige waren Kinder der Kolonisten. Die Sache ist die, dass die Ärzteausbildung unter den Kolonisten keine gezielte Unterstützung von Seiten des Staates fand. Man muss auch noch sagen, dass die deutschen Kolonisten während einer langen Periode ihres Aufenthalts in Russland kein besonderes Interesse an höherer Bildung hatten. Ihre Bildung beschränkte sich auf den Abschluss der Kirchengrundschule. Kinder, die höhere Bildung anstrebten, konnten sie nicht verwirklichen, denn in den Kolonien gab es keine Gymnasien und Realschulen in ihrer Muttersprache. Doch der Hauptgrund des Verzichtes der Kolonistenkinder auf ein Studium war ihre materielle Lage, das Fehlen des Geldes fürs Studium und das Leben in entfernten Orten. Außerdem diktierte die bäuerliche Lebensweise der Eltern, dass sie ihre Söhne fern von der höheren Bildung halten und sie auf dem Land, Feld und Stall beschäftigen sollten, obwohl die neuen Agrarmethoden auch neue, bessere Kenntnisse verlangten. Dies beobachtete Professor Schmalz aus der Universität Dorpat 1834 während seiner Reise in das Gouvernement Saratow. Er wandte sich mit einem Brief an das Fürsorgekontor für ausländische Ansiedler, in dem er betonte, dass die Agrarkenntnisse der Kolonisten auf dem Niveau ihrer Urgroßeltern stehen geblieben seien und einen Rückstand von 50–70 Jahren zu den modernen Technologien hatten. Professor Schmalz bot seine Hilfe an, indem er versprach, drei bis zehn Kolonisten für das Studium neuer Agrarmethoden aufzunehmen, wenn das Kontor alle Kosten übernehme. Wie die Frage gelöst wurde, ist unbekannt.[121] Nur wenige Kolonisten schickten ihre Kinder in die Universitätsstädte. Nur die Kinder der vermögenden Deutschen hatten diese Möglichkeit.

Deswegen waren Kolonisten mit Universitätsabschlüssen eine Rarität. Vor 1871 gab es nur vier: der Pastor Dönnhof aus Gololobowka (Dönnhof), der Naturkundler Leonhard aus Lesnoj Karamysch (Grimm), der Mitarbeiter des Kontors für ausländische

---

121 Das Staatliche Archiv des Gebiets Saratow, Blatt (Liste) 397

Siedler Gräf aus Katharinenstadt und der Arzt Jakobi aus Popowka (Kutter).[122] Der Arzt Adam Adam Jakobi absolvierte 1865 die Medizinische Fakultät an der Universität Kasan, in den Jahren 1866 bis 1869 war er Ordinator der Universitätsklinik.

Die Kolonisten hatten erst Ende des XIX. Jahrhunderts den Wert der höheren Bildung zu schätzen gelernt. Diejenigen, die der russischen Sprache mächtig waren, gingen an die Universitäten Moskau, Charkow, Kasan, Sankt Petersburg, Kiew. Diejenigen, die mehr an ihrer Muttersprache hingen, gingen an die Universität der Stadt Dorpat (heute: Tartu, Estland) oder an die Universitäten Deutschlands.

Erst nach Eröffnung der Medizinischen Fakultät an den Universitäten Odessa und Saratow bekamen die Kinder der Kolonisten besseren Zutritt zur höheren Bildung, denn diese Bildungsstätten befanden sich in den Gegenden der kompakten deutschen Siedlungen. So belegen die Angaben der Studiensemester für 1912–1916, dass die Medizinische Fakultät der Universität Saratow 64 Studenten deutscher Herkunft zählte, 31 (48,4 %) davon waren Kinder wolgadeutscher Kolonisten. Einen größeren Hang zum Studium zeigten die Lutheraner.

---

122 Jakob Dietz: „Geschichte der wolgadeutschen Kolonisten", Moskau „Gotika", 1997, S. 406

Biografien deutscher Ärzte, die im Wolgagebiet oder in Südrussland geboren wurden

In diesem Kapitel bringen wir Kurzbiografien der deutschen Ärzte, die im Wolgagebiet und in Südrussland geboren wurden, sowie Angaben über die Medizinstudenten, die in diesen Gegenden das Licht der Welt erblickten. Diese deutschen Ärzte haben nicht wenig zur Entwicklung der Medizin in Russland beigetragen. Aber ihre Namen fehlen in der Geschichte der russischen Medizin. Mein Ziel war, diese Nische zu füllen und für die Leser die vergessenen Namen der russlanddeutschen Ärzte in Stadt und Land zu nennen.

A – Ärzte des Wolgagebiets

Adler, Franz-Karl Franz (1863–1942)

Er wurde am 28.03.1863 im Dorf Tschorny Saton, Kreis Chwalynsk, Gouvernement Saratow, geboren. Lutheraner. Sein Vater Franz Wilhelm Adler (1826–1894) war ein Baltendeutscher, Kapitän des Wolga-Binnenschiffes „Pegas". Seine Mutter war Johanna Charlotte Helwig (1835–1886), sie stammte von den Petersburger Deutschen ab. Nach Abschluss des Gymnasiums in Saratow ging er von 1883 an die Universität Kasan, um Medizin zu studieren. 1889 beendete er sein Studium und wurde Arzt. Seine Laufbahn begann er als Landstandesarzt in der Kolonie Balzer (Golyj Karamysch), Kreis Kamyschin, Gouvernement Saratow. Im Russisch-Japanischen Krieg (1904–1905) war er Arzt des Feldhospitals. Von 1907 bis 1916 war er als Landstandesarzt in der Kolonie Rosenberg (Umet), Kreis Kamyschin, Gouvernement Saratow, tätig. Während des Ersten Weltkrieges diente er als Militärarzt in der Zarenarmee. Sein Wohn- und Arbeitsort zu Sowjetzeiten ist unbekannt. In der Ärzteliste der UdSSR für 1924 fehlt sein Name. Doch nach Angaben seiner Verwandten war er bis 1927 als Bereichsarzt in der Republik der Wolgadeutschen tätig. Im September 1941 wurde er mit Familie nach Georgijewka, Gebiet Semipalatinsk (Kasachstan) deportiert, wo er am 23.04.1942 im Alter von 79 Jahren verstarb. Franz-Karl Adler war mit der Hebamme Luise Johannes Decker (1868–1949) verheiratet, mit der er drei Kinder hatte (eine Tochter und zwei Söhne).[123]

---

123 Die Angaben und Biografien stammen von Swetlana Adler und Dmitrij Weber (Russland, Deutschland).

Ahlbrandt, Amalie Friedrich (1895–1955)

Sie wurde 1895 in der Kolonie Grimm, Kreis Kamyschin, Gouvernement Saratow, geboren. Lutheranerin. 1924 absolvierte sie die Fakultät für Medizin der Universität Saratow. Bis zum Ausbruch des Krieges 1941 war sie als Ärztin in der Tuberkulosefürsorgestelle Balanda, Gouvernement Saratow, tätig. Nach der Deportation arbeitete sie als Infektionsärztin in Nowosibirsk, wo sie auch 1955 verstarb.

Bonwetsch, Emanuel Heinrich (1843 bis nach 1917)

Er wurde am 3.11.1843 in der Kolonie Katharinenfeld, Gouvernement Tiflis, geboren. Lutheraner. Seine Eltern waren der Pastor Heinrich Christoph Bonwetsch (1804–1876) und Christine Beate Friedrich (1802–1888). Beide siedelten 1828 in den Kaukasus: der Vater aus Metzingen, die Mutter aus Winzerhausen (Land Württemberg). 1831 heirateten sie. Die Kindheit ihres Sohnes Emanuel verlief in der Kolonie Norka, Kreis Kamyschin, Gouvernement Saratow, wohin seine Eltern 1845 übersiedelten. Nach Abschluss des Gymnasiums ging Emanuel 1863 zunächst an die Fakultät für Theologie der Universität Dorpat. Doch bald wechselte er an die Medizinische Fakultät derselben Universität, die er 1869 als Doktor der Medizin abschloss. Danach setzte er sein Studium 1869–1870 an der Universität Berlin fort. 1870 kehrte er nach Saratow zurück und wurde freischaffender Arzt. Im Oktober 1872 eröffnete E. Bonwetsch zusammen mit Doktor Bernhard Schmemann (1844–?) in seinem eigenen Haus (an der Ecke der Straßen Wolskaja und Groschewskaja) eine Klinik für Augenkrankheiten und Nervenleiden. Gleichzeitig war er als Arzt in der Stadtrealschule tätig. Während des Russisch-Türkischen Krieges (1877–1878) war er Ordinator des Militärlazaretts des Roten Kreuzes in Saratow. Er war ordentliches Mitglied der Mediziner-Gesellschaft „Gespräche der Saratower Ärzte". Er war Träger des Titels „Staatsrat". In den Jahren 1880–1907 war er nebenberuflich als Arzt des Römisch-Katholischen Priesterseminars in Saratow tätig. Von 1908 bis 1916 ging er den Arztpflichten in der Realschule der Stadt nach und beriet gleichzeitig die Lehrer und Schüler des Instituts der Edelfräulein in Mariinsk.

Er veröffentlichte einige wissenschaftliche Beiträge in den zentralen medizinischen Verlagen und in den „Veröffentlichungen der physikalisch-medizinischen Gesellschaft Saratow". Nachstehend die Beiträge.[124]

1. Rechenschaftsbericht der Augenklinik Saratow vom Tag der Gründung 10.10.1872 bis 31.12.1872
2. Einige Bemerkungen zur Therapie Chorioiditis disseminatae/Monatsschrift der Augenklinik, Zegender, 1875, S. 319
3. Zur Frage der geografischen Verbreitung des Glaukoms/ Deutsche medizinische Monatsschrift, Sankt Petersburg, 1877, Nr. 13
4. Einige Worte über die Operation der Trichiasis nach der Jagen Flareria-Methode./Medizinische Zeitung Dorpat, Band 6, Heft 2, S.170

---

124 Alexander Spack http//Wolgadeutsche.net/lexikon/_Bonwetsch_E.htm

5. Über die Choleraepidemien in Saratow; das Nierensarkom/ Veröffentlichungen der physikalisch-medizinischen Gesellschaft für 1887, S. 35
6. Rettigs Schultisch/Veröffentlichungen und Protokolle der physikalisch-medizinischen Gesellschaft für 1889, Ausgabe VIII, S. 142–150

Die Ursache und das Datum des Todes von Emanuel Heinrich Bonwetsch konnte nicht festgestellt werden.

Buchholz, Egbert Leonhard (1896–?)

Er wurde am 18.02.1896 in Zürich (Schweiz) in der Familie eines Arztes geboren. Lutheraner. Sein Vater, Leon Artur Alexander Karl Buchholz, geboren 1867, arbeitete nach Abschluss seines Medizinstudiums als freischaffender Arzt in Jurjew (Tartu, Estland). 1902 übersiedelte er mit Frau Emma Kraft und Kindern nach Saratow, wo er mit dem Arzt Alexander Grasmück eine Privatklinik eröffnete. Sein Sohn Egbert beendete 1915 das Gymnasium Nr. 2 in Saratow und belegte im gleichen Jahr die Medizinische Fakultät der Universität. Wegen des Bürgerkrieges beendete er 1919 nach dem verkürzten Programm die Universität. Ich vermute, dass er in die Rote Armee einberufen wurde, denn 1923 steht sein Name auf der Liste der Militärärzte des Nordkaukasischen Militärbezirks.[125]

In den 1930er-Jahren war er als Phthisiator und Otolaryngologe in Engels in der Republik der Wolgadeutschen tätig. 1938 wurde er verhaftet und wegen Spionage angeklagt und zu zehn Jahren Arbeitslager verurteilt. Nach seiner Freilassung kam er in die Verbannung ins Gebiet Krasnojarsk.

---

125 Liste der medizinischen Ärzte der UdSSR (bis 01.01.1924). Verlag des Volkskommissariats des Gesundheitswesens der RSFSR. Moskau, 1925, S. 290

Von 1950 bis 1956 war er als Arzt im Rayonkrankenhaus in Jushno-Jenissejsk tätig. Er heiratete eine Verbannte aus Riga und übersiedelte mit ihr nach Lettland.[126]

Christensen, Walter Wilhelm,

wurde 1888 in Samara geboren. Er war Sohn eines Siedlers, evangelisch-lutherischen Glaubens. Er absolvierte das Gymnasium in Rostow am Don und belegte 1906 die Medizinische Fakultät der Universität Charkow. Sein weiteres Schicksal ist unbekannt.

Diesendorf, Heinrich Heinrich (1896–?),

wurde in der Kolonie Katharinenstadt (Marxstadt), Kreis Nikolajewsk, Gouvernement Samara, geboren. Lutheraner. 1922 hatte er die Medizinische Fakultät absolviert. 1923 leitete er die Ambulanz in der Kolonie Reinhard (Ossinowka) in der Republik der Wolgadeutschen. Ende der 1930er-Jahre war er als Kinderarzt in Saratow tätig. Anfang Juli 1938 wurde er verhaftet und zu zehn Jahren Lagerhaft verurteilt. Sein weiteres Schicksal ist unbekannt.

Dsierne, Wilhelm Friedrich (1873–1942)

Der Nachkomme von Baltendeutschen wurde am 27.01.1873 in Katharinenstadt, Kreis Nikolajewsk, Gouvernement Samara, geboren. Lutheraner. Nach Abschluss des Nikolai-Gymnasiums

---

126 A. Sintschenko: „Irgendwann im Norden", Zeitung „Krasnojarskij rabotschij" (Krasnojarsker Arbeiter), 18.11.1989

in Tallinn belegte er 1890 die Medizinische Fakultät der Universität Dorpat, die er 1896 absolvierte. Seine Arbeitslaufbahn begann er als freischaffender Arzt-Otolaryngologe in Moskau. Er interessierte sich für Musik und konnte gut Klavier spielen.

In den Jahren 1923–1925 war er als Assistent an der Medizinischen Hochschule Odessa tätig. In Odessa lernte er die polnische Sängerin Aurelia Cäcilia Joseph Dobrowolskaja (1881–1942) kennen, die er heiratete. 1925 übersiedelte er mit ihr nach Moskau, wo er als Arzt in der Poliklinik des Instituts für Balneologie tätig war. 1936 wurde er wegen Spionageverdachts verhaftet und in die Stadt Kirow (Wjatka) verbannt, wo er in der Eisenbahnklinik arbeiten musste. Doch am 11.06.1941 geriet er erneut unter Repressalien und wurde am 15.06.1942 im Gefängnis der Stadt Kujbyschew (Samara) erschossen. Seine Frau traf dasselbe Schicksal.[127]

Fink, Johann Peter Karl (1893–?)

Er wurde am 11.06.1893 in der Kolonie Zürich, Kreis Nikolajewsk, Gouvernement Samara, geboren. Evangelisch-Lutherisch. 1913 absolvierte er die Realschule in Wolsk, legte ein zusätzliches Examen am Gymnasium Nr.2 in Saratow ab und belegte die Medizinische Fakultät der Universität Saratow, die er 1919 abgeschloss. Laut der medizinischen Liste der UdSSR für 1924 leitete er das Gefängniskrankenhaus in Marxstadt (Katharinenstadt) in der Republik der Wolgadeutschen. Sein weiteres Schicksal ist unbekannt.

---

127 B. W. Sadyrin (Hrsg.): „Wjatskij Schaljapin", Wjatka, 1998, S. 78

Fink, Philipp Heinrich (1885–?)

Er wurde in Nowousensk, Gouvernement Samara, geboren. Lutheraner. 1912 absolvierte er die Medizinische Fakultät der Universität Kasan. 1923 war er als Assistent des Instituts für Bakteriologie an der Universität Kasan tätig. 1942 wurde an die Arbeitsfront in das Lager „Wolgolag" mobilisiert, wo er bis Februar 1945 physische Arbeit im Gebiet Uljanowsk verrichten musste. Sein weiteres Schicksal ist unbekannt.

Fischer, Friedrich David (1915–?)

Er wurde am 16.08.1915 in der Kolonie Katharinenstadt (Marxstadt), Kreis Nikolajewsk, Gouvernement Samara, geboren. Lutheraner. 1935 absolvierte er die Muster-Mittelschule und belegte die Medizinische Fakultät der Universität Saratow. Im September 1941 wurde er exmatrikuliert und ins Gebiet Tomsk deportiert.

In der Verbannung gelang es ihm, im Dezember 1941 das Staatsexamen abzulegen und das Arzt-Diplom zu bekommen. Im Januar 1942 wurde er zur Arbeitsfront mobilisiert. Er war Grubenarbeiter im Gebiet Tula. Während eines Unfalls in der Grube erlitt er eine Verstümmelung, wurde zum Invaliden II. Gruppe und aus der Grube entlassen. Von 1943 bis 1956 war er als Arzt im Gebiet Tomsk tätig. Nach der Freilassung von der Sonderkommandantur übersiedelte er ins Gebiet Stalingrad (Wolgograd), wo er bis 1960 als Arzt tätig war. Danach machte er eine Zusatzqualifizierung als Röntgenologe und übte diesen Beruf in Kasachstan aus. 1993 wanderte er mit Frau und zwei Töchtern nach Deutschland aus.[128]

Gaus, Georg Lewin (1891–?)

Er wurde 1891 in einer der deutschen Kolonien (Niedermonjou, Caneau), Kreis Nowousensk, im Wolgagebiet geboren. Lutheraner. 1921 absolvierte er die Medizinische Fakultät der Universität Saratow. 1923 war er Arzt des Arztreviers Wolsk, Kreis Marxstadt, der Republik der Wolgadeutschen. Im September 1941 wurde er ins Gebiet Krasnojarsk deportiert, wo er 1943 als Arzt im Krankenhaus Karaulsk, Kreis Ust-Jenissejsk, auf der Halbinsel Tajmyr tätig war.[129]

Gerber Emma Johannes (1907–2003)

Sie wurde am 01.01.1907 in der Kolonie Mariental (Tonkoschurowka), Kreis Nowousensk, Gouvernement Samara, geboren. Katholikin. Ihr Vater war Johannes Nikolaus Gerber (1874–?), ihre Mutter Margaretha Ortmann (1877-?).[130] 1939 absolvierte sie die Medizinische Hochschule Saratow und war zwei Jahre als Ärztin des Krankenhauses Mariental tätig, leitete die Ärzte-

---

128 Heimatbuch der Landsmannschaft der Russlanddeutschen, 2001/2002, S. 215
129 „Kerze der Erinnerung. Taimyr in den Jahren der Repressalien. Erinnerungen", zusammengestellt von L. O. und B. T. Petri
130 A. Obholz: „Kolonie Mariental an der Wolga", Herausgeber HFDR 2014, 2. Auflage, S. 255

stelle in der Kolonie Schilling (Sosnowka). 1941 wurde sie nach Ushanicha, Gebiet Nowosibirsk, deportiert, 1943 nach Malinowka im Kreis Ojasch desselben Gebiets, wo sie bis 1944 in der Näherei und Strickerei arbeitete. Im Sommer 1944 wurde sie ins Lager für Kriegsgefangene in Nowosibirsk verwiesen, wo sie 1,5 Jahre als Medizinerin tätig war. 1946 musste sie nach Malinowka zurückkehren und begann im Herbst desselben Jahres im Kreiskrankenhaus Ojasch als Ärztin zu arbeiten. Bald darauf leitete sie die Ärztestelle im Dorf Jeldyschewo, Kreis Ojasch. 1948 machte sie eine viermonatige Zusatzqualifizierung als Lungenfachärztin in Nowosibirsk und arbeitete danach bis zu ihrem Ruhestand im Jahr 1962 in diesem Beruf im Krankenhaus für Tuberkulosekranken, zunächst als Abteilungsleiterin, danach als Chefärztin.

Sie war seit 1955 mit dem Hochschullehrer Peter Hermann, dem Ehemann ihrer 1943 im Arbeitseinsatz umgekommenen Schwester Maria (1904–1943) verheiratet. Emma Gerber starb im Dezember 2003 in Nowosibirsk.

Gemp, Nikolaus,

wurde am 25.11.1884 in Saratow geboren. Lutheraner. Er absolvierte 1904 das Gymnasium Nr. 3 in Sankt-Petersburg und belegte die Medizinische Fakultät der Universität Dorpat, wo er bis 1907 studierte. Sein weiteres Schicksal ist unbekannt.

Gräf, Gustav Gottlieb (1885–?)

Er wurde am 25.02.1885 in der Kolonie Reinhard im Kreis Nowousensk, Gouvernement Samara, geboren. Lutheraner. Die Eltern waren der Schulmeister Gottlieb und Maria Sophie Gräf, geb. Fischer. 1904 absolvierte er das Gymnasium Nr. 2 in Saratow und belegte die Fakultät für Theologie der Universität Dorpat. Bald darauf wechselte er zur Medizinischen Fakultät über, und nach sechsten Semester an die die niversität Kasan, die er 1910 abschloss. Seine Arbeitslaufbahn begann er als Landstandesarzt in der Kolonie Schönchen (Paninskoje), Kreis Nikolajewsk, Gouvernement Samara.[131]

1916 war er Landstandesarzt in Nikolajewsk. Zu Sowjetzeiten leitete er 1923 die Kreisabteilung des Gesundheitswesens in Pugatschow (ehemaliges Nikolajewsk), Gouvernement Samara.

---

131 http://schetzel-gref.ucoz.ru/index/student_medik_gustav_gref/0-177

Grasmück, Alexander Ludwig (1869–1930)

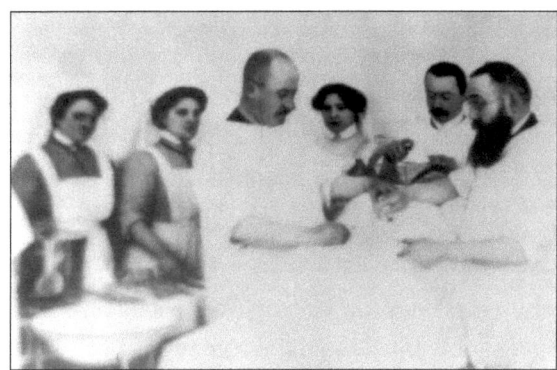

Er wurde am 19.08.1869 in der Kolonie Lauwe (Jablonowka), Kreis Nowousensk, Gouvernement Samara, geboren. Lutheraner. Seine Eltern waren der Lehrer Ludwig Johann (1831–1905) und Elisabeth Grasmück, geborene Bitter. Nach Abschluss des Gymnasiums in Saratow ging er an die Medizinische Fakultät der Universität Dorpat, die er 1894 absolvierte. Seine erste Arbeitsstelle war die Kolonie Krasnojar (Krasnyj Jar), Kreis Nowousensk, Gouvernement Samara. Hier war er Landstandesarzt. 1899 wurde er in die Zarenarmee einberufen, wo er als Assistenzarzt im Gouvernement Podolsk diente.[132]

Nach dem Armeedienst kehrte er nach Saratow zurück, wo er während des Jahres 1901 freischaffender Arzt war. 1902 eröffnete er in seinem Haus zusammen mit dem Arzt Buchholz, Leon Artur Alexander Karl, eine Privatklinik, die 1918 von den Bolschewiken verstaatlicht wurde. Zu Sowjetzeiten war er 1923 Arzt im Kreiskrankenhaus der Kolonie Seelmann (Rownoje) der Republik der Wolgadeutschen. Er verstarb 1930 in Saratow. Alexander Grasmück war mit Ernestine Justus, Absolventin des Mariinsker Gymnasiums (Dorpat), verheiratet. Das Ehepaar hatte sechs Kinder, von denen ein Sohn, Theodor, in die Fußstapfen des Vaters trat und Arzt wurde.

---

132 Die medizinische Liste Russlands für 1899, S. 83

Grasmück, Johannes Ludwig (1871–?)

Er wurde am 11.09.1871 in der Kolonie Lauwe (Jablonowka), Kreis Nowousensk, Gouvernement Samara, geboren. Lutheraner. Er war der jüngste Bruder von Alexander. 1890 absolvierte er das Gymnasium in Saratow und ging an die Medizinische Fakultät Dorpat, die er mit einem Arzt-Diplom abschloss. Nach dem Studium arbeitete er als Landstandesarzt in der Kolonie Alexanderhöh, Kreis Nowousensk, Gouvernement Samara. 1900 übersiedelte er nach Simferopol, wo er als freischaffender Arzt tätig war und gleichzeitig in der Privatklinik Erik Ludwig Mühlental (1870–?) arbeitete. Während des Russisch-Japanischen Krieges 1904–1905 war er im Fernen Osten. Er wurde als Sprecher in die Stadtduma Simferopol gewählt. Als die Bolschewiken auf die Krim kamen (1918), wanderte er nach Deutschland aus, wo er weiter als Arzt tätig war. Hier wurde er Doktor der Medizin, 1927 hatte er eine Arztpraxis in der Stadt Dessau (Land Sachsen-Anhalt).[133]

Grasmück, Theodor Karl Lorenz Alexander (1896–1972)

---

133 Forum.genealgy.net/index.php?page=thread&threadlD=40960

Er wurde am 25.08./7.09.1896 in der Kolonie Krasnojar, Kreis Nowousensk, Gouvernement Samara, geboren. Lutheraner. Sohn des Landstandesarztes Alexander Ludwig und Ernestine Grasmück, geborene Justus. Nach Abschluss des Gymnasiums Nr. 2 in Saratow ging er 1914 an die Medizinische Fakultät der Universität Saratow. Nach dem vierten Studienjahr wurde er von den Bolschewiken in die Rote Armee einberufen, wo er von 1919 bis 1923 als Ordinator des Feldhospitals in Turkestan diente. Danach war er als Chirurg im Stadtkrankenhaus in Marxstadt (heute: Marx) der Republik der Wolgadeutschen tätig. Neben dem praktischen Heilen beschäftigte er sich mit wissenschaftlichen Problemen der Medizin. 1935 ging er mit wissenschaftlicher Aufgabe an das Institut für experimentelle Medizin Leningrad (Sankt Petersburg), wo er an seinem Thema arbeitete. Aus seiner Feder flossen 24 wissenschaftliche Beiträge, deren Volumina und Analysen es ihm 1936 erlaubten, den Titel Kandidat der Medizinischen Wissenschaften zu tragen. 1940 hatte er seine Doktorarbeit vorbereitet, doch wegen einer Verleumdung geriet er vor Gericht. Nach seiner Freisprechung vernichtete er seine wissenschaftliche Arbeit. Anfang des Zweiten Weltkrieges kam er zunächst als Arzt in die Rote Armee, wurde aber bald als Deutscher aus der Armee entlassen und ins Dorf Andrejewka, Altairegion, deportiert. In der Verbannung arbeitete er eine Zeit lang als Chirurg im Kreiskrankenhaus. In den Jahren 1942–1944 befand er sich im Arbeitslager NKWD (Volkskommissariat für Innere Angelegenheiten) in Priwolshje (Astrachan), wo er den Pflichten eines Arztes und Chirurgen nachging. Im Oktober 1944 versetzte man ihn in das Arbeitslager Nishnij Tagil, wo er als Arzt tätig war. Nach der Befreiung aus dem Lager 1946 bekam er Arbeit im Gesundheitswesen der Stadt Nishnij Tagil.[134] Sehr bald genoss er bei allen Vertrauen und wurde ein bekannter praktizierender Chirurg.

Bis zu seinem Lebensende interessierte er sich für die Wissenshaft und veröffentlichte weiter wissenschaftliche Beiträge in den Fachzeitschriften für Chirurgie.

---

134 D. Wender: Enzyklopädie „Deutsche Russlands", Band I., S. 620–621

Theodor Karl Lorenz Grasmück war mit Marie Diesendorf aus Katharinenstadt (Marx) verheiratet. Ihre Kinder (Gerhard Grasmück) und Enkel führen die Familientradition fort und wurden Ärzte. Er verstarb 1972 in Nishnij Tagil.

Haller, Peter Karl (1858–1920)

Er wurde am 15.08.1858 in der Kolonie Schilling (Sosnowka), Gouvernement Saratow, geboren. Lutheraner. 1886 absolvierte er die Medizinische Fakultät der Universität Dorpat. Doktor der Medizin. 1887 war er als Gemeindearzt in der Kolonie Warenburg (Priwaljnoje), Kreis Kamyschin, Gouvernement Saratow, tätig. 1891 übersiedelte er nach Saratow, wo er als Arzt im Alexandrow-Krankenhaus arbeitete und gleichzeitig die Abteilung für Infektionskrankheiten leitete sowie eine Praxis hatte. Von 1895 bis 1898 vervollkommnete er seine Kenntnisse und praktischen Fertigkeiten in den medizinischen Einrichtungen Berlins, Wiens, Paris und anderen Städten. Nach seiner Rückkehr eröffnete er eine Pasteur-Station (Prophylaxe-Station) in Saratow. Von 1897 bis 1904 war er Vorsitzender der physikalisch-medizinischen Gesellschaft. Außerdem beriet er Ärzte in privaten und Landstandeskrankenhäusern. Nach der Gründung der Universität Saratow unterrichtete er dort und 1912 wählte man ihn zum Privatdozenten des Lehrstuhls für Privatpathologie und Therapie. 1918 wurde ihm der Titel Professor verliehen. Er veröffentlichte 92 wissenschaftliche Beiträge zu verschiedenen Fragen der Medizin. Er ist auch Autor der Memoiren über die Lebensweise der deutschen Kolonisten in Russland. Er verstarb 1920 an Typhus, den er sich bei seinen Kranken holte.

Hergenröder, Friedrich Alexander (1898–1977)

Er wurde am 05.11.1898 in der Kolonie Balzer (Golyj Karamysch), Kreis Kamyschin, Gouvernement Saratow, geboren. Reformierter. Sein Vater, Alexander Philipp Hergenröder, war Absolvent der Universität Kasan im Jahr 1872. In den Listen der Studenten kann man zweimal auf seinen Namen treffen, 1865 und 1871, wir entnahmen sie dem Internet.[135] Doch in den Gedenkbüchern des Gouvernements Saratow ist er in mehreren Büchern nicht zu finden.

Sein Sohn Friedrich belegte nach dem Abitur 1916 die Medizinische Fakultät der Universität Saratow und absolvierte sie 1921 als Arzt. In demselben Jahr begann er in der Kolonie Balzer zu arbeiten, wo er 1923 Leiter der Abteilung für Infektionskrankheiten war.[136]

Danach wechselte er in die Abteilung für Chirurgie. Um Erfahrungen als Chirurg zu sammeln, machte er 1924 eine Zusatzqualifizierung als Röntgenologe und in den 1930er-Jahren als Chirurg und Onkologe in den Kliniken Moskaus und Leningrads. 1933 wurde er Leiter der Abteilung für Chirurgie des Stadtkrankenhauses Nr. 2 in Engels. Nach der Verhaftung des Chefarztes August Siebenhaar besetzte er diese Stelle. 1941 wurde er nach Abakan, Region Krasnojarsk, deportiert, wo er bis 1961 die Abteilung für Chirurgie im Stadtkrankenhaus leitete.

Mit der Eröffnung des Gebietskrankenhauses Chakassien (Abakan) leitete er bis zu seinem Tod dort die Abteilung für Chirurgie. Der große Fachmann war Verdienter Arzt der Republik der Wolgadeutschen (1936), Verdienter Arzt der Russischen Föderation (1958). Er war Inhaber des Leninordens und der

---

135 Pdf. Kasan: „Lehrer, die an der Kaiserlichen Universität Kasan studiert und gedient haben (1804–1904)“, Teil I. Ausgabe 2 (1865–1884). Kasan 1904, S. 601 „Studenten“ und S. 716 „D-Studenten“

136 Liste der medizinischen Ärzte der UdSSR (1.01.1924), Verlag des Volkskommissariats des Gesundheitswesens der RSFSR. Moskau, 1925. S. 330

Medaille „Für heldenhafte Arbeit während des Großen Vaterländischen Krieges" und vieler Belobigungsurkunden. Er starb am 24.03.1977 in Abakan.[137]

Er hatte eine Tochter, Elsa Friedrich Hergenröder (1927–2013?)

Sie hat als Sondersiedlerin 1950 die Medizinische Hochschule Krasnojarsk absolviert und war ihr Leben lang als Chirurgin-Onkologin in Abakan tätig.[138]

Hunger, Adolf Jakob (1895–1960)

Er wurde am 22.10.1895 in der Kolonie Mariental (Tonkoschurowka), Kreis Nowousensk, Gouvernement Samara, geboren. Katholik. Sein Vater, Jakob Johannes Hunger, (1874–?), war Verwalter der Mühle im Heimatdorf, seine Mutter hieß Barbara Hermann (1876–?). Nach Abschluss des Nikolai-Gymnasiums belegte er 1914 die Medizinische Fakultät der Universität Saratow. Wegen der Revolutionsereignisse und des Bürgerkrie-

---

137 N. I. Assotschakowa: „Enzyklopädie der Republik Chakassien in zwei Bänden", 2007, Band I., S. 139 „Hergenröder"

138 G.–Iwanowa: „Mit großer Berufung", Zeitung Chakassia vom 16.07.2014

ges musste er sein Studium unterbrechen. 1923 gelang es ihm, nach Deutschland zu fliehen, wo er einige Zeit im Flüchtlingslager in Frankfurt an der Oder war. In den Jahren 1923–1925 studierte er an der Medizinischen Fakultät in Tübingen. Er war Mitglied des Vereins studierender Kolonistensöhne aus Russland „Teutonia". Mitte Juni 1930 durfte er den Arztberuf ausüben. In den Jahren 1943–1957 war er Therapeut im Krankenhaus der Stadt Reutlingen (Baden-Württemberg), wo er am 01.08.1960 verstarb.[139, 140]

Adolf Hunger war verheiratet mit Klara Gerber (1901–?) aus Mariental und hatte zwei Kinder.

Jost, Woldemar Johann (1886–?)

Er wurde am 05.04.1886 in der Kolonie Eckheim, Kreis Nowousensk, Gouvernement Samara, geboren. Lutheraner. Nach Abschluss des Gymnasiums Nr. 1 in Saratow belegte er 1914 die Medizinische Fakultät der Universität Saratow, erwarb 1919 das

139 Universitätsarchiv Tübingen, Nr. 523AZ 574/69
140 Privatarchiv von Heinrich Hunger (Tübingen)

Ärzte-Diplom und wurde in die Arbeiter-und-Bauern-Rote Armee einberufen, in der er bis 1921 als Arzt des Jaroslawer Regiments der 4. Armee diente. Nach dem Armeedienst war er 1924 als Ordinator, danach als Assistenzarzt in der Chirurgie-Klinik der Universität Saratow tätig.

In den Jahren 1927–1930 war er Dozent der Universität. 1931 übersiedelte er nach Nishnij Nowgord, wo er bis 1938 den Lehrstuhl für Allgemeine und Hospital-Chirurgie der Medizinischen Hochschule leitete. Von 1935 an war er Doktor der Medizin, Professor. Waldemar Jost war ein ausgezeichneter Organisator der wissenschaftlichen und praktischen Chirurgie. Als Leiter der Klinik für Chirurgie richtete er den 24-Stunden-Dienst der Chirurgen ein und gründete die erste Abteilung für Traumatologie in der Stadt. Das Verdienst des Professoren waren auch das 1931 im Gebietskrankenhaus eröffnete Zentrum für Bluttransfusion und die 1939 eröffnete Abteilung für Krebskranke. Viele bekannte Chirurgen Russlands sind bei ihm in die Schule gegangen. Der bekannteste unter ihnen war der Akademiker N. N. Blochin (1912–1993), der in den Jahren 1934 bis 1937 sein Aspirant war.[141]

Die Ursache und das Datum seines Todes sind unbekannt.

---

141 E.–A. Tschishowa, S. N. Swetosarskij: „Medizinisches Almanach 2013, Nr. 2, S.45–47. Medizinische Akademie Nishnij Nowgorod

Keller, Alexander Andreas (1902–?)

Er wurde in der Stadt Kamyschin, Gouvernement Saratow, geboren. Lutheraner. Er hatte medizinische Hochschulbildung. 1930 war er Leiter der Abteilung für Infektionskrankheiten im Stadtkrankenhaus Kamyschin. Im Juni 1938 geriet er unter Repressalien, doch am 9.04.1939 wurde er freigesprochen. Sein weiteres Schicksal ist nicht bekannt.

Keller, Heinrich Heinrich (1884–?)

Er wurde am 12.04.1884 in einer der Kolonien des Kreises Nikolajewsk, Gouvernement Samara, geboren. Lutheraner. Er absolvierte das Alexander-Gymnasium in Tallinn und belegte 1902 die Fakultät für Theologie an der Universität Dorpat. Nach einem Semester wechselte er zur Medizinischen Fakultät über, danach studierte er von 1905 bis 1907 an der Medizinischen Fakultät der Universität Berlin. 1908 machte er an der Universität Dorpat sein Doktorexamen. Bis 1916 war er als Ordinator im Krankenhaus der Arbeitsbörse in Petersburg tätig. Sein weiteres Schicksal ist nicht bekannt.

Klassen, Rudolf Abraham,

wurde am 02.02.1893 in der Kolonie Liebental, Kreis Nowousensk, Gouvernement Samara, geboren. Mennonit. 1912 absolvierte er das Gymnasium Nr. 2 in Saratow und belegte die medizinische Fakultät der Universität Saratow, die er 1916 wegen des Krieges nach dem Schnellprogramm beendete. 1923 war er als Bakteriologe im Krankenhaus der Eisenbahngesellschaft Moskau-Kursk in Moskau tätig.

Klein, Adolf Adolf (1895–1973)[142]

Er wurde am10.01.1895 in der Kolonie Mariental (Tonkoschu-rowka), Kreis Nowousensk, Gouvernement Samara, geboren. Katholik. Sohn des Kaufmanns Adolf Bernhard Klein (1867–1941) und Marianne Simon Hermann (1867–1932). Bis zu seinem 10. Lebensjahr besuchte er die Volksschule im Heimatort. Danach lernte er bis 1916 in der achtjährigen Kaufmannsschule (Handelsschule) in Saratow, in der auf Russisch unterrichtet wurde. In demselben Jahr legte er das Examen für den vollen Gymnasialkurs im Gymnasium Nr. 2 ab und belegte die Medizinische Fakultät der Universität Saratow, wo er bis zur Revolution studierte. Während der Revolutionsereignisse machte er sein Praktikum im Krankenhaus Mariental. Nachdem die Bolschewiken sein Elternhaus und das väterliche Geschäft verstaatlicht hatten, versuchte die Familie Klein 1920 nach Deutschland zu emigrieren, doch erfolglos. Unter ständiger Verfolgung der Bolschewiken wechselte sie den Wohnort, bis sie sich im Hungerjahr 1921

---

142 Alle Angaben, die die Biografie A. Kleins betreffen, bekam der Autor
     von seinem Sohn, Doktor der Medizin Theodor Klein sowie aus dem
     Bundesarchiv, Berlin.

in Katharinenstadt (heute: Marx) und danach in Saratow niederließ. 1922 gelang es der Familie endlich über Minsk aus dem Land zu fliehen und am 07.07.1922 ins Flüchtlingslager Frankfurt an der Oder zu kommen. Der größte Teil der Familie zog aber weiter nach Argentinien. Der Sohn Adolf blieb in Deutschland und setzte sein Medizinstudium zunächst an der Universität Berlin und dann an der Universität Tübingen fort. Verbunden mit dem Wechsel war die Tatsache, dass es in Tübingen den „Teutonia" (Verein deutscher studierender Kolonistensöhne) gab, dessen Mitglied er war.[143] 1927 absolvierte Adolf Klein die Universität Tübingen und am 02.11.1928 machte er sein Doktorexamen. 1932 eröffnete er seine erste Praxis in dem Ort Grundbach, in der Nähe von Stuttgart. 1936 siedelte Doktor Klein nach Ditzingen um und eröffnete dort eine neue Praxis, die 1968 sein Sohn Theodor übernahm.

Gleichzeitig leitete er die örtliche Stelle des Wohlfahrtsverbandes „Deutsches Rotes Kreuz" und machte sie zu einer angesehenen mobilen Organisation, die der Bevölkerung Erste Hilfe bei Bränden, Bombenangriffen, Überschwemmungen, Straßenunfällen und Sportwettbewerben leistete. Zu seinen Zeiten eröffnete die Stelle des Roten Kreuzes in Ditzingen eine Kreis-Blutspendenzentrale und führte Maßnahmen durch, um Blutspender zu gewinnen. Für seine Verdienste wurde Doktor Klein mit einer Ehrenmedaille des Deutschen Roten Kreuzes gewürdigt. Adolf Klein verstarb im November 1973 und wurde in Stuttgart begraben. Er war mit Charlotte Flister verheiratet. Das Paar hatte zwei Söhne: Eberhard, geboren 1934, und Theodor, geboren 1937. Beide Söhne sind in die Fußstapfen des Vaters getreten und wurden Ärzte.

---

143 Harald Seewann: „Teutonia/Tübingen – eine Verbindung deutscher studierender Kolonistensöhne aus Russland (1908–1933). Einst und jetzt", Jahrbuch des Vereins für corpsstudentische Geschichtsforschung ZDB, Erscheinungsort Würzburg. 1989, S. 197–206

König, Johann-Gottlieb Johann (1891–1921)

Er wurde am 09.10.1891 in der Kolonie Katharinenstadt (Marx), Kreis Nikolajewsk, Gouvernement Samara, geboren. Lutheraner. Sein Vater war Johann Gottlieb David König (1859–1920), seine Mutter Dorothea Emilia Fischer (1866–1915). Nach Abschluss des Gymnasiums Nr. 2 in Saratow belegte er 1913 die Medizinische Fakultät der Universität Saratow. Das erste Studienjahr musste er aus unbekannten Gründen wiederholen. Nach zehn Semestern erhielt er ein Abschlusszeugnis. Nach der Revolution war er Chirurg in der Roten Armee. 1921 starb er an Blutvergiftung infolge einer Verwundung (Version: Typhus) in Marx. Er war mit Nadeshda Michailowna Mayorowa (?–1979) verheiratet und hatte einen Sohn, der nach dem Tod des Vaters geboren wurde.

Seine älteste Schwester,

Silvia Johann König (1888–1959),

verheiratete Bagrowa, war in Saratow als Ärztin tätig, wo sie 1959 verstarb.[144]

Krause, Nikolaus Hieronimus (1887–1950)

---

144 Angaben über die Ärzte König stammen von Frau Viktoria König (Berlin).

Er wurde am 03.07.1887 in Taschkent geboren. Orthodox. Sein Vater war ein Moskauer Pharmazeut (1845–1909), er beteiligte sich 1868 an einer wissenschaftlichen Expedition, die die Heilpflanzen Mittelasiens erforschte. Nach der Expedition blieb er in Taschkent und heiratete die Tochter von Kosaken Chalin aus Orenburger. Nach Abschluss des Gymnasiums in Taschkent ging Nikolaus 1905 an die Fakultät für Physik und Mathematik der Universität Sankt Petersburg. 1909 aber wechselte er zur Medizinischen Fakultät der Kaiserlichen Nikolai-Universität Saratow, die er 1914 absolvierte. Der junge Arzt wurde sofort in die Zarenarmee einberufen. Er kam an die Front und ging bis Kriegsende den Pflichten des Ordinators im Feldhospital nach. 1923 war Krause als Arzt-Chirurg an der Eisenbahnlinie Rjasan-Uralsk tätig. Gleichzeitig war er Assistenzarzt in der Universitätsklinik für Chirurgie, die von Professor S I. Spassokukozki geleitet wurde.[145] Er begann als Ordinator, bestand 1926 sein Doktorexamen und erhielt den Titel Dozent. Im selben Jahr wurde er Leiter des Lehrstuhls für Hospital-Chirurgie, weil Professor Spassokukozki nach Moskau ging. Für seine erfolgreiche Forschung auf dem Gebiet der Militär-Feld-Chirurgie (Heilen von Wunden, Nach-Operations-Wunden, Sterilisation des Nähmaterials unter Feldbedingungen) wurde ihm der Titel „Professor" verliehen und eine Geldprämie von 1000 Rubel zugesprochen. Unter seiner Leitung wurde eine Methode der schnellen Katgut(Catgut)-Sterilisation erarbeitet und ein neues Antiseptikum – Chlorocid – eingeführt. Außerdem erfand er eine ganze Reihe Vorrichtungen, um im Feld Operationen machen zu können. All diese Neuerungen fanden während des Zweiten Weltkrieges in allen Lazaretten breite Anwendung.

Als hoch qualifizierter Chirurg und talentvoller Erforscher der Militäraspekte in der Chirurgie blieb Krause vor den Stalin-Repressalien verschont. Er erzog eine ganze Reihe Schüler und

---

145 Liste der medizinischen Ärzte der UdSSR (1.01.1924), Verlag des Volkskommissariats für Gesundheitswesen der RSFSR, Moskau, 1925, S. 466

genoss Ansehen als Lektor und Pädagoge. Für seine Verdienste erhielt er einige Staatsauszeichnungen. Nikolaus Krause war mit Herta Friedrich Eckert (1893–1978) verheiratet, die ihm drei Kinder gebar: eine Tochter und zwei Söhne. Er verstarb 1950 und wurde in Saratow beigesetzt.

Liebich, Viktor Jakob,

wurde am 29.05.1884 in der Stadt Wolsk, Gouvernement Samara, geboren. Der Apothekersohn war evangelischer Lutheraner. 1908 absolvierte er das Gymnasium Nr. 3 in Kasan und belegte in derselben Stadt die Medizinische Fakultät der Universität. Als 1909 in Saratow die Universität gegründet wurde, wechselte er dorthin. 1914 wurde er Arzt. 1923 war er als Arzt in Pugatschowsk (ehemaliges Nikolajewsk), Gouvernement Samara, tätig.

Mai, Viktor Gottfried (1897–1960),

wurde in der Kolonie Katharinenstadt (Marx), Kreis Nikolajewsk, Gouvernements Samara, geboren. Lutheraner. Er war Sohn des Dorfschreibers Gottfried Jakob Mai. 1908 beendete er die Grundschule, 1916 das Gymnasium in Saratow. Im selben Jahr belegte er die Medizinische Fakultät der Universität Saratow, die er 1921 absolvierte. Bis 1933 war er als Arzt in Saratow tätig, von hier wurde er als Chefarzt ins Krankenhaus der Kolonie Mariental (Tonkoschurowka) der Republik der Wolgadeutschen versetzt. Während dieser Arbeit machte er zweimal Weiterbildungen: 1939 in Therapie im Institut für Ärzteweiterbildung Kasan und im Februar–März 1941 im Bereich der Chirurgie und angrenzenden Fächern in Moskau. Im Dezember 1941 wurde er nach Rodino, Altairegion, deportiert, wo er einen Monat als Therapeut tätig war. Von Januar 1942 bis 1945 war er im Arbeitslager NKWD

(Volkskommissariat für Innere Angelegenheiten) in Iwdel, Gebiet Swerdlowsk, und ging den Pflichten des Lagerarztes nach.
Wegen Verleumdung wurde er im April 1945 verhaftet und zu
acht Jahren Besserungs-Arbeitslagerhaft verurteilt. 1953 wurde
er ins Dorf Kolgonak (heute gibt es das Dorf nicht mehr), Kreis
Wasjugan, Gebiet Tomsk, verbannt. Er starb am 19.08.1960 mit
63 Jahren. Laut der Angaben des Verhörprotokolls vom 03.07.1945
hatte er keine Familie.[146]

Marker, Konstantin Georg (1893–1920)

Er wurde am 27. Februar 1893 in einer lutherischen Familie in
Saratow geboren. Seine Eltern waren Siedler-Grundbesitzer aus
der Kolonie Hussenbach, Kreis Kamyschin. 1913 absolvierte er
das Zweite Gymnasium in seiner Heimatstadt und belegte im
August desselben Jahres die Fakultät für Medizin der Universität
Saratow. Wegen des Ersten Weltkrieges beendete er sein Studium
nach einem Schnellprogramm und wurde eingezogen. Er kam an
die Kaukasische Front. Anfang August 1917 befand er sich in der
Siedlung Belyj Kljutsch, Gouvernement Tiflis, wo er den Pflichten

---

146 Es wurden die Kopien der Verhörprotokolle verwendet, die Dr. Viktor
    Krieger liebenswürdigerweise zur Verfügung gestellt hat.

des Oberarztes des 263. Infanterieregiments Turnib nachging. 1920 ist er gefallen. Konstantin Marker war mit Helene Salomon Frank, geboren 1890 in Saratow, verheiratet, mit der er einen Sohn Artur (1916–1981) hatte. Die Mutter kam mit dem Sohn nach Romanowka, Gebiet Nowosibirsk, wo sie 1976 verstarb.

Martel, Peter Wilhelm (1893–1930?)

Er wurde am 22.09.1893 in Pokrowsk (Engels), Gouvernement Samara, geboren. Katholik. Nach Abschluss des Privatgymnasiums Pokrowsk belegte er 1914 die Medizinische Fakultät der Universität Saratow und erhielt 1919 das Ärztediplom.[147] Er wurde in die Rote Armee einberufen und war bis 1923 Militärarzt im Sibirischen Militärkreis.

Danach arbeitete er als Bereichsarzt in Neu-Kolonie (Kustarewo-Krasnorynowka) im Kanton Seelmann der Republik der Wolgadeutschen. Er war gut mit dem Geistlichen der örtlichen Kirche, Joseph Paul (1889–1937), befreundet. 1930 wurde er nach einer „Gruppentat der konterrevolutionären Organisation der römisch-katholischen Priesterschaft im Wolgagebiet"[148] verhaftet. Nähere Angaben über sein weiteres Schicksal gibt es nicht.

Meckel, Wilhelm Konrad (1915–?)

Er wurde 1915 in der Kolonie Stahl am Tarlyk (Stepnoje), Kreis Nowousensk, Gouvernement Samara, geboren. Lutheraner. Er hatte eine medizinische Hochschulbildung und arbeitete als Arzt

---

147 Liste der Studenten und Hörer der Kaiserlichen Nikolai-Universität Saratow im Studienjahr 1915–1916. Medizinische Fakultät, Saratow, 1916
148 Catholic.ru – Katholisches Russland

in der Kolonie Gnadenflur der Republik der Wolgadeutschen. Im September 1941 wurde er in die Kolchose „Peredowik", Rayon Satobolsk, Gebiet Kustanai (Kasachstan), deportiert. Einige Monate lebte er im Dorf Polownikowka in der Nähe von Kustanai. Ende März 1942 wurde er verhaftet und im Dezember desselben Jahres zu zehn Jahren Besserungs-Arbeitslagerhaft verurteilt. Sein weiteres Schicksal ist unbekannt.

Meisänger, Heinrich Heinrich,

wurde am 17.07.1890 in Saratow als Sohn eines Siedlers geboren. Evangelisch-Lutherisch.1909 beendete er das Gymnasium Nr. 2 und belegte die Medizinische Fakultät der Universität Saratow, die er 1914 absolvierte. 1923 diente er als Militärarzt im Militärkreis Nordkaukasus.

Michaelis, Friedrich Karl (1893–?),

wurde am 18.01.1893 in der Kolonie Katharinenstadt (heute: Marx), Kreis Nikolajewsk, Gouvernement Samara, geboren. Evangelisch. Seine Eltern waren der Buchhalter Karl und die Hausfrau Helene Michaelis. 1916 beendete er das Gymnasium und belegte die Medizinische Fakultät der Universität Saratow. Nach dem Abschluss des Studiums wanderte er nach Deutschland aus, wo er sich dem Verein der deutschen studierenden Kolonistensöhne aus Russland „Teutonia" an der Universität Tübingen angeschloss. 1957 war er als Orthopäde in Schwäbisch Hall (Baden-Württemberg) tätig.[149]

---

149 Ebenda, 5/46, 144–114: NR:imm. 25.10.1923=WS 1923/24

Miller, Alexander Alexander,

wurde am 22.08.1891 in der Kolonie Katharinenstadt, Kreis Nikolajewsk, Gouvernement Samara, als Sohn eines Siedlers geboren. Evangelisch-lutherisch. 1910 beendete er die Realschule in Saratow und belegte nach zusätzlicher Prüfung in Latein die Medizinische Fakultät der Universität Saratow. 1916 wurde ihm das Arzt-Diplom eingehändigt. 1923 war er stellvertretender Direktor des Bakteriologischen Instituts Woronesh.

Miller, Friedrich,

wurde am 12.12.1875 in einer der Kolonien im Kreis Nowousensk, Gouvernement Samara, als Sohn eines Kolonisten geboren. Lutheraner. Nach Abschluss des Gymnasiums in Saratow belegte er 1899 die Medizinische Fakultät der Universität Dorpat, an der er bis 1903 studierte . Sein weiteres Schicksal ist unbekannt.

Müller, Oskar,

wurde am 22.04.1884 in einer der Kolonien des Kreises Nikolajewsk, Gouvernement Samara, als Sohn eines Kolonisten geboren. Lutheraner. Er beendete das Gymnasium in Pärnu (Estland) und belegte 1904 die Medizinische Fakultät der Universität Dorpat, wo er bis 1906 studierte. Sein weiteres Schicksal ist unbekannt.

Münch, Alexius Peter (1866–1939)

Der Vertreter einer Familienärztedynastie wurde 1866 im Dorf Koleno, Kreis Atkarsk, Gouvernement Saratow, geboren. Lutheraner.

Sein Vorfahr wurde 1789 von Zarin Katharina II. nach Russland eingeladen und für das Amt als Ärzteinspektor im Gouvernement Orjol bestimmt. Sein Urenkel Alexius erwarb 1894 die medizinische Hochschulbildung und begann als freischaffender Arzt im Heimatdorf Koleno zu arbeiten. Von 1897 bis 1902 war er als Landstandesarzt in Atkarsk tätig, nach einem Jahr begann er in demselben Fach in Saratow zu arbeiten. 1907 wurde er als Oberarzt des Stadtkrankenhauses Saratow bestimmt, diese Stelle bekleidete er bis 1937. Alexius Münch war mit Vera Alexandrowna Österreicher verheiratet, hatte mit ihr sieben Kinder (sechs Söhne und eine Tochter). Einer der Söhne wählte den Arztberuf, wurde zu Sowjetzeiten Akademiemitglied der medizinischen Wissenschaften. Alexius Peter Münch verstarb am 12.02.1939 und wurde in Saratow begraben.

Münch, Alexius Alexius (1904–1984)

Er wurde am 05.08.1904 in Saratow in der Familie des Arztes Alexius Münch und seiner Ehefrau Vera geboren. Lutheraner. Nach Abschluss des Gymnasiums Nr. 2 belegte er 1922 die Medizinische Fakultät der Universität Saratow, die er 1927 absolvierte. Als Student zeigte er großes Interesse für den prophylaktischen Aspekt der Medizin und nach seinem Studium bot man ihm einen Platz in der Aspirantur für allgemeine Hygiene an. Gleichzeitig leitete er eine Gruppe, die sich mit der empirischen Forschung „Desinfektion mit Zyan-Wasserstoff" beschäftigte. Nachdem er sein Doktorexamen bestanden hatte, wurde ihm der Titel Dozent zugesprochen und er leitete von 1930 bis 1932 den Lehrstuhl für Hygiene der Universität Saratow. In der Zeitspanne 1933 bis 1945 ist nichts über seine Tätigkeit bekannt. Höchstwahrscheinlich setzte er seine Forschungen mit giftigen chemischen Verbindungen fort. Der Name Münch und seine Forschungen wurden im Interesse der Militärbehörde geheim gehalten.

1946 wurde er zum Leiter des Lehrstuhls für Hygiene des Moskauer Medizinischen Semaschko-Instituts für Stomatologie gewählt, wo er bis zu seinem Tod verblieb. Die Nachkriegszeit war die Sternstunde seiner Tätigkeit. Die Titel kamen zu ihm wie aus einem Füllhorn: Professor, Doktor der medizinischen Wissenschaften, Verdienter Wissenschaftler der RSFSR, Mitglied der Akademie der Wissenschaften der UdSSR. Für welche Verdienste ist unbekannt, man kann es sich nur denken. Er ist Autor von 230 wissenschaftlichen Arbeiten, von denen nur die Lehrbeiträge bekannt sind. Unter seiner Leitung machten 15 ihr Doktorexamen und 25 wurden Kandidaten der Wissenschaften. A. A. Münch wurden mehrere Orden und Medaillen verliehen.

Über sein privates Leben ist nichts bekannt. Er hatte keine Kinder und verstarb 1984 in Moskau.[150, 151]

Munz, Maria Philipp (1905–1995)

Sie wurde am 11.02.1905 im Dorf Solotoje, Kreis Kamyschin, Gouvernement Saratow, geboren. Katholikin. Ihr Vater Philipp Philipp Munz (1874–1918) war Dorfschullehrer, ihre Mutter Maria Heim (1878–1947). Nach Abschluss der Mittelschule

150 I. A. Nuschtajew: „Sanitätswesen und Hygiene", 2005 Nr. 1, S. 78–80
151 www.historymed.ru/encyclopedia/doctors/index.php?element_ID=676

arbeitete sie von 1923 bis 1930 als Lehrerin im Dorf Bagajewka und in der Kolonie Balzer, (Golyj Karamysch). 1931 belegte sie die Medizinische Hochschule Saratow, die sie 1935 absolvierte und Ärztin für Epidemiologie wurde. Wo sie vor dem Krieg gearbeitet hat, ist unbekannt. 1941 wurde sie nach Akmolinsk (Kasachstan) deportiert. Sie war mit Herrn Koroljow verheiratet. [152]

Munz, Pius Philipp (1907–1979)

Der jüngere Bruder von Marie Munz wurde 1907 in der Kolonie Semenowka, Kreis Kamyschin, Gouvernement Saratow, geboren. Katholik. Nach Abschluss der Mittelschule war er als Lehrer im Wolgagebiet tätig. Danach absolvierte er die Medizinische Hochschule Saratow und arbeitete als Arzt in der Kolonie Seelmann (Rownoje) der Republik der Wolgadeutschen. 1941 wurde er mit Familie ins Gebiet Krasnojarsk deportiert, wo sich seine Spuren verlieren. Er war mit Helene Johann Ehrlich (1909–?) verheiratet und hatte eine Tochter Nelly (geb. 1933).

---

152 J. N.Konstantinow: „Munz, eine Lehrerfamilie aus Kamyschin", http://old-saratov.ru/?id=1154

Neuberger, Johann Wilhelm Alexander (1897–1937)

Er wurde am 26.04.1897 in Saratow als Sohn eines Kolonisten geboren. Lutheraner. 1915 beendete er das Gymnasium Nr.1 und belegte die Medizinische Fakultät der Universität Saratow, die er 1921 absolvierte.[153] Seine Arbeitslaufbahn begann er als Bereichsarzt in der Kolonie Zürich, Kanton Marxstadt der Republik der Wolgadeutschen.[154]

In den 1930er-Jahren leitete er die Augenklinik in Marxstadt (heute: Marx). Am 28.10.1937 wurde er verhaftet und am 30.11.1937 von der „Troika" zum Tode für „antisowjetische Agitation" verurteilt. Am 01.12.1937 wurde er erschossen. Begraben wurde er in Engels.[155]

Neuwirth, Alexander Johann,

wurde am 6.02.1893 in der Kolonie Reinwald (Stariza), Kreis Nowousensk, Gouvernement Samara, geboren. Lutheraner. 1913 beendete er das Gymnasium Nr. 2 in Saratow und belegte die Medizinische Fakultät der Universität Saratow, die er 1919 absolvierte. 1923 war er Arzt der Kinderheime in Marxstadt (Katharinenstadt). 1927 war er als Bereichsarzt in Mariental (Tonkoschurowka) der Republik der Wolgadeutschen tätig.

---

153 Liste der Studenten und freien Hörer der Kaiserlichen Nikolai-Universität im Studienjahr 1915–1916, Medizinische Fakultät, Saratow, 1916
154 Liste der medizinischen Ärzte der UdSSR (1.01.1924), Verlag des Volkskommissariats für Gesundheitswesen der RSFSR, Moskau, 1925, S. 552
155 Quelle: Gedenkbuch Gebiet Saratow

Pfaffenroth, Wilhelm Johann,

wurde am 04.12.1888 in der Kolonie Jagodnaja Poljana, Kreis Saratow, Gouvernement Saratow, geboren. Evangelisch-Lutherisch. 1908 beendete er das Gymnasium Nr. 1 in Saratow und belegte die Medizinische Fakultät der Universität Kasan, 1909 wechselte er aber nach Saratow über. Die Tätigkeit als Arzt begann er 1914. 1923 war er Militärarzt im Militärkreis Leningrad.

Quiering, Franz,

wurde am 18.08.1892 in einer der Kolonien des Kreises Nowousensk, Gouvernement Samara, als Sohn eines Kolonisten geboren. Lutheraner. Er beendete das Gymnasium Nr. 2 in Saratow und bezog die Fakultät für Theologie der Universität Dorpat. 1915 wechselte er zur Medizinischen Fakultät, wo er bis 1916 studierte. Sein weiteres Schicksal ist unbekannt.

Raith, Gottlieb Jakob (1891–1942)

Er wurde am 31.12.1891 in der Kolonie Zürich (Eckardt), Kreis Nikolajewsk, Gouvernement Samara, geboren. Reformierter. Er war Sohn des Kolonisten Jakob Raith, der zusammen mit seinem Bruder eine Apotheke in der Kolonie Zürich hatte. Gottlieb absolvierte die Realschule in der Stadt Wolsk, Gouvernement Saratow und legte danach eine zusätzliche Prüfung im Wissensumfang eines Gymnasiums ab, erhielt ein Zeugnis des Gymnasiums Nr. 2 und belegte 1911 die Medizinische Fakultät der Universität Saratow. Wegen des Ersten Weltkrieges war sein Studium um ein Jahr verkürzt worden, deswegen wurde er schon 1915 Arzt. Von 1915 bis 1918 war er Militärarzt in der Zarenarmee. Von 1919 bis 1922 war er in der Roten Armee. In den Jahren 1928–1941 war er Leiter der Abteilung für Chirurgie im Krankenhaus Nr. 5 zu Stalingrad (Zarizyn). Zu dieser Zeit war er auch stellvertretender Vorsitzender der chirurgischen Gesellschaft. Auf seine Anregung hin wurde 1935 eine Filiale des zentralen Instituts für Bluttransfusion gegründet. Als Russlanddeutscher wurde er 1941 nach Kasachstan deportiert, wo er 1942 in der Erzmine Kuludshun verstarb.[156]

Raith, Tobias Jakob (1896–1955)

Er wurde am 30.07.1896 in der Kolonie Zürich (Eckardt), Kreis Nikolajewsk, Gouvernement Samara, geboren. Reformierter. Er war Sohn des Kolonisten Jakob Raith, der zusammen mit

---

156 Persönliche Mitteilungen von Andrej Raith (Moskau)

seinem Bruder eine Apotheke in der Kolonie Zürich hatte. 1914 beendete er die Realschule in der Stadt Wolsk, Gouvernment Saratow, und legte danach eine Prüfung im Wissensumfang eines Gymnasiums ab, erhielt ein Zeugnis des Gymnasiums Nr. 1 und belegte 1915 die Fakultät für Medizin der Universität Saratow. Er war im achten Semester, als der Bürgerkrieg ins Wolgagebiet kam und er sein Studium unterbrechen musste. Von 1919 bis 1921 arbeitete er im Kriegslazarett der Roten Armee an der Südfront. Später diente er als Militärarzt in Dnepropetrowsk (1921–1923), Kujbyschew (heute: wieder Samara) des Wolga-Militärbezirks (Mai 1924–August 1925).[157]

Danach war er kurze Zeit im Lazarett zu Fergana (August–Oktober 1927) tätig. Von 1927 bis 1932 war er Abteilungsleiter im Lazarett Termes, von 1933 an Stellvertreter und nach 1936 Leiter des Lazaretts Aschabad (Turkenistan). Er war Träger des Titels Militärarzt ersten Ranges. Unter falscher Spionageanschuldigung wurde er am 19.01.1938 verhaftet und verurteilt. Die Verbannung verbrachte er im Dorf Pichtowka, Gebiet Nowosibirsk, wo er am 23.03.1955 verstarb. Er war mit M. I. Sobol (1896–1942) verheiratet und hatte einen Sohn Harry (1924–2012).[158]

Rauschenbach, Johann-Friedrich Karl (1855–1910) [159]

Er wurde am 02.03.1855 in einer lutherischen Kaufmannsfamilie in Saratow geboren. 1883 schloss er sein Studium an der Medizinischen Fakultät der Universität Dorpat ab. Doktor der Medizin. Drei Jahre lang war er als Assistenzarzt in dem Obuchow-Krankenhaus in

157 Liste der medizinischen Ärzte der UdSSR (01.01.1924), Verlag des Volkskommissariats für Gesundheitswesen der RSFSR, Moskau, 1925, S. 614
158 Persönliche Mitteilungen von Andrej Raith (Moskau)
159 Die Angaben über die Ärzte Rauschenbach hat Georg Rauschenbach (Moskau) zugeschickt.

St. Petersburg tätig. Von 1886 bis 1893 arbeitete er als Ordinator im Landstandeskrankenhaus des Gouvernements Saratow. 1889 war er auch Arzt der Saratowschen dreiklassigen Schule. Danach war er bis 1910 freischaffender Arzt und ging gleichzeitig den Pflichten des Arztes im Alexander-Heim für Adelige nach. Er war mit der Kaufmannswitwe Reinecke, Maria Wilhelm, verheiratet, die Ehe blieb kinderlos. Johann Friedrich Rauschenbach verstarb im Jahr 1910.

Rauschenbach, Wilhelm-Gustav Friedrich
(1880 bis nach 1918)

Er wurde am 13./25.01.1880 in Katharinenstadt, Kreis Nikolajewsk, Gouvernement Samara, in der Familie eines lutherischen Kolonisten geboren. Nach Abschluss des 1. Gymnasiums in Saratow belegte er 1890 die Fakultät für Theologie der Universität Dorpat. Im Laufe der Jahre 1901–1904 wechselte er die Fakultäten, bis er sich 1905 für die der Medizin entschied. 1910 absolvierte er die Universität und war von 1911 bis 1916 in der Kolonie Katharinenstadt (Marx) als freischaffender Arzt tätig. Teilnehmer des Ersten Weltkrieges. Er war mit Nathalie Nikolaus Schmidt (1891–1975) verheiratet, mit der einen Sohn Gennadi (1918–1936) hatte. Wilhelm Gustav Rauschenbach starb 1918. Die Todesursache ist nicht bekannt.

Reinecke, Erika Woldemar (1908–1985)

Sie wurde am 11.06.1908 in Saratow in der Familie des Arztes und Großunternehmers des Wolgagebiets, Woldemar Konrad Reinecke, geboren. Lutheranerin. Nach der Oktoberrevolution 1917 wurde das Haus und das Gestüt Wladimir (Woldemar) Reineckes verstaatlicht und die Familie musste sich vor Verfolgungen durch die Bolschewiken verstecken. Um die Kinder zu retten, wurden ihnen gefälschte Dokumente, die besagten, sie seien „Vertriebene aus Preußen", besorgt. So gelang es ihnen, zunächst nach Riga und dann nach Berlin zu kommen. Später fand die Familie zusammen. Erika übersiedelte aus Berlin zu den Verwandten nach Schönwerder (Pommern), wo sie den Arzt Theodor Müller-Hennig heiratete. In den 1930er Jahren entdeckte sie in sich die Schreibader und schrieb einige Bücher, die den Kindern des Wolgagebiets gewidmet sind. Als 1945 sich die Sowjetarmee Berlin näherte, floh sie mit ihrem Mann nach Westdeutschland, sie ließen sich in der Nähe von Bremen nieder. Mit 40 Jahren belegte sie die Fakultät für Medizin der Freien Universität Berlin, die sie 1967 absolvierte. 1970 wurde sie Doktor der Medizin. Danach war sie als Neuropathologin in einer der Kliniken Berlins tätig, wo sie am 21.01.1985 verstarb.[160]

---

160 Der Autor bedankt sich bei Dr. Robert Korn für die Entdeckung dieses Namens.

Reinhardt, Gottlieb Gottfried,

wurde am 28.10.1863 in der Kolonie Reinhardt (Ossinowka), Kreis Nowousensk, Gouvernement Samara, geboren. Lutheraner. Er beendete das Gymnasium in Saratow und unterzog sich einem zusätzlichen Test der Universität Kiew. 1892 belegte er die Fakultät für Medizin der Universität Charkow, die er 1897 absolvierte. Nach dem Studium kehrte er in das Wolgagebiet zurück, wo er bis 1904 als Landstandesarzt in der Kolonie Krasnojar, Kreis Nowousensk, Gouvernement Samara, tätig war. Danach bekleidete er bis 1908 dieselbe Stelle im Dorf Perekopnoje und von 1909 bis 1916 im Dorf Piterka, Kreis Nowousensk. Sein weiteres Schicksal ist nicht bekannt.

Riedel, Joseph Karl (1900–2006)

Er wurde in der Kolonie Herzog (Susly), Kreis Nowousensk, Gouvernement Samara, geboren. Katholik. Er hatte ein abgeschlossenes Medizinstudium. Vor dem Zweiten Weltkrieg war er als Arzt in der Kolonie Mariental der Republik der Wolgadeutschen tätig. Im September 1941 wurde er nach Bolotnoje, Gebiet Nowosibirsk, deportiert. Im Januar 1942 wurde er ins Arbeitslager Uljanowsk mobilisiert, wo er bis 1947 physische Arbeit verrichten musste. Nach der Befreiung kehrte er nach Bolotnoje zurück, wo er 2006 verstarb. Er war mit der Ärztin Agatha Alexander Louis verheiratet, mit der er drei Söhne großzog.

Riehl, Reinhold David (1895–1938)

Er wurde 1895 in der Kolonie Gnadentau, Kreis Nowousensk, Gouvernement Samara, geboren. Lutheraner. Er hatte ein abgeschlossenes Medizinstudium und arbeitete Mitte der 1930er Jahre als Arzt in der Eisenbahnpoliklinik der Stadt Semipalatinsk (Kasachstan). Am 23.02.1938 wurde er verhaftet und im Mai desselben Jahres zur Höchststrafe verurteilt und erschossen. Angaben über seine Familie gibt es nicht.

Rische, Alexander Nikolaus (1897–1953)

Er wurde am 10.03.1897 in der Kolonie Mariental (Tonkoschurowka), Kreis Nowousensk, Gouvernement Samara, in der Familie eines Kolonisten geboren. Katholik. Sein Vater war Nikolaus Joseph Rische (1869–?) und seine Mutter Maria Anna Weigel (1869–?). In den Jahren 1911–1916 besuchte er das Progymnasium in der Kolonie Katharinenstadt (Marx), danach lernte er im Gymnasium in Wolsk, Gouvernement Saratow. 1916 belegte er die Fakultät für Medizin der Universität Saratow. Nach der Revolution 1917 unterbrach er sein Studium und ging 1918 nach Deutschland, wo er nach langer Pause das Medizinstudium wiederaufnahm, diesmal an der Universität Marburg, und Doktor der Medizin wurde. Er war Mitglied der Berliner Vereinigung „Wolgadeutsche". Bis 1945 war er in Berlin im Sankt-Norbert-Krankenhaus und Nord-West-Krankenhaus tätig. Außerdem hatte er eine Praxis für Privat-Patienten. Nach dem Krieg übersiedelte er nach Passau (Bayern) und arbeitete im Caritas-Flüchtlingslager St. Nikolai als Arzt, wo er am 20.03.1953 an Herzversagen verstarb. Er war mit

Dr. med. Aloysia Rische (einer Sudetendeutschen) verheiratet, mit der er einen Sohn (Herbert, geb.1947) hatte, der in Berlin wohnt.

Rothermel, Paul Nikolaus,

wurde am 03.04.1886 in einer der Kolonie Orlowskaja, Kreis Nikolajew, Gouvernement Samara, geboren. Der Kolonistensohn war Lutheraner. 1907 belegte er die Fakultät für Theologie der Universität Dorpat, danach wechselte er zur Fakultät für Ökonomie und 1908 schließlich zu der der Medizin, die er 1913 absolvierte. 1923 war er als Ordinator des Krankenhauses Nr. 1 in Marxstadt der Republik der Wolgadeutschen tätig.

Rothermel, Valentin Nikolaus (1894–1946)

wurde am 14.05.1894 in der Kolonie Orlowskaja, Kreis Nowousensk, Gouvernement Samara, geboren. Der Kolonistensohn war lutherischen Glaubens. 1904 wurde er in die Annenschule in Sankt-Petersburg angenommen, die er 1912 absolvierte. Danach belegte er die Jura-Fakultät der Universität Dorpat, 1913 wechselte er zur naturwissenschaftlichen und danach zur Fakultät für Medizin. 1918 beendete er sein Studium. 1918–1919 war als Arzt den Balten Regiment. 1920 heiratete er die baltendeutsche Margarethe Tensmann (?–1953) und übersiedelte mit ihr nach Deutschland.

In den Jahren 1920 bis 1924 machte er eine weitere medizinische Ausbildung an der Uni Berlin und promovierte. Ab 1924 bis 1927 war er Arzt im Flüchtlingslager Frankfurt an der Oder, wo er die Flüchtlinge betreute. Er wanderte 1928 in die USA aus, ließ sich in Chicago nieder, wo er als Arzt tätig war. Er starb 1946 in Chicago [161].

---

161 Erik-Amburger-Datenbank. dokumente.ios-regensburg.de/amburger/

Rung, Woldemar Eduard (1911–2003)

Er wurde am 30.11.1911 in Saratow geboren, in der Familie von Eduard und Rosa Rung. Lutheraner. Seine Vorfahren kamen aus der Kolonie Katharinental, Kreis Odessa, Gouvernement Cherson. In den 1930er Jahren absolvierte er die Medizinische Hochschule Saratow, danach diente er vier Jahre lang als Militärarzt in der Roten Armee. Im August 1941 wurde er vom Militärkommissariat Kasan einberufen und für die neu gebildete Truppe vorgesehen. Doch am dritten Tag kehrte er nach Kasan zurück und wurde ins Krankenhaus für Psychiatrie in Tomsk versetzt. Im April 1942 wurde er ins Arbeitslager zum Bau der Eisenbaulinie „Swijashsk–Uljanowsk" mobilisiert, wo er bald als Lagerarzt arbeiten durfte. Ende Juli 1943 kam er aus dem Wolgalager ins Tagillager, wo er als Therapeut tätig war. Nach der Freilassung aus dem Lager bekleidete er bis 1980 verschiedene medizinische Stellen im Sanatorium „Rusch" in der Nähe von Nishnij Tagil.

Er hatte Sohn Harald (geb. 1938) aus erster Ehe. Zum zweiten Mal war er mit der Ärztin für Psychiatrie, A. S. Lebedewa, verheiratet, mit der er auch einen Sohn hatte, der den Familiennamen seiner Mutter trägt. Über sein Leben im Arbeitslager und die Arbeit im Sanatorium hinterließ er Erinnerungen.[162] Er starb 2003 in Nishnij Tagil.

---

162 Siehe Buch „Zurückgegebene Namen" Nishnij Tagil, 1994

Rusch, Alexander Alexander (1897–1952)

Er wurde am 06./18.11.1897 in der Vorstadt Pokrowsk (heute: Engels), Kreis Nikolajewsk, Gouvernement Samara, geboren. Er war lutherischen Glaubens. Seine Vorfahren kamen aus der Kolonie Grimm (Lesnoj Karamysch). Noch jung an Jahren war er am Ersten Weltkrieg und am Bürgerkrieg beteiligt. Ende der 1920er Jahre absolvierte er die Fakultät für Medizin der Universität Saratow. Er war zunächst Arzt, dann Leiter des Lehrstuhls für Chirurgie an der Medizinischen Hochschule Samarkand (Turkmenistan). 1941 wurde er ins Gebiet Tscheljabinsk deportiert, wo er zunächst physische Arbeiten im Lager verrichtete, danach kam er ins Lagerlazarett, wo er den Pflichten des Lager-Arzt-Chirurgen nachging. 1946 ging er in die Sanitätsabteilung des Metallurgischen Betriebs Tscheljabinsk, wo er die Abteilung Chirurgie bis zu seinem Tode leitete. Er machte das Examen „Kandidat der medizinischen Wissenschaften". Die schwere Arbeit im Lager nagte sehr an seiner Gesundheit, 1944 hatte er den ersten Herzanfall (Infarkt), danach wurde ihm ein Bein amputiert. Doch auch in diesem Zustand blieb er dem hippokratischen Eid treu. Im Lagerlazarett lernte er die Medizinstudentin, die Jüdin Ija Michailowna Krylowa, kennen, mit der er einen Sohn hatte, der den Namen der Mutter trägt. Für seine tadellose Arbeit auf dem Gebiet der Medizin wurde ihm der Titel „Verdienter Arzt der Russischen Föderation" zugesprochen. A. A. Rusch starb 1952 in Tscheljabinsk.[163, 164]

Sachs, Friedrich Friedrich (1918–1998)

Er wurde am 29.10.1918 in der Kolonie Degott (Kamennyj owrag), Kreis Kamyshi, Gouvernement Saratow, geboren. Er war katholischen Glaubens. Als Student der Medizinischen Hochschule Saratow wurde er 1941 ins Gebiet Tomsk deportiert. In der Verbannung gelang es ihm, das Medizinstudium zu beenden und das Arztdiplom der Medizinischen Hochschule Tomsk zu bekommen. Seine Arbeitslaufbahn begann er als Chirurg der Poliklinik Nr. 1 Tomsk, von hier wechselte er zum Ordinator des Lehrstuhls für Hospitalchirurgie. Ungeachtet dessen, dass er der Kommandantur unterstand, konnte er klinisches Material sammeln und 1948 seine Kandidatendissertation der medizinischen Wissenschaften zum Thema „Speisenebensack, seine Bedeutung

163 L. Panfilowa: „Auf den Seiten der vergangenen Jahre", Zeitung „Tscheljabinskij rabotschij" (Arbeiter von Tscheljabinsk) vom 4.10.2007
164 I. M. Matowskij: „Enzyklopädie Tscheljabinsk"

in der Chirurgie der Speiseröhre und der Kardia" schreiben. Ende 1949 wurde er zum Mitarbeiter der Abteilung Tomsk der Akademie der Wissenschaften der UdSSR gewählt, doch 1952 zwang man ihn, sich mit praktischer Medizin zu beschäftigen. Einige Zeit war er im Krankenhaus der „Binnenschifffahrer" tätig, dann als Chirurg in der Sanitätsluftfahrt. 1954 wählte man ihn zum Assistenten und nach zwei Jahren zum Dozenten des Lehrstuhls für allgemeine Anatomie des Medizinischen Instituts Tomsk. Acht Jahre lang bereitete er seine Doktorarbeit zum Thema „Herzschließmuskel, sein Bau, seine Funktion und die Folgen seiner Entfernung"vor, die er 1964 glänzend verteidigte und Doktor der Medizin wurde. 1966 wurde er zum Professor des Lehrstuhls für topografische Anatomie und Operationschirurgie gewählt. In den Jahren 1970 bis 1991 war er Leiter des Lehrstuhls. Auch als Rentner und bis zum seinem Tode war er war er wissenschaftlicher Berater des Lehrstuhls. Er gilt als Begründer der wissenschaftlichen Richtung in der Chirurgie „Die funktionelle Morphologie der Sphinktere des Verdauungssystems". Er ist Autor von 130 wissenschaftlichen Arbeitern und Coautor von sieben Monografien. Er veröffentlichte einen „Atlas der topografischen Anatomie eines Säuglings" mit eigenen Illustrationen. Er konnte sehr gut zeichnen. Seine Bilder wurden 1983 in Tomsk ausgestellt. Angaben über die Familie des Professoren F. F. Sachs gibt es nicht. Er verstarb am 05.04.1998 in Tomsk.[165]

Schäfer, Hermann Jakob,

wurde am 19.02.1895 in der Kolonie Balzer (Golyj Karamysch), Kreis Kamyschin, Gouvernement Saratow, geboren. Er war Anhänger der reformierten Kirche. 1914 beendete er das Gymnasium Nr. 2 in Saratow und belegte die Fakultät für Medizin der Uni-

---

165 W. Beitinger: „Enzyklopädie Deutsche Russlands", Band 3, S. 368

versität Saratow. 1921 wurde er Arzt. Er war Leiter der Baracke für ansteckende Krankheiten in Seelmann (Rownoje) der Republik der Wolgadeutschen.

Schamne, Silvia Peter (1903–?)

wurde in der Kolonie Rosenfeld, Kreis Nowousensk, Gouvernement Samara, geboren. Sie war lutherischen Glaubens. Sie hatte die Fakultät für Medizin absolviert und zu Beginn des Zweiten Weltkriegs als Arzt in Engels, Gebiet Saratow gearbeitet. 1941 wurde sie in den Kreis Ordshonikidse, Jakutien (hoher Norden), deportiert, wo sie als Ärztin im Krankenhaus Pokrowsk arbeitete. Ihr weiteres Schicksal ist unbekannt.

Schellhorn, Ida August (1901–1956)

Sie wurde in der Kolonie Seelmann (Rownoje), Kreis Nowousensk, Gouvernement Samara, geboren. Sie war katholischen Glaubens. Nach Absolvierung der Medizinischen Hochschule Saratow war sie dort als Therapeutin tätig. Von ihrem ersten Mann Karl Hartmann hatte sie den Sohn Juri. 1941 wurde sie mit ihrem Sohn ins Gebiet Krasnojarsk deportiert, wo sie bis 1946 in der Stadt Abakan, in den Dörfern Bograd und Schuschenskoje lebte. 1944 heiratete sie A. Korabljow und trug von nun an diesen Namen. Als Frau Korabljowa bekam sie die Erlaubnis, den Verbannungsort zu verlassen. 1946 übersiedelte sie nach Saratow, doch 1949 wurde sie erneut in die Region Krasnojarsk deportiert, wo sie bis 1956 als Ärztin der Poliklinik in Jenissejsk tätig war und gleichzeitig den Rettungsdienst leitete. Sie starb infolge einer Krebskrankheit.

Schmidt, Boris-Georg Nikolaus (1897–?),

wurde am 28.03.1897 in Saratow in der Familie des Provisors Nikolaus Johannes Schmidt und der Apothekerhelferin Sophie Bernhard Seifert geboren. Er war lutherischen Glaubens. Die Familie besaß eine Apotheke. 1923 absolvierte er die Fakultät für Medizin der Universität Saratow und war als Laborant im Institut für Mikrobiologie tätig. Seine Fachrichtung war die Histologie. Er bereitete die Kandidatendissertation zum Thema „Zur Frage der mikroskopischen Veränderungen der endokrinen Drüsen bei Experimentalskorbut (Vitamin C-Mangel) bei den Meerschweinchen" vor, die er nach dem Krieg verteidigen konnte. Er war verheiratet. Seine Frau Wilhelmine Johannes wurde 1905 geboren. 1937 hat sie mit der Note „Ausgezeichnet" die Medizinische Hochschule Saratow absolviert und wurde Mitarbeiterin des Wissenschaftlichen Forschungsinstituts „Mikrob" in Saratow. Vor dem Zweiten Weltkrieg lebte die Familie in der Region Stawropol, von dort wurde sie im Dezember 1941 ins Gebiet Tomsk deportiert. Aus Tomsk wurde die Frau mit zwei Töchtern erneut verschickt, diesmal ins Gebiet Pawlodar (Kasachstan), ihr Mann blieb in Tomsk. Sie hatten drei Töchter. Eine Tochter Stella (verheiratete Jermonina) erhielt 1959 das Diplom einer Hygieneninspektorin [166]

---

166 A. W. Chruljowa: „Jahrhundertelange Verbindungen", Informationsblatt des Landekundemuseums des Gebietes Saratow, Ausgabe 84, November 2010

Schmidt, Nikolaus Jakob (1863–?),

wurde am 20.11.1863 in Astrachan geboren. Er war lutherischen Glaubens. Nach Abschluss des Gymnasiums ging er 1882 an die Fakultät für Medizin der Universität Dorpat, die er 1888 absolvierte. Seine Arbeitslaufbahn begann er als Arzt des Fischereigewerbes O. I. Basilewski, gleichzeitig leitete er eine Heilstätte in Astrachan. 1884 schrieb er die wissenschaftliche Arbeit „Über die Hygiene des Fischereigewerbes an der Wolgamündung", schlug sie zur Dissertation vor und wurde Doktor der Medizin. Diese Arbeit veröffentlichte man als Buch und sie wurde vom Professor für Hygiene, Friedrich Hulderich Erismann (1842–1915), hochgeschätzt. Unter anderem schrieb er: „Die Arbeit des Arztes Nikolaus Schmidt ist Ergebnis einer langjährigen hartnäckigen Arbeit. Er lieferte ein volles und klares Bild der Bedingungen, in denen die bunte Bevölkerung des Fischereigewerbes lebt und arbeitet. Einige Kapitel, die der Autor vorlegte, sind so umfassend und so akribisch wissenschaftlich begründet, dass jedes von ihnen Objekt einer einzelnen Dissertation sein könnte."[167] Von 1897 bis 1901 war Nikolaus Jakob Schmidt Arzt der Verwaltung für Fischerei- und Seehundgewerbe. Von 1902 bis 1906 war er Sanitätsinspektor im Gouvernement Astrachan. 1907 wurde er Gehilfe des Medizin-Oberinspektors in Sankt Petersburg. Diese Stelle hatte er bis 1916 inne.[168] Vor der Revolution 1917 wurde er zum Privat-Dozenten der Medizinischen Hochschule für Frauen in Petrograd. In den Jahren 1918 bis 1930 war er Sanitätsinspektor in verschiedenen Bezirken Leningrads.

1931 wurde er zum staatlichen Sanitätsinspektor der Nahrungsmittelindustrie bestimmt. Angaben über seine Familie und seinen Todestag gibt es nicht.[169]

---

167 A. S. Markow: „Notizen eines Astrachaner Heimatforschers", Astrachan, 2011, S. 401

168 Medizinische Listen Russlands für 1890–1916

169 Bei der Beschreibung der Biografie wurden Angaben vom Historiker Viktor Hochnagel verwendet.

Schneider, Edwin,

wurde am 25.01.1887 in einer der Kolonien des Kreises Kamyschin, Gouvernement Saratow, in einer lutherischen Familie geboren. Er beendete das Gymnasium Nr. 1 Saratow und belegte 1907 die Fakultät für Medizin der Universität Greifswald (Deutschland), 1908 wechselte er zur Fakultät für Naturwissenschaften der Universität Dorpat. 1909 begann er an der Fakultät für Medizin zu studieren. Hier blieb er bis 1913. Sein weiteres Schicksal ist unbekannt.

Schulz, Richard Eduard Solomon,

wurde am 03.06.1896 in der Kolonie Reinwald (Stariza), Kreis Nowousensk, Gouvernement Samara, geboren. Er war lutherischen Glaubens. 1914 beendete er das Gymnasium Nr. 1 in Saratow und belegte die Fakultät für Medizin der Universität Saratow, die er 1919 absolvierte. 1923 war er als Militärarzt in der Republik Turkestan tätig.

Siebenhaar, August Peter (1888–1938)[170]

Er wurde am 30.05./12.06.1888 in der Kolonie Kamenka, Kreis Kamyschin, Gouvernement Saratow, geboren. Er war katholischen Glaubens. Mit vier Jahren verlor er seine Mutter und wurde vom Vater erzogen, der Amtsbezirksschreiber war. Nach der Grundschule ging er in die Realschule Kamyschin, wurde Lehrer und

---

170 J. M. Jerina, August Petrowitsch Siebenhaar: „Arzt und Mensch// Russischer Staat, Gesellschaft und ethnische Deutsche: Hauptstufen und Charakter der Beziehungen (XVIII.–XXI. Jhdt.)", Materialien der XI. Internationalen wissenschaftlichen Konferenz, M., 1.–3.11.2006, S. 292–298

unterrichtete von 1908 bis 1909 in der Landstandesschule Roh-leder (Raskaty), Kreis Nowousensk, Gouvernement Samara. Im September 1909 bekam er ein Zeugnis des Lehrkreises Kasan, das ihm die Möglichkeit gab, nach der Realschule die Fakultät für Medizin der Universität Kasan zu belegte. Nach vier Semestern Studiums wechselte er 1911 zur Fakultät für Medizin der Universität Saratow, die er 1914 absolvierte. Von 1914 bis Oktober 1917 war er als Arzt im Evakuationslazarett Nr. 100 in Saratow tätig. In den Zeiten der Revolutionsereignisse (November 1917–Juni 1918) war er ständig auf Stellensuche und vertrat zeitweise die Bereichsärzte in den Kolonien Warenburg (Priwalnoje), Brunnental (Kriwoi Jar), Marienberg (Bisjuk). 1918 leitete er drei Monate lang die Pferdemilch-Heilanstalt im Dorf Krasny Kut, Kreis Nowousensk. Als er die Hoffnung auf eine Arztstelle schon verloren hatte, ging er im September 1918 nach Saratow, wo er Beamter in der Gouvernementsabteilung für Gesundheitswesen wurde. Bald da-rauf schlug man ihm die Stelle des Chefarztes im Stadtkranken-haus Balzer (Golyj Karamysch) vor. Mit dieser Stelle begann seine Karriere als Organisator und professioneller Arzt. Um sich als Arzt und Chirurg weiterzubilden, ging er nach Deutschland, wo er von Oktober 1927 bis April 1928 praktische Lehrgänge in den Kliniken Berlins, Frankfurts am Main und Heidelbergs machte. Nach seiner Rückkehr hatte August Siebenhaar es durchgesetzt, dass man 1930 in Balzer eine Medizinische Schule und an der Medizinischen Hochschule Saratow eine Arbeiterfakultät für die ehemaligen Kolonistenkinder eröffnete. 1931 wurde er Mitglieds-kandidat der Partei der Bolschewiken, doch eigentliches Mitglied wurde er nicht. Von Februar 1932 an vervollkommnete er seine Kenntnisse und praktischen Handgriffe in der Klinik für Neuro-chirurgie in Moskau. Danach blieb er in der Hauptstadt, wo er bis 1933 als Ordinator und Leiter der Abteilung für Chirurgie der Stadtklinik Nr. 1 tätig war. Gleichzeitig war er Dozent der Moskauer Medizinischen Hochschule Nr. 2. Im Januar 1934 kehrte er in die Republik der Wolgadeutschen zurück, wo er Leiter des Stadtkrankenhauses Nr. 2 in Engels wurde. Zu seinen Zeiten wurde das Gebäude der Abteilung für Chirurgie fertiggestellt, die Filiale des Zentralinstituts für Bluttransfusion und Stellen der Blutabnahme in Balzer, Katharinenstadt (Marxstadt) und im Dorf Krasnyj Kut eröffnet. Schon in Moskau begann er seine wissenschaftliche Tätigkeit und veröffentlichte 1935 zehn Beiträge. Da er genügend größere Beiträge geschrieben hatte, wurde ihm der Grad Kandidat der Medizinischen Wissenschaften zugesprochen und danach der Titel Professor verliehen. Von Februar 1936 an war er darüber Leiter des Lehrstuhls für allgemeine Chirurgie der deutschen Abteilung der Medizinischen Hochschule Saratow. Auf dem Höhepunkt der gesellschaftlichen und professionellen Anerkennung seiner Verdienste wurde August Siebenhaar am 19.06.1938 verhaftet und am 27.10.1938 wegen „Beteiligung an einer antisowjetischen terroristischen Diversationsorganisation" zum Tode verurteilt. Am selben Tag wurde er in Saratow erschossen. Nach seinem Tod wurde die Stelle des Chefarztes des Stadtkrankenhauses Nr. 2 Engels vom wolgadeutschen Chirurgen Friedrich Alexander Hergenröder besetzt.

August Siebenhaar war mit der Dentistin Maria Fjodorowna Sassobina verheiratet, mit der er zwei Kinder hatte, den Sohn Leo und die Tochter Nina.

Spinkler, Paul,

wurde am 27.08.1891 in einer der Kolonien des Kreises Nikolajewsk, Gouvernement Samara, in einer lutherischen Familie geboren. Nach Abschluss eines Privat-Gymnasiums belegte er 1912 die Fakultät für Medizin der Universität Dorpat, wo er bis 1914 studierte. Sein weiteres Schicksal ist unbekannt.

Sprenger, Woldemar Eduard (1886–1953),

wurde am 21.09.1886 im Dorf Tschernawka, Kreis Wolsk, Gouvernement Saratow, geboren. Er war Sohn eines österreichischen Staatsangehörigen, orthodoxen Glaubens. 1906 beendete er das Gymnasium Nr. 1 in Saratow und belegte die Veterinärhochschule Charkow. 1911 wechselte er zur Fakultät für Medizin der Universität Saratow. Er studierte mit großen Unterbrechungen und schloss sein Studium 1921 ab. Seine Fachrichtung war Hygieneinspektor (Sanitätsarzt). In den Jahren 1923–1924 war er als Arzt im Gouvernements-Gesundheitswesen Saratows tätig.

Anfang September 1941 wurde er ins Gebet Tomsk deportiert, wo er am 22.05.1953 verstarb.

Stenzel, Heinrich,

wurde am 05.09.1884 in Saratow in einer lutherischen Kolonistenfamilie geboren. 1903 beendete er in der Heimatstadt das Gymnasium Nr. 1 und belegte die Fakultät für Theologie der Universität Dorpat, 1904 wechselte er zu der der Medizin, die er 1910 absolvierte. Sein weiteres Schicksal ist unbekannt.

Stenzel, Jakob,

wurde am 23.03.1882 in einer der Kolonien des Kreises Kamyschin, Gouvernement Saratow, in einer lutherischen Kolonistenfamilie geboren. Nach Abschluss des Gymnasiums Nr. 1 in Saratow ging 1903 er an die Fakultät für Theologie der Universität Dorpat und wechselte im selben Jahr zur Fakultät für Medizin, wo er bis 1906 studierte. Sein weiteres Schicksal ist unbekannt.

Sterzer, Eduard,

wurde am 12.05.1875 in einer der Kolonien des Kreises Nowousensk, Gouvernement Samara, in einer katholischen Kolonistenfamilie geboren. Er beendete das Gymnasium in Saratow und ging 1894 an die Fakultät für Medizin der Moskauer Universität. 1895 wechselte er zur Juristischen Fakultät der Universität Dorpat, die er 1899 absolvierte. Sein weiteres Schicksal ist unbekannt.

Stoess (Stoesz), Alfred Peter (1899–1955)

Er wurde in Preußen in einer mennonitischen Familie geboren. Seine Eltern waren Peter Stoess (1838–1908) und Auguste Klassen (1863–1922). Nach Abschluss des Gymnasiums belegte er die Fakultät für Medizin der Universität Saratow, die er 1924 abgeschloss. Seine Arbeitslaufbahn begann er als wissenschaftlicher Mitarbeiter der Universitätsklinik für Nervenkrankheiten. 1925 ging er aus freien Stücken in den Hohen Norden, nach Jakutien, wo er bis 1928 die Abteilung für Nervenkranke des Gebietskrankenhauses leitete. Nach seiner Rückkehr nach Saratow arbeitete er wieder in der Universitätsklinik. Von 1931 bis 1935 diente er in der Roten Armee, wo er Assistent und Dozent war, sowie den Pflichten des Lehrstuhlleiters für Nervenkrankrankheiten der Medizinischen Hochschule Kujbyschew und der Militär-Medizinischen Akademie nachging. 1942 wurde er nach Kasachstan deportiert, wo er Leiter des Evakuationslazaretts wurde. 1947 wählte man ihn zum Lehrstuhlleiter der Fakultät für Psychiatrie der Kasachstaner Medizinischen Hochschule. Während seiner Lehrtätigkeit verteidigte er seine Doktordissertation zum Thema „Gehirnerschütterung und -prellungen", veröffentlichte die Monografie „Enures nocturna" (Nächtliches Harnträufeln) und über 40 wissenschaftliche Beiträge. Seine wissenschaftlichen Interessen galten den Lehren I. P. Pawlow, und er sah sich als sein Nachfolger an. Er gründete das erste Laboratorium zur Erforschung der höheren Nerventätigkeit des Menschen in Kasachstan. Er war der größte und wichtigste Psychiater der Republik Kasachstan und leitete einige Jahre die örtliche Gesellschaft der Nervenärzte. Er war verheiratet und hatte einen Sohn. Am 17.11.1955 verstarb er und wurde in Alma-Ata beigesetzt.[171, 172]

Stoll, Friedrich,

wurde am 24.10.1886 in einer der Kolonien des Kreises Kamyschin, Gouvernement Saratow, in einer lutherischen Kolonistenfamilie geboren. Er absolvierte das Gymnasium Nr. 2 zu Saratow und ging 1905 an die Fakultät für Theologie der Universität Dorpat. Im selben Jahr wechselte er zur Fakultät für Medizin. Sein weiteres Schicksal ist unbekannt.

Thaler, Reinhard Samuel von (1891–1944),

wurde am 15.04.1891 in der Kolonie Balzer (Golyj Karamysch), Kreis Kamyschin, Gouvernement Saratow, geboren. Sein Vater, ebenfalls Arzt, war Baltendeutscher. Er war lutherischen Glaubens. 1911 belegte er die Fakultät für Medizin der Universität Dorpat, dann wechselte er zur Jura-Fakultät. 1913 wählte er die Fakultät für Theologie, an der er bis 1918 studierte. 1919 kehre er nach Saratow zurück und belegte die Fakultät für Medizin der Universität Saratow. Doch bald hängte er das Studium an den Nagel und ging nach Estland, wo er in der Deutschen Mission der Stadt Tartu tätig war. Danach übersiedelte er nach Deutschland, wo sich 1944 seine Spuren verloren.

---

171 Zeitschrift Neuropathologie und Psychiatrie, 1956, Band 56, Ausgabe 2, Nachruf
172 Dr. A. Obholz: „Volk auf dem Weg", 2014, Nr. 7

Traut, Wilhelm Wilhelm (1890–?),

wurde am 27.08.1890 in Saratow in einer evangelisch-lutherischen Kolonistenfamilie geboren. 1911 beendete er die Realschule in der Stadt Kamyschin, Gouvernement Saratow. Da er ein zusätzliches Zeugnis des Lehrkreises Kasan erworben hatte, konnte er die Fakultät für Medizin der Universität Saratow belegte, die er 1915 absolvierte. Wahrscheinlich diente er während des Ersten Weltkrieges als Arzt in der Zarenarmee. Nach der Oktoberrevolution 1917 war er Militärarzt bei den Bolschewiken. Er ist als solcher in die Ärzteliste zum 1.01.1924 als Militärarzt des Westlichen Militärbezirks eingetragen.

In den Zeiten der Republik der Wolgadeutschen war er in Saratow tätig, von dort wurde er 1941 ins Gebiet Tomsk deportiert.

In der Erzählung „Kriegskommissar" des Schriftstellers W. T. Schalomow wird ein Arzt-Chirurg Valentin Nikolajewitsch Traut erwähnt, der Schüler von Professor Krause war und den Lehrstuhl für Lazarettchirurgie an der Universität Saratow geleitet hatte. Ich nehme an, dass hinter dieser literarischen Gestalt der Arzt W. W. Traut steht, der seine Lagerhaft zusammen mit dem Schriftsteller W. T. Schalomow abgebüßt hat.[173]

Ullmann, Ewald Raimund (1897–?),

wurde in der Kolonie Katharinenstadt (heute: Marx), Kreis Nikolajewsk, Gouvernement Samara, in einer katholischen Familie geboren. Nach Abschluss des Gymnasiums arbeitete er eine kurze Zeit in der Desinfektionstruppe der Militär-Evakuationsstelle Saratow. 1918 belegte er die Fakultät für Medizin der Universität

---

173 W. T. Schalamow: Gesammelte Werke in vier Bänden. Band 2, M. Chudoshestwennaja literatura (Schöngeistige Literatur), Wagrius, 1998, S. 433–440

Saratow, die er 1923 absolvierte. Seine Arbeitslaufbahn begann er als Augenarzt in der Klinik der Medizinischen Hochschule Astrachan. 1924 kehrte er nach Saratow zurück, wo er in dem Trachom-Ambulatorium als Arzt zu arbeiten begann. Gleichzeitig war er in der Administration der Abteilung für Gesundheitswesen tätig. Er war auch aktives Mitglied des Kirchenrates des Römisch-Katholischen Doms Saratow. Sich vor den Verfolgungen der Bolschewiken schützend, ging er im Januar 1930 in das Städtchen Achalzyk (Georgien), wo er einen Monat lang als Arzt des Rayonkrankenhauses tätig war. Im Februar 1930 wurde er wegen der „Gruppentat der konterrevolutionären Organisation der römisch-katholischen Priesterschaft im Wolgagebiet" verhaftet. Am 06.06.1931 wurde er zu drei Jahren Verbannung verurteilt. Er kam in den Hohen Norden, wo sich seine Spur verliert.[174]

Vielbert, Friedrich Konstantin,

wurde am 02.11.1891 in der Kolonie Katharinenstadt, Kreis Nikolajewsk, Gouvernement Saratow, in einer Siedlerfamilie evangelisch-lutherischen Glaubens geboren. 1911 beendete er das Gymnasium in der Stadt Rybinsk und belegte die Fakultät für Medizin der Universität Saratow, die er 1915 absolvierte. 1923 war er als Leiter der Abteilung für Gesundheitswesen in der Stadt Belebej der Republik Baschkirien tätig.

---

174 Catholic.ru – Katholisches Russland

Völker, Johann Johann (1907–?)

Er wurde 1907 in der Kolonie Katharinenstadt, Kreis Nikolajewsk, Gouvernement Samara, geboren. 1929 belegte er die Medizinische Hochschule Saratow und nach deren Abschluss war
er in der Kolonie Holstein (Werchnjaja Kulalinka) der Republik
der Wolgadeutschen als Chirurg tätig. Noch vor 1941 bereitete
er seine Doktorarbeit vor, konnte sie aber wegen des deutsch-so-
wjetischen Krieges nicht verteidigen. Im September 1941 wurde
er nach Kupino, Gebiet Nowosibirsk, deportiert, wo er 30 Jahre
lang im Kreiskrankenhaus tätig war: zunächst als Chirurg, dann
als Abteilungsleiter und schließlich als Chefarzt. Er war mit der
Frauenärztin Natalie Kusminitschna verheiratet. Für seine gute
Arbeit wurde er von der Sowjetmacht mehrmals geehrt.

Volz, Karl Karl,

wurde 1904 in der Kolonie Balzer (Golyj Karamysch), Kreis
Kamyschin, Gouvernement Saratow, in einer lutherischen Familie
geboren. Er hatte eine unabgeschlossene Hochschulbildung. Im
September 1941 wurde er ins Gebiet Tomsk deportiert, wo er als

Arzt in der zentralen Poliklinik tätig war. Im Mai 1945 wurde er „wegen antisowjetischer Agitation" verhaftet und am 31.10.1945 zu zehn Jahren Zwangsarbeit im Lager verurteilt.

Wacker, Alexander,

wurde am 11.09.1890 in einer der Kolonien des Kreises Kamyschin, Gouvernement Saratow, in einer lutherischen Kolonistenfamilie geboren. Nach Abschluss des Gymnasiums in Astrachan belegte er 1909 die Fakultät für Naturwissenschaften der Universität Dorpat, wechselte aber im selben Jahr zur Fakultät für Medizin, die er 1915 absolvierte. Sein weiteres Schicksal ist unbekannt.

Wacker, Woldemar Alexander,

wurde am 03.09.1892 in Saratow in einer orthodoxen Siedlerfamilie geboren. 1911 beendete er das Gymnasium und belegte die Fakultät für Medizin der Universität Saratow, die er als Arzt absolvierte. 1923 diente er als Militärarzt im Nord-Kaukasischen Militärbezirk.

Walter, Alma Karl (?–?)

wurde in einer lutherischen Familie in einer der deutschen Kolonien geboren. Sie absolvierte die Deutsche Abteilung der Medizinischen Hochschule Saratow. Ihr Arbeitsplatz ist unbekannt.

Welz, Heinrich David (1916–?),

wurde 1916 in der Kolonie Katharinenstadt (Marxstadt, Marx), Kreis Nikolajewsk, Gouvernement Samara, in einer lutherischen Familie geboren. Er hatte eine medizinische Hochschulbildung und war vor dem Zweiten Weltkrieg als Therapeut tätig. 1941 wurde er nach Breussowo, Rayon Odessa, Gebiet Omsk, deportiert. Anfang September 1942 wurde er verhaftet und am 10.02.1943 zu zehn Jahren Arbeitslagerhaft verurteilt. Nach Abbüßen der Strafe musste er zurück ins Gebiet Omsk, wo er vom 14.10.1952 bis 4.01.1956 sich unter Kommandantur befand.

Wiedemann, Woldemar Emanuel (1919–?)

Er wurde 1919 in Saratow in einer katholischen Familie geboren. Er war Militärarzt III. Ranges der Sowjetarmee. 1941 wurde er aus der Armee entlassen und ins Arbeitslager Nishnij Tagil deportiert, wo er als Lagerarzt-Therapeut tätig war. Nach der Arbeitsfront war er in der Sanitätsabteilung der Siedlung Rudnik tätig und leitete auch eine Zeitlang diese medizinische Einrichtung. Er war mit M. B. Slawzowa, einer Ärztin für Otolaryngologie, verheiratet, die mit ihm zusammen im Krankenhaus arbeitete. Später siedelten sie nach Gelendshik, Region Krasnodar, über.[175]

Worms, Adolf Woldemar Wilhelm (1868–1941)

Er wurde am 02.02.1868 auf dem Gut Ters, Kreis Wolsk, Gouvernement Saratow, geboren. Sein Vater, ein Baltendeutscher, diente als Agronom auf dem Gut der Baronesse Charlotte Karl von Lieven (1742–1828). Adolf Woldemar war lutherischen Glaubens.1885 beendete er das Gymnasium Nr. 3 zu Kasan und belegte die Fakultät für Medizin der Universität Kasan, die er 1890 absolvierte. Nach dem Studium arbeitete er weiter an der Universität, am Lehrstuhl für Privatpathologie und Therapie der inneren Medizin. Von 1894 bis 1900 war er als Laborant am Lehrstuhl für Chemie tätig.1899 schrieb er seine Doktorarbeit zum Thema „Wirkung der verdünnten Phosphorsäuren auf das Kristall-Albumin aus dem Eiweiß der Hühnereier". Ihm wurde der Titel Doktor der Medizin zugesprochen. Im März 1901 wurde er zum Privat-

---

175 W. E. Rung: „Erinnerungen an die vergangenen Zeiten", Gedenkbuch der deutschen Häftlinge des Tagillag „Stolze Ausdauer", www.rusdeutsch.ru/?tagil=2

Dozenten des Lehrstuhls für physiologische Chemie gewählt. 1902 hielt er gleichzeitig Vorlesungen in seinem Fach an der Veterinär-Hochschule Kasan. 1909 machte er eine wissenschaftliche Forschungsreise durch Deutschland, wo er Erfahrungen zum Thema Eiweißsynthese sammelte. Nach seiner Rückkehr wurde er an die neu gegründete Universität Saratow berufen, wo er den Lehrstuhl für physiologische Chemie leitete. Gleichzeitig ging er den Pflichten des Vizerektors für Lehre nach. Ihm wurde der wissenschaftliche Grad Professor zugesprochen. 1913 vertrat er bei der Wahl des Rektors, des Professors N. G. Stadnizkij, die Opposition und musste dafür die Universität verlassen. Während des Ersten Weltkrieges war er im Laboratorium des Militäramtes tätig und beschäftigte sich mit der Synthese der Arzneimittel, die die Wirkung der Giftmittel neutralisieren. Zu Beginn der Sowjetmacht wurde er wieder ins Professoren- und Lektoren-Team der Universität aufgenommen. Er wurde Prorektor und Dekan der Fakultät für Medizin. 1930, nach der Eröffnung der Medizinischen Hochschule Saratow, leitete er die Deutsche Abteilung. Während seiner Lehrtätigkeit veröffentlichte er etwa zehn wissenschaftliche Beiträge. Professor Worms starb am 24.05.1941 in seinem 74. Lebensjahr in Saratow. Angaben über sein Familienleben haben seine Biografen nicht gemacht.[176, 177, 178]

1935 fand in Engels der Kongress der Ärzte der Republik der Wolgadeutschen statt. Zu den Delegierten gehörten hauptsächlich Verwalter des Gesundheitswesens und die wichtigsten Ärzte der Republik (Foto).

---

176 Zur Eröffnung der Universität Saratow, Biografien. Saratowez, 1909, Nr. 49, S. 20

177 S. D. Sokolow: „Saratower – Schriftsteller und Gelehrte", Saratow, 1913, S. 63–64

178 W. Salomonow: „Enzyklopädie Deutsche Russlands", Band 1, S. 406

С'езд врачей и заБкантздравов 25-28 Мая 1935 г.
Республики Немцев Поволжья   г. Энгельс

B – Ärzte des Schwarzmeergebiets

Albrecht, Reinhold Peter (1918–1983)

Er wurde 1918 in Friedenstal (Trechgrady), Kreis Odessa, Gouvernement Cherson, in einer lutherischen Familie geboren. 1939 belegte er die Medizinische Hochschule Saratow, wurde aber im
September 1941 exmatrikuliert und ins Gebiet Krasnojarsk deportiert. 1954 schaffte er es aber, in der Verbannung sein Studium
zu beenden und das Arzt-Diplom der Medizinischen Hochschule
Krasnojarsk zu bekommen. Danach wurde er nach Dudinka,
Halbinsel Taimyr, als Arzt-Chirurg versetzt. Als schöpferische
Natur begann er sofort mit Forschungen und deswegen konnte
er im Oktober 1966 seine Doktorarbeit verteidigen. 1967 siedelte
er mit Familie nach Duschanbe (Tadshikistan) über, wo er Leiter
der Abteilung für Chirurgie des Klinischen Krankenhauses Nr. 2
wurde. Gleichzeitig hielt er Vorlesungen über Chirurgie in der

örtlichen Medizinischen Hochschule. Er hatte den wissenschaftlichen Grad Dozent. Reinhold Albrecht starb am 20.08.1983 am Herzversagen (Infarkt). Er war mit Maria Karl Groß verheiratet, mit der er zwei Kinder hatte: einen Sohn und eine Tochter. 1992 siedelte die Witwe mit den Kindern, die auch Ärzte wurden, nach Deutschland über, wo sie auch verstarb.[179]

Avenarius, Michael Alexander,

wurde am 01.01.1879 in der Stadt Ananjew, Gouvernement Cherson, in der Familie eines Kollegienregistrators geboren. Er war orthodoxen Glaubens. Nach Abschluss des Gymnasiums in seinem Heimatort Ananjew belegte er 1901 die Fakultät für Medizin der Universität Noworossijsk (Odessa). Im Studienjahr 1903–1904 war er im fünften Semester. Angaben über den Abschluss der Universität liegen nicht vor.

Bähr, Bernhard Heinrich Bernhard,

wurde am 10.09.1862 in der Kolonie Zürichtal (Ablesch), Kreis Feodossija, Gouvernement Taurien, in einer lutherischen Familie geboren. Er beendete das Gymnasium in Simferopol und belegte 1884 die Fakultät für Medizin der Universität Charkow, die er 1890 absolvierte. Bis 1904 war er freischaffender Arzt in seinem Heimatort Zürichtal. 1905 übersiedelte er in die Kreisstadt Alexandrowsk, Gouvernement Jekaterinoslaw, wo er bis 1909 Privatarzt war. 1910 gründete er eine Privat-Klinik (Kranken-

---

179 Erinnerungen von Ida Seibert, Internet-Seite www.memorial.krsk.ru/ memuar/Petri/31.htm, L. O. Petri, W. T. Petri: „Taimyrer wahre Geschichten"

haus), die er bis 1913 besaß. In den Jahren 1914–1916 war er als Arzt des Post- und Fernmeldewesens in Alexandrowsk tätig. Sein weiteres Schicksal ist unbekannt.

Bechtle, Alexander Wilhelm,

wurde 1889 im Gouvernement Taurien in einer evangelisch-lutherischen Kolonistenfamilie geboren. Er beendete das Gymnasium in Jalta und bezog 1911 die Fakultät für Medizin der Universität Charkow. Sein weiteres Schicksal ist unbekannt.

Belz, Adam Adam,

wurde am 02.11.1871 in der Kolonie Ostheim, Kreis Berdjansk, Gouvernement Taurien, in einer lutherischen Familie geboren. Er beendete das Gymnasium in Berdjansk und belegte 1893 die Fakultät für Medizin der Universität Charkow, die er 1898 als Doktor der Medizin abschloss. In den medizinischen Listen Russlands ist sein Name zum ersten Mal 1907 anzutreffen. Im Dezember 1908 hielt er in Charkow vor den Ärzten des Erzberg- und Bergbaus einen Vortrag zum Thema „Über die Brüche der weißen Bauchlinie". Bis 1909 war er freischaffender Arzt in Charkow. Von 1910 bis 1916 war er Assistenzarzt im Militärlazarett Charkow. Nach der Oktoberrevolution war er 1923 als Arzt im Ambulatorium Charkow tätig. 1925 leitete er als Professor der Medizin die Fakultätsklinik für Chirurgie der Medizinischen Hochschule Charkow. Während des Zweiten Weltkrieges wurde er in die Stadt Kansk, Gebiet Krasnojarsk deportiert, wo er 1946 verstarb.

Benditsch, Jakob Joseph

Er wurde 1896 in der Kolonie Bergtal (Petropawlowka), Kreis Mariupol, Gouvernement Jekaterinoslaw, in einer lutherischen Familie geboren. 1916 beendete er die Realschule in Mariupol und wurde in die Zarenarmee einberufen. Während des Bürgerkrieges kämpfte er sowohl in der Weißen als auch in der Roten Armee. Er wurde in Polen während der Kämpfe mit der Bande Nestor Machno verwundet. In den Jahren 1924–1926 war er als Dorflehrer tätig. 1926 belegte er die Fakultät für Medizin der Medizinischen Hochschule Charkow, die er 1931 absolvierte. Eine Zeitlang war er in Moskau tätig, doch dann kehrte er nach Mariupol zurück. 1937 wurde er verhaftet und zu fünf Jahren Lagerhaft verurteilt. Seine Haftstrafe büßte er in Norilsk ab, wo er als Lagerarzt tätig war. 1946 kam er frei, blieb aber in Jenissejsk, wo er die Abteilung für Chirurgie des Rayon-Krankenhauses leitete. 1960 kehrte er nach Mariupol zurück, wo seine Familie, Frau, Sohn und Tochter, lebte. Seine Tochter Inna, Studentin der Medizinischen Hochschule Donezk, verunglückte 1948 tödlich. Der Chirurg J. Benditsch verstarb Anfang der 1980er Jahre in Mariupol.

Bessler, Alexander Jakob (1884–?),

wurde in der Kolonie Neusatz (Adshi Ketsch), Kreis Simferopol, Gouvernement Taurien, in einer lutherischen Familie geboren. Seine Eltern waren Jakob und Marie Bessler, geborene Aman. Nach Abschluss des Gymnasiums in Simferopol belegte er 1909 die Fakultät für Medizin der Universität Noworossijsk (Odessa), die er 1914 absolvierte. Sein weiteres Schicksal ist unbekannt.

Beutelsbacher, Jakob Jakob,

wurde 1891 im Gouvernement Cherson geboren. 1934 absolvierte er die Medizinische Hochschule Omsk und wurde als Arzt ins Dorf Kossicha, Altairegion, versetzt. Unterwegs dorthin besuchte er die Deutsche Botschaft in Nowosibirsk, um sich über die Ausreisemöglichkeiten zu erkundigen. Am 13.11.1937 wurde er verhaftet und wegen „Spionage zugunsten Deutschlands" zum Tode verurteilt. Am 07.01.1938 wurde das Urteil vollstreckt. Seine Frau, Frieda Friedrich Beutelsbacher, war in Kossicha als Lehrerin tätig. Sie wurde zusammen mit ihrem Mann verhaftet und auch am 17.01.1938 erschossen. Beide sind in Barnaul begraben.[180]

Dick, Franz Peter,

wurde 1891 im Kreis Berdjansk, Gouvernement Taurien, in einer mennonitischen Kolonistenfamilie geboren. 1911 beendete er das Gymnasium in Berdjansk und belegte die Fakultät für Medizin der Universität Charkow, die er 1917 mit dem Arztdiplom ab-

---

180 Tirskaja, S. M.: „Altaiskaja prawda", 8.11.2014

schloss bekam. 1923 war er in der Kolonie Waldheim (Lessnoje), Gouvernement Jekaterinoslaw, tätig. Sein weiteres Schicksal ist unbekannt.

Dick, Johann Jakob,

wurde 1892 im Kreis Simferopol, Gouvernement Taurien, in einer mennonitischen Kolonistenfamilie geboren. Er beendete das Privat-Gymnasium in Sankt Petersburg. Das Zeugnis über den Gymnasial-Abschluss bestätigte die örtliche Universität. 1913 belegte er die Fakultät für Medizin der Universität Charkow. Es liegen keine Angaben über den Universitätsabschluss vor. Sein weiteres Schicksal ist unbekannt.

Dirksen, Gerhard David,

wurde am 17.05.1876 in der Kolonie Rückenau, Kreis Berdjask, Gouvernement Taurien, in einer mennonitischen Kolonisten-familie geboren. 1899 beendete er das Gymnasium in Bachmut und belegte die Fakultät für Medizin der Universität Charkow. 1903 wechselte er zur Universität Noworossijsk (Odessa), die er 1906 mit einem Ärztediplom absolvierte. Bis 1911 war er als Gemeindearzt und als Arzt der Zentralschule Orloff in der Kolonie Tiege-Orloff, Kreis Berdjansk, tätig.

In den Jahren 1912–1914 machte er praktische Lehrgänge im Ausland. Nach der Rückkehr war er bis 1916 freischaffender Arzt in der Kolonie Orloff, Kreis Berdjans. Sein weiteres Schicksal ist unbekannt.

Dobler, Leopold Andreas (1888–?),

wurde in der Kolonie Teplitz, Kreis Ackermann, Bessarabien, in der lutherischen Familie von Andreas und Margarethe Dobler (Deiss) geboren. Er erhielt Privatunterricht und legte 1908 das Examen für den vollen Gymnasial-Kurs ab und belegte die Fakultät für Medizin der Universität Noworossijsk (Odessa). Er schloss die Universität mit der Note „Sehr gut" ab. Sein weiteres Schicksal ist unbekannt.

Eberts, Viktoria Leonhard (1895–1960)

Sie wurde am 02.04.1895 in der Kolonie Rastatt, Kreis Odessa, Gouvernement Cherson, in einer katholischen Familie geboren. Sie hatte mit „Sehr gut" das Gymnasium beendet und belegte die Höheren Medizinischen Kurse für Frauen in Odessa, die sie 1916 absolvierte. Sie war als Ärztin in einem der Krankenhäuser in Odessa tätig.[181]

Vor dem Zweiten Weltkrieg lebte und arbeitete sie in Simferopol. 1941 wurde sie mit Familie nach Kasachstan deportiert, wo sie

---

181 Liste der medizinischen Ärzte der UdSSR (01.01.1924), Verlag des Kommissariats des Gesundheitswesens der RSFSR, Moskau, 1925, S. 147

als Ärztin im Städtchen Shitikara, Gebiet Kustanaj, arbeitete. 1945 wurde ihr zweiter Mann, Herbert Julius Hermann Stucks (1889–1963), ein geborener Jude, an den Lehrstuhl für Kinderkrankheiten der Universität Krasnodar berufen. 1946 aber hat man ihm die Stelle des Lehrstuhlleiters für Lazarett-Pädiatrie in Tomsk vorgeschlagen, wo auch seine Frau Arbeit bekam. 1947 schrieb Viktoria Eberts ihre Doktorarbeit, verteidigte sie und wurde Leiterin des Lehrstuhls für Kinder-Infektionskrankheiten an der Medizinischen Hochschule Tomsk. 1953 aber gab sie die Lehrtätigkeit auf.

Sie war zweimal verheiratet. Aus der ersten Ehe hatte sie einen Sohn. 1918 heiratete sie in Odessa das zweite Mal, den Arzt J. H. Stucks, einen österreichischen Juden, der zum Luthertum konvertiert war. Aus der zweiten Ehe hatte sie die Tochter Irma, die die Medizinische Hochschule Tomsk absolvierte. Irma Stucks (1931–2012), Professorin, Doktorin der Medizin, hat viele Jahre in Tomsk gearbeitet.[182]

Eisenbraun, Emil Wilhelm (1897–1968)

---

182 W.Mutschnik:„Mama.Agenstwonowostej",TV2.www.tv2.tomsk.ru/
article/mama

Er wurde 1897 in der Kolonie Hoffnungstal (Kul-Oba), Gouvernement Taurien, in einer evangelisch-lutherischen Familie geboren. 1917 beendete er das Gymnasium in der Stadt Alexandrowsk (heute: Saporoshje), Gouvernement Jekaterinoslaw, und belegte die Fakultät für Medizin der Universität Noworossijsk (Odessa). Nach einem Semester musste er sein Studium ruhen lassen, da der Bürgerkrieg begonnen hatte. Später belegte er die Universität Simferopol, die er 1925 absolvierte. Seine ärztliche Tätigkeit begann er in der Kolonie Halbstadt (Molotschansk), wo er bis 1933 gearbeitet hat. Im erwähnten Jahr wurde er verhaftet und zu drei Jahren Verbannung in den Hohen Norden verurteilt. Die Jahre der Verbannung verbrachte er in Soljwytschegodsk, Gebiet Archangelsk. 1934 wurde er rehabilitiert, doch er kehrte nicht zur Familie zurück. Um die Familie vor Verfolgungen zu retten, ließ er sich von seiner Frau scheiden. Nach seiner Freilassung holte er seine Familie zu sich in die Siedlung Tschibju (Stadt Uchta), der ASSR Komi, wo er als freischaffender Arzt in den Lagern, die sich rund um die Siedlung befanden, tätig war. 1944 leitete er den Bau eines neuen Krankenhauses, das sich bis 1960 zu einem modernen Heilkomplex entwickelte, den er bis 1961 leitete. Bei seinen ehemaligen Kollegen und Patienten blieb Emil Eisenbraun als hoch qualifizierter Chirurg in Erinnerung. Er starb am 29.09.1968 in der Stadt Uchta.

Er war von 1924 an mit Olga Jan Rumbach (?–1974) verheiratet, sie hatten zwei Kinder: einen Sohn und eine Tochter. Ihre Tochter, Wanda Emil (verheiratete Trifanowa), absolvierte 1953 die Medizinische Hochschule Saratow und war als Kinderärztin tätig.[183, 184]

---

183 Hilda Riss: „Deutsche der Krim – Repressalien", Nürnberg, 2011, S. 574

184 J. W. Markowa: „Erinnerungen an den GULAG und ihre Autoren", Sowjetskij Pisatel (Sowjetischer Schriftsteller), Moskau, 1989

Esau, Peter Jakob (1891–?),

wurde in der Kolonie Rosental (Kanzerowka), Gouvernement Jekaterinoslaw, in der mennonitischen Familie von Karl und Susanne Esau (geborene Hesse) geboren. Sein Vater, Absolvent der Universität Kiew, war ein bekannter Landstandesarzt. Sein Sohn Peter beendete 1910 in Jekaterinoslaw das Gymnasium und belegte die Fakultät für Medizin der Universität Noworossija (Odessa). Infolge des Ersten Weltkrieges wurde er 1914 zum Arzt I. Kategorie ernannt. 1923 war er als Ordinator der Chirurgie-Klinik der Medizinischen Hochschule Jekaterinoslaw tätig.

Sein weiteres Schicksal ist unbekannt.

Flemmer, Jakob Michael (1861–?),

wurde am 29.05./10.06.1861 in der Kolonie Glückstahl, Kreis Tiraspol, Gouvernement Cherson, in einer lutherischen Siedlerfamilie geboren. 1889 absolvierte er die Fakultät für Medizin der Universität Dorpat. Im selben Jahr wurde er Doktor der Medizin. Von 1893 bis 1898 diente er in der Militärbehörde Odessa. Nach seiner Entlassung aus dem Militärdienst war er in der Dentisten-Schule des Doktors I. I. Margolin als Lehrer tätig. Im September 1914 wurde er zum Privat-Dozenten des Lehrstuhls für Dentiatrie der Medizinischen Fakultät der örtlichen Universität gewählt.

Foth Andreas Andreas,

wurde am 26.10.1867 in der Kolonie Halbstadt, Kreis Berdjansk, Gouvernement Tauria, geboren. Der Sohn eines Kolonist mennonitischen Glaubens. Er beendete in Berdjansk das Gymnasium und 1881 belegte die Fakultät für Medizin der Universität Charkow. 1888 absolvierte er die Fakultät und war als frei beschäftigter Arzt bis 1808 in der Kolonie Eigenheim (Listowka), Kreis Alexandrowsk, Gouvernement Ekaterinoslaw, tätig. Sein weiteres Schicksal ist unbekannt.

Frank, Andreas Michael (1886–?),

wurde im Dorf Plotzk, Kreis Ackermann (Bessarabien), in der lutherischen Familie von Michael und Karoline Frank (geb. Lange) geboren. 1909 beendete er in Bolgrad das Gymnasium und belegte die Fakultät für Medizin der Universität Noworossijsk (Odessa). 1914 absolvierte er die Universität und bekam das Ärztediplom. Sein weiteres Schicksal ist unbekannt.

Friesen, Nikolaus Hermann,

wurde am 22.05.1864 in der Kreisstadt Berdjansk, Gouvernement Taurien, in einer mennonitischen Kolonistenfamilie geboren. Nach Abschluss des Gymnasiums in Stawropol belegte er 1885 die Fakultät für Medizin der Universität Charkow, die er 1891 als Arzt absolvierte. Seine Arbeitslaufbahn begann er als freischaffender Arzt in der Kolonie Orloff, Kreis Berdjansk, wo er bis 1894 praktizierte. Von 1895 bis 1911 war er freischaffender Arzt in der Kolonie Tiege, Kreis Berdjansk.

Seit 1912 fehlt sein Name in den medizinischen Listen Russlands. Sein weiteres Schicksal ist unbekannt.

Gareis, Adolf Peter,

wurde 1894 im Kreis Mariupol, Gouvernement Jekaterinislaw, in einer katholischen Kolonistenfamilie geboren. Er beendete das Gymnasium in Mariupol und belegte 1913 die Fakultät für Medizin der Universität Charkow, die er 1919 als Arzt absolvierte. 1923 war er als Militärarzt in der Ukraine tätig. Sein weiteres Schicksal ist unbekannt.

Giesbrecht, Gerhart Jakob,

wurde im Gouvernement Taurien, in einer mennonitischen Kolonistenfamilie geboren. Er beendete das Gymnasium in Stawropol und belegte 1883 die Fakultät für Medizin der Universität Charkow. Angaben über den Abschluss der Universität gibt es nicht.

Gottmann, Theodor Johann,

wurde am 19.11.1871 in der Kolonie Schönbrunn (Adargan), Kreis Perekop, Gouvernement Taurien, in einer lutherischen Familie geboren. Nach Abschluss des Gymnasiums in Stawropol belegte er 1895 die Fakultät für Medizin der Universität Charkow, die er 1900 als Arzt absolvierte. Seine ärztliche Laufbahn begann er als Landstandesarzt in der Kolonie Chortitza, Gouvernement Jekaterinoslaw, wo er bis 1916 praktizierte. Sein weiteres Schicksal ist unbekannt.

Haag, Eduard Johann Nikolaus,

wurde am 14.01.1879 in der Kolonie Grunau, Gouvernement Jekaterinoslaw, in einer lutherischen Kolonistenfamilie geboren. Er beendete das Gymnasium in Mariupol und belegte 1900 die Fakultät für Medizin der Universität Noworossijsk (Odessa), die er 1906 als Arzt absolvierte. Bis 1916 war er als Arzt der Stadtambulanz Mariupol, Gouvernement Jekaterinoslaw, tätig. 1923, zu Sowjetzeiten, nahm er dieselbe Stelle ein. Sein weiteres Schicksal ist unbekannt.

Hamm, David Abraham,

wurde 1880 im Gouvernement Jekaterinoslaw in einer mennonitischen Kolonistenfamilie geboren. Er beendete das Gymnasium in Jekaterinoslaw und belegte 1902 die Fakultät für Medizin der Universität Charkow, die er 1909 als Arzt absolvierte. Seine Laufbahn begann er als Landstandesarzt in der Kolonie Chortitza, Gouvernement Jekaterinoslaw, wo er bis 1916 praktizierte. Sein weiteres Schicksal ist unbekannt.

Hartstein, Artur Friedrich,

wurde 1898 in der Kolonie Hochstädt, Kreis Alexandrowsk, Gouvernement Jekaterinoslaw, in einer lutherischen Familie geboren. Er hatte eine medizinische Hochschulbildung und war Mitte der 1930er Jahre als Arzt in Pjatigorsk tätig. Am 22.07.1938 wurde er verhaftet und zu zehn Jahren Lager-Zwangsarbeit verurteilt. Sein weiteres Schicksal ist unbekannt.

Hartwig, Adolf Friedrich Adolf,

wurde am 22.03.1876 in der Stadt Margelan des Militärkreises Turkestan geboren, wo sein Vater gedient hatte. Er war evangelisch-lutherischen Glaubens. Er beendete in Taschkent das Gymnasium und belegte 1903 die Fakultät für Medizin der Universität Noworossijsk (Odessa), die er 1909 als Arzt absolvierte. Bis 1912 war er als Arzt in Odessa tätig. Sein weiteres Schicksal ist unbekannt.

Hausknecht, Abraham David,

wurde am 21.01.1858 in der Kolonie Einlage (Kitschkas), Gouvernement Jekaterinoslaw, in einer mennonitischen Kolonistenfamilie geboren. Er beendete das Gymnasium Nr. 2 in Charkow und belegte 1882 die Fakultät für Medizin der Universität Charkow, die er 1888 als Arzt absolvierte. Seine Arbeitslaufbahn begann er als Bereichsarzt in der Kolonie Tempelhof (Olgino), Kreis Pjatigorsk, Gouvernement Tersk. Von hier ging er 1891 in die Kolonie Chortitza, wo er zunächst freischaffender Arzt war, von 1893 bis 1896 dann als Betriebsarzt arbeitete. Im Laufe des Jahres 1897 war er als Betriebsarzt im Dorf Nigreskul, Gouvernement Jekaterinoslaw, tätig.

In den Jahren 1898–1899 war er freischaffender Arzt in der Kolonie Muntau, Kreis Berdjansk, Gouvernement Taurien. Danach war er von 1900 bis 1904 als Landstandesarzt im Dorf Barogan, Kreis Simferopol, Gouvernement Taurien, tätig. 1905 war er wieder in der Kolonie Muntau, wo er als Landstandesarzt arbeitete. In den Jahren 1906–1907 war er Landstandesarzt im Dorf Tabuldy, Kreis Simferopol. 1908 wechselte er wieder seinen Wohn- und Arbeitsort, indem er sich in Pjatigorsk niederließ, wo er bis 1913 Stadtarzt war. In den Jahren 1914–1915 war er freischaffender Arzt in Simferopol. 1916 war er freischaffender Arzt in der Kolonie Waldheim (Lesnoje), Kreis Berdjansk, Gouvernement Taurien.

1923 war er Leiter der Kreisabteilung für Gesundheitswesen in der Kolonie Tempelhof (Olgino), Gouvernement Tersk, dort wo seine Karriere begonnen hatte. Sein weiteres Schicksal ist unbekannt.

Hermann, Alexander Paul Eduard,

wurde am 14.08.1880 in Odessa in einer evangelisch-lutherischen Ehrenbürgerfamilie geboren. Er beendete das Gymnasium Nr. 4 in Odessa und belegte 1898 die Fakultät für Physik und Mathematik der Universität Noworossijsk (Odessa), doch 1900 wechselte er zur Fakultät für Medizin, die er 1906 als Arzt absolvierte. Bis 1913 war er Landstandesarzt im Dorf Maloje Perestschepino, Kreis Konstantinograd, Gouvernement Poltawa.

Von 1914 bis 1916 war er außerordentlicher Ordinator im Landstandeskrankenhaus des Gouvernements Poltawa.

Kefer, Nikolaus Johann (1864–1944)

Er wurde am 24.01.1864 in der Kolonie Neu-Montal, Kreis Melitopol, Gouvernement Taurien, in einer evangelisch-lutherischen Kolonistenfamilie geboren. Seine Eltern waren Johann

Jakob (1815–1866) und Christina Johann Käfer (1820–1900), geborene Holl. Nach der dörflichen Grundschule besuchte er das Gymnasium in Berdjansk, das er 1883 beendete und an die Fakultät für Physik und Mathematik der Universität Noworossijsk (Odessa) ging. Nach vier Semestern aber wechselte er zur Fakultät für Medizin der Universität Dorpat, die er 1890 als Arzt absolvierte. Nach einem Jahr schrieb er seine Doktorarbeit zum Thema „Zur Vermessungsmethode der Elastizität der Aderwände", verteidigte sie erfolgreich und wurde Doktor der Medizin. Seine Arbeitslaufbahn begann er im Evangelischen Krankenhaus Odessa, wo er bis 1892 arbeitete.

Von 1893 bis 1904 war er als Chirurg-Orthopäde in der Privatklinik des Doktors I. A. Waltuch (1861–1914) tätig. 1905 ging er ins Krankenhaus für Betriebsarbeiter, das dem Roten Kreuz Russlands untergeordnet war. 1907 leitete er das Ärzteteam des Krankenhauses und in dieser Stelle blieb er bis 1919. Zu Sowjetzeiten wurde er 1920 zum Professor für Chirurgie des Klinik-Instituts Odessa gewählt. 1927 hatte man hier das Institut der Ärzteweiterbildung gegründet. Gleichzeitig unterrichtete er sein Fach an der Medizinischen Hochschule Odessa und gründete dort 1921 einen Lehrstuhl für orthopädische Chirurgie.

Während der Okkupation seiner Stadt durch die deutsche Wehrmacht erfüllte er seine Ärztepflicht und leistete den Verwundeten beider Kriegsseiten Hilfe. Mit dem Ärzteteam gelang es ihm, vor der Ankunft der deutschen Truppen die sowjetischen Soldaten in Zivil zu kleiden und ihre ärztliche Dokumentation zu ändern. Leider hat man diese Tat des Chirurgen nicht gewürdigt. Als die Sowjetarmee nach Odessa kam, wurde der kranke Professor (er hatte kurz davor einen Hirnschlag erlitten) 1944 zusammen mit seiner Frau verhaftet und ins Gefängnis gesteckt. Kurz vor seinem Tod kam er frei, damit er nicht im Gefängnis sterben musste. Er verstarb am 28.12.1944. Einen Monat nach seinem Tod kam auch seine Frau frei.

Der Professor Nikolaus Käfer hatte ein langes schöpferisches Leben. Sein Name war sowohl in Russland als auch im Ausland gut bekannt. Er war Mitglied der Gesellschaft der deutschen Chir-

urgen und nahm öfters an deren Tagungen teil, die in Berlin statt-
fanden. 1930 wählte man ihn zum Mitgliedskorrespondenten der
Deutschen Orthopäden-Gesellschaft. Aus seiner Feder flossen 50
wissenschaftliche Arbeiten, die die Probleme der Chirurgie be-
handelten. Er ist Autor des Lehrbuches für Desmurgie (Methoden
der chirurgischen Verbände), das 1915 erschien. Er war mit He-
lene-Henriette Katharina Pink-Wagner (1871–1961) verheiratet,
sie hatten drei Kinder: zwei Söhne und eine Tochter.[185]

Kiebler, Emil Peter,

wurde 1899 in der Kolonie Frasch (Dshailaw), Kreis Jewpatoria,
Gouvernement Taurien, in einer lutherischen Familie geboren.
Er absolvierte die Fakultät für Medizin der Universität Kasan und
begann in den 1930er Jahren als Frauenarzt des ersten sowjetischen
Krankenhauses in Simferopol zu arbeiten. Anfang Februar 1938
wurde er verhaftet und im September desselben Jahres zu zehn
Jahren Haft im Arbeits-Besserungslager verurteilt. Seine Strafe
büßte er in der Stadt Solikamsk, Gebiet Perm, ab, wo er als Lagerarzt tätig war. Nach seiner Freilassung wurde er zur Verbannung
nach Aktjubinsk verschickt. Er war verheiratet, aber weitere Angaben über seine Familie liegen nicht vor.[186, 187]

185 N.J. Käfer: „Die Gelehrten von Odessa", Ausgabe 39, Zusammenge-
     stellt von K. K. Wassiljew und O. G. Kuschnir, Odessa, 2008
186 Hilda Riss: „Krimdeutsche – Repressalien", Nürnberg, 2011, S. 303–304
187 J. J. Sidorkina: „Jahre unter militärischer Bewachung. Erinnerungen
     an den GULAG und ihre Autoren", Sowjetskij Pissatelj, Moskau, 1989,
     S. 286–305

Klüdt, Reinhold Johann,

wurde am 02.01.1870 in der Kolonie Berlin, Gouvernement Cherson, in einer lutherischen Familie geboren. Er beendete das Gymnasium in Berdjansk und belegte 1893 die Fakultät für Medizin der Universität Charkow, die er 1898 als Arzt absolvierte. Seine Laufbahn begann er als Landstandesarzt im Dorf Nikolajewka, Kreis Berdjansk, Gouvernement Taurien, wo er bis 1904 praktizierte. Im Laufe des Jahres 1905 war er als Landstandesarzt im Dorf Wosnessenskoje, Kreis Berdjansk, tätig. 1906 arbeitete er als Landstandesarzt in der Kolonie Prischib, Kreis Melitopol, Gouvernement Taurien, 1907 war er dort freischaffender Arzt. Von 1908 bis 1916 war er Gemeindearzt in derselben Kolonie. Sein weiteres Schicksal ist unbekannt.

Knauer, Gotthold Wilhelm,

wurde 1889 in der Kolonie Wasserreich (Nowyj Kerleut), Kreis Feodossija, Gouvernement Taurien, in einer lutherischen Familie geboren. Er hatte ein abgeschlossenes Medizinstudium und arbeitete Mitte der 1930er Jahre als Oberarzt im Sanatorium der Ukrainischen Versicherungskasse in Jewpatoria. Im November 1936 wurde er verhaftet und zum Tode verurteilt. Am 27.04.1937 wurde das Urteil vollstreckt. Er war verheiratet. Andere Angaben über seine Familie liegen nicht vor.

Knorr, Johannes Michael (1892–1965)

Er wurde am 28.02.1892 in der Kolonie Grüntal, Gouvernement Jekaterinoslaw, geboren. Katholik. Nach Abschluss der Dorfschule besuchte er vier Jahre lang das Katholische Priesterseminar Saratow. Als er den Vorbereitungskurs beendet hatte, setzte er seine Bildung an einem Privatgymnasium in Ufa fort und belegte 1914 die Medizinische Fakultät der Universität Kasan. Nach dem vierten Studienjahr musste Johannes Knorr an die kaukasische Front, wo er den Pflichten des Arztes nachging. Sein Studium schloss er 1922 an der Universität Rostow am Don ab und begann seine Arbeitslaufbahn in seinem Heimatort. Danach machte er einen einjährigen Weiterbildungskurs am Kreiskrankenhaus Mariupol, leitete sieben Jahre lang das Krankenhaus im Dorf Grekowo-Alexandrowsk. 1931 siedelte Johannes Knorr nach Mariupol über, wo er im Betriebsklinikum als Chirurg tätig war. Von 1934 an war er im Dorf Staro-Beschewo, wo er 1937 nach falscher Denunziation verhaftet und zu sechs Jahren Lagerhaft verurteilt wurde. Seine Strafe büßte er im Hohen Norden am Fluss Kolyma in einem speziellen NKWD-Lager ab, wo er die Pflichten des Arztes nachging. 1948 wurde er Gesundheitsgründen entlassen und in eine Ambulanz in der Nähe der Stadt Ufa versetzt. Im September 1949 wurde er als leitender Chirurg des zentralen Krankenhauses im Kombinat Nr. 18 (Objekt des Innenministeriums der UdSSR) versetzt, wo er bis zu seiner Pensionierung im Jahr 1957 tätig war. Johannes Knorr verstarb

1965 und wurde auf dem Friedhof der Stadt Salawat in Baschkirien (heute: Baschkortostan) beigesetzt. Von 1918 an war er mit
Sophie Jakob Meier (geboren im Nachbarort Wasserreich) verheiratet, mit der er die Tochter Oktavia hatte. Die Tochter wurde 1923 geboren und trug den Namen ihres Mannes Lusanow.

Koch, Emmanuel Christian (1887–1942)

Er wurde am 16.04.1887 in der Kolonie Gnadental, Bessarabien,
in einer lutherischen Familie geboren. Nach Abschluss der
Grundschule und des Lehrerseminars schickten seine Eltern ihn
in ein Privat-Gymnasium nach Dorpat (Tartu, Estland). 1908
bellegte er die Fakultät für Medizin der Universität Dorpat, die
er 1913 absolvierte. Die erste Zeit arbeitete er als Chirurg in dem
Evangelischen Krankenhaus Odessa. Von 1914 bis 1918 beteiligte
er sich als Chirurg im Ersten Weltkrieg. Nachdem er von der Front
zurückgekommen war, verteidigte er seine Dissertation an der
Universität Noworossijsk und wurde Doktor der Medizin. Man
berief ihn zunächst als Dozent und danach als Professor an den
Lehrstuhl für Chirurgie der Medizinischen Hochschule Odessa.
1923 heiratete er die Assistentin der Apotheke, Amalie Hust, mit
der er 1925 eine Auslandsreise machte und dabei Berlin, Wien
und Prag besuchte. Im Dezember 1937 wurde Professor Koch
verhaftet und zu zehn Jahren verurteilt. Er kam nach Kolyma

(Hoher Norden) ins Arbeits-Besserungslager, wo er als Lager-arzt tätig war. Im November 1941 wurde er erneut angeklagt, und nach Paragraph 58 (für konterrevolutionäre Tätigkeit) vom Militärtribunal zur Höchststrafe (zum Tode) verurteilt. Professor Koch wurde am 31.01.1942 erschossen. Seine Frau übersiedelte 1944 mit der Tochter nach Deutschland.[188]

Lohrer, Emil Gottlieb,

wurde am 23.03.1882 in der Kolonie Grünfeld, Gouvernement Taurien, in einer evangelisch-lutherischen Siedlerfamilie geboren. Er beendete das Gymnasium in Simferopol und beegte 1903 die Medizinische Fakultät der Universität Noworossijsk (Odessa). Angaben über den Abschluss der Universität liegen nicht vor.

Lutz, Alexander Heinrich,

wurde 1883 im Gouvernement Taurien in einer lutherischen Familie geboren. Nach Abschluss des Gymnasiums in Simferopol belegte er 1904 die Fakultät für Medizin der Universität Charkow, die er 1910 als Arzt absolvierte. Seine Arbeitslaufbahn begann er als Landstandesarzt im Dorf Romanowka, Kreis Mariupol, Gouvernement Jekateirnoslaw. Von hier wurde er zum Krieg einberufen.

---

188 H. Roemmich: „Professor Emmanuel Koch", Heimatbuch der Lands-mannschaft der Russlanddeutschen 1964, S. 132–139

Maurer, Alexander Alexander,

wurde am 09.03.1881 in Nikolajew in der Familie eines Großhändlers zweiter Gilde geboren. Er war ein getaufter Katholik. Nach Abschluss des Privat-Gymnasiums belegte er 1901 die Fakultät für Medizin der Universität Noworossijsk (Odessa). Im Studienjahr 1903–1904 war er Student des fünften Semesters. Angaben über den Abschluss der Universität gibt es nicht.

Müller, Emil Adolph Emmanuel (1885–?),

wurde in der Kolonie Petersthal, Gouvernement Cherson, in der evangelischen Familie von Emmanuel und Christine Müller (geb. Singer) geboren. 1906 beendete er in Ackermann (heute: Belgorod-Dnestrowski) das Gymnasium und belegte im selben Jahr die Fakultät für Physik und Mathematik der Universität Noworossijsk (Odessa). Nach einem Jahr wechselte er zur Fakultät für Medizin, die er 1913 absolvierte. Sein weiteres Schicksal ist unbekannt.

Neff, Andreas Jakob,

wurde am 21.04.1892 in der Kolonie Hohenberg (Totmann), Kreis Jewpatoria (Eupatoria), Gouvernement Taurien, in einer evangelisch-lutherischen Familie geboren. Er hatte eine abgeschlossene medizinische Hochschulbildung. Für seine Agitation gegen die Kollektivierung der Privat-Wirtschaften wurde er 1930 verhaftet und zu drei Jahren Haft im Arbeits-Besserungslager verurteilt. Nach seiner Haft war er als Arbeiter in der Konservenfabrik Simferopol tätig. Von Mai 1934 an unterstützte ihn die Handelskette Torgsin mit zehn Reichsmarken im Monat, ein Umstand, der zu seiner zweiten Verhaftung am 23.11.1936 führte. Er wurde beschuldigt, den deutschen Untergrund anzuleiten, und am 16.06.1937 zum Tod durch Erschießen verurteilt. Er war mit Berta Heinrich Wagner (1901–1942) verheiratet. Sie hatten zwei Söhne und zwei Töchter. Die älteste Tochter Erna (geb. 11.01.1935) lebt in Deutschland.[189]

Neufeld, Gerhard Jakob,

wurde 1893 im Gouvernement Jekaterinoslaw in einer mennonitischen Familie geboren. 1923 absolvierte er die Fakultät für Medizin und wurde in der Stadt Belebej der Republik Baschkirien Arzt.

Am 11.02.1938 wurde er verhaftet und am 07.06.1938 als Volksfeind erschossen.

Polle, Helmut Christian

Er wurde am 22.04.1914 im Dorf Sarybasch (Ettingerbrunn), Kreis Eupatoria, Gouvernement Taurien, in einer lutherischen Familie geboren. Seine Eltern waren: Christian (1880–1934) und Dorothea

---

189 Hilda Riss: „Krim-Deutsche – Repressalien", Nürnberg 2011, S. 392

Polle (1887–1914). Nach Abschluss der Sieben-Klassen-Schule ging er 1930 in die Medizinische Schule Molotschansk. Kaum hatte er mit der Ausbildung begonnen, gab er auf und kehrte zurück zu seinen Eltern ins Dorf Maifeld, wo er als Sekretär des Dorfrates arbeitete. Doch bald nahm er die Ausbildung wieder auf und absolvierte die Medizinische Schule 1935 und bekam somit das Recht, die Deutsche Abteilung der Medizinischen Hochschule Odessa zu belegte. 1937 wurde die Deutsche Abteilung der Hochschule geschlossen und die deutschen Studenten kamen in den allgemeinen Kurs. 1940 absolvierte er die Hochschule und ging zu seiner Frau nach Kasachstan, die bereits als Ärztin in die Stadt Uschtobe zur Arbeit geschickt worden war. Im Mai 1942 wurde er in den Südural in das Arbeitslager „Bakalstroj" deportiert. Dort musste er zunächst physische Arbeiten verrichten, danach wurde ihm die Heilung der kranken Lagerarbeiter anvertraut. Insgesamt arbeiteten im Lager zwölf Ärzte, eingeschlossen ein Dozent und zwei Kandidaten der Wissenschaften. Im Juni 1946 kam seine Familie zu ihm.

Er war mit der Ärztin Elsa Welk (1916–?) verheiratet, verlebte mit ihr über 50 glückliche Jahre. Nach seiner Übersiedlung nach Deutschland veröffentlichte er mit seinem Sohn 1996 seine Erinnerungen im Internet unter dem Titel „Vater und Sohn".[190]

Reimer, David Abraham,

wurde 1889 im Kreis Cherson, Gouvernement Cherson, in einer mennonitischen Kolonistenfamilie geboren. Nach Abschluss des Gymnasiums Nr. 4 in Charkow belegte er 1913 die Fakultät für Medizin der Universität Charkow. Angaben über die Absolvierung der Universität liegen nicht vor.

---

190 H. Ch. und E. H. Polle, Samlib.ru/p/polle_e_g/pollechron.shtml

Reimer, Heinrich Nikolaus,

wurde am 12.09.1863 in der Kolonie Orloff, Kreis Berdjansk, Gouvernement Taurien, in einer mennonitischen Kolonisten-familie geboren. Er beendete das Gymnasium in Feodossija und belegte 1885 die Fakultät für Medizin der Universität Charkow, die er 1891 als Arzt absolvierte. Seine berufliche Laufbahn begann er als Betriebsarzt an der Station Sofijewka, Kreis Alexandrowsk, Gouvernement Jekaterinoslaw, wo er bis 1908 praktizierte. 1909 begann er seine private Tätigkeit und war bis 1916 freischaffender Arzt. Sein weiteres Schicksal ist unbekannt.

Riester, Rudolf Wendelin,

wurde 1877 in Odessa in einer lutherischen Familie geboren. 1901 hatte er die medizinische Hochschulbildung erworben. Seine berufliche Laufbahn begann er als freischaffender Arzt in Kiew. 1904 kehrte er nach Odessa zurück und begann, als Arzt im Außendienst des Stadtkrankenhauses zu arbeiten und verblieb in dieser Stelle bis 1907. Von 1908 bis 1916 war er Arzt dieses Krankenhauses. Zu Zeiten der Sowjetmacht arbeitete er im Jahr 1923 als Arzt im Krankenhaus Nr. 4.

Mitte der 1930er Jahre lebte er in Simferopol, wo er als Assistent an der Medizinischen Hochschule tätig war. Am 21.11.1936 wurde er unter dem Verdacht der Spionage verhaftet und zum Tod durch Erschießen verurteilt.[191, 192]

---

191 Hilda Riss: „Krim-Deutsche – Repressalien", Nürnberg, 2011, S. 453
192 Medizinische Listen Russlands für die erwähnten Jahre

Rüdinger, David Gerhard,

wurde 1907 in der Kolonie Lindenau, Gouvernement Taurien, in einer mennonitischen Familie geboren. Er hatte ein abgeschlossenes Medizinstudium, mit Fachrichtung Chirurgie. 1941 wurde er nach Kasachstan, ins Dorf Semiosjornoje, Gebiet Kustanai, Kasachstan, deportiert. Am 19.01.1942 wurde er verhaftet und am 14.08. desselben Jahres zu zehn Jahren Lagerarbeit verurteilt. Sein weiteres Schicksal ist unbekannt.

Sawadtzki, Peter Jakob,

wurde 1886 in der Kolonie Wiesenfeld, Gouvernement Jekaterinoslaw, in einer mennonitischen Familie geboren. Er hatte ein abgeschlossenes Medizinstudium. Mitte der 1930er Jahre lebte er mit der Familie in Feodossija, wo er als Arzt des Krankenhauses an der Station Sarygol tätig war. Am 23.11.1936 wurde er verhaftet und wegen angeblicher Spionagetätigkeit zu zehn Jahren Haft im Besserungs-Arbeitslager verurteilt. Seine Haft büßte er im Lager an der Station Jerzowo, Gebiet Archangelsk, ab, wo er im Lazarett den Pflichten des Chefarztes nachgehen musste. Nach seiner Freilassung zog er mit der Familie in die Siedlung Sarenda, Gebiet Nordkasachstan, wo er als Arzt tätig war. 1956 übersiedelte er mit Familie nach Karaganda, wo er am 22.11.1962 verstarb.

Er war mit Margareta Kornelius Reimer (1887–1979) verheiratet, mit der er zwei Kinder hatte, den Sohn Woldemar (1920) und die Tochter Agnes (1927).[193]

---

193 Hilda Riss: „Krim-Deutsche – Repressalien", Nürnberg, 2011, S .274

Schaad, Albert Gottlieb,

wurde am 11.09.1866 in der Kolonie Prischib, Kreis Berdjansk, Gouvernement Taurien, in einer lutherischen Kolonistenfamilie geboren. Nachdem er das Gymnasium in Feodossija beendet hatte, belegte er 1886 die Fakultät für Medizin der Universität Charkow, die er 1891 absolvierte. Seine berufliche Laufbahn begann er als Assistenzarzt im Infanterieregiment Nr. 157, das in Saratow stationiert war.

1894 wurde er nach Bobrujsk, Gouvernement Minsk, verlegt, wo er bis 1896 seinen Dienst als Assistenzarzt weiter versah.

Danach war er von 1897 bis 1899 als Assistenzarzt im Kriegslazarett der Stadt Lublin (Polen) tätig. In den Jahren 1900–1901 diente er im 52. Wilnersregiment in Feodossija, danach zwei Jahre (1902–1904) als Assistenzarzt im 60. Infanterieregiment Odessa. Im Laufe der Jahre 1905–1906 war er Assistenzarzt im Kriegslazarett Cherson. Von 1907 bis 1910 war er freischaffender Arzt in Odessa. Von 1911 bis 1916 war er Chefarzt im Krankenhaus des Roten Kreuzes in Cherson. Sein weiteres Schicksal ist unbekannt.

Schaible, Woldemar Johann Jakob (1887–?),

wurde in der Kolonie Klöstitz, Kreis Ackermann (Bessarabien), geboren. Sein Vater war deutscher Umsiedler aus der Kolonie Glücksthal, Gouvernement Cherson. Nach Abschluss des Gymnasiums im Jahr 1907 belegte er die Fakultät für Medizin der Universität Noworossijsk (Odessa), die er 1913 mit dem Arzt-Diplom absolvierte und als Ordinator der Universitätsaugenklinik zu arbeiten begann. Während des Ersten Weltkrieges war er als Arzt der Augenabteilung des Kriegslazaretts in Winniza tätig. Im März 1918 wurde er aus dem Armeedienst entlassen. Sein weiteres Schicksal ist unbekannt.

Schardt, Gregor Josef (1892–?),

wurde in der Kolonie Karlsruhe, Gouvernement Cherson, in der katholischen Familie von Josef und Rosa Schardt (geb. Dukardt) geboren. 1911 beendete er in Nikolajew das Gymnasium und belegte die Fakultät für Medizin der Universität Noworossijsk (Odessa). 1916 verteidigte er sein Arztdiplom. 1923 war er als Bereichsarzt in der Kolonie Sulz, Kreis Odessa, tätig. Sein weiteres Schicksal ist unbekannt.

Schneider, Rudolf Philipp,

wurde 1886 im Kreis Perekop, Gouvernement Taurien, in einer evangelisch-lutherischen Familie geboren. Er beendete das Gymnasium in Simferopol und belegte 1905 die Fakultät für Medizin der Universität Charkow, die er 1911 als Arzt absolvierte. Seine berufliche Tätigkeit begann er als Landstandesarzt im Dorf Fjodorowka, Kreis Alexandrowsk, Gouvernement Jekaterinoslaw, wo er bis 1916 praktizierte. Sein weiteres Schicksal ist unbekannt.

Schöttle, Eduard Gustav Karl (1877–?),

wurde am 06.10.1878 in Odessa in der evangelisch-lutherischen Familie von Karl und Klementine Schöttle (geb. Hudoffsky) geboren. Sein Vater war Offizier, der nach seiner Entlassung aus dem Militärdienst Direktor der Realschule der evangelisch-lutherischen Gemeinde Odessa wurde und gleichzeitig Mathematik unterrichtete. 1900 beendete Eduard das Gymnasium Nr. 4 zu Odessa und unter Einfluss des Berufs des Vaters belegte er die Fakultät für Physik und Mathematik der Universität Noworossijsk (Odessa). Nach zwei Semestern wechselte er aber zur Fakultät für Medizin, die er 1906 absolvierte. Vor seinem letzten Studienjahr heiratete er 1905 Alexandra Stavro. Seine volle Dienstliste liegt nicht vor. In der Zeit von 1906 bis 1916 fehlt sein Name in den medizinischen Listen Russlands. 1920 war er als Chirurg im evangelischen Krankenhaus zu Odessa tätig. 1923 war er Arzt des 4. Krankenhauses, was die Registrierung seines Namens in den medizinischen Listen der UdSSR für 1924 bezeugt. Danach begann man, ihn politisch zu verfolgen und er wurde aus Odessa verwiesen. Sein weiteres Schicksal ist unbekannt.

Schuler, Alexander Johann,

wurde am 20.09.1883 in Odessa in der Familie eines Stabsoffiziers geboren. Er war evangelisch-lutherischen Glaubens. Nach Abschluss des Gymnasiums Nr. 4 in Odessa belegte er 1903 die Fakultät für Medizin der Universität Noworossijsk (Odessa). Angaben über die Absolvierung der Universität liegen nicht vor.

Schulz, Wilhelm Gottlieb,

wurde 1890 im Kreis Melitopol, Gouvernement Taurien, in einer evangelisch-lutherischen Familie geboren. Nach Abschluss des Gymnasiums in Melitopol belegte er die Fakultät für Medizin der Universität Charkow, die er 1916 als Arzt absolvierte. 1923 war er als Arzt im Dorf Roshdestwenka, Gouvernement Jekaterinoslaw, tätig. Sein weiteres Schicksal ist unbekannt.

Seelinger, Eduard Johann,

wurde 1899 in der Kolonie Rastatt (Poretschje), Kreis Odessa, Gouvernement Cherson, in einer katholischen Familie geboren. Er hatte eine abgeschlossene medizinische Hochschulbildung. Mitte der 1930er Jahre lebte er im Gebiet Gurjew (heute: Atyrausk) in Kasachstan. Am 20.09.1937 wurde er verhaftet und nach dem Paragraphen „Volksfeind" verurteilt und nach vier Tagen, am 24.09.1937, erschossen.

Tawonius, Erich Alexander (1872–1927)

Er wurde am 03.10.1872 in einer evangelischen Familie in der Festung Pschai im Nordkaukasus geboren, wo sein Vater Alexander Tawonius (1834–1882) als Militärarzt diente.[194]

Erichs Mutter stammte von den Baltendeutschen Wetterholz ab. Weil er mit zehn Jahren seinen Vater verlor, wuchs er bei den Verwandten in Dorpat (Tartu) auf. Nach Abschluss des Gymnasiums belegte er die Fakultät für Medizin der Universität Dorpat, die er 1896 als Arzt absolvierte.

Seine berufliche Laufbahn begann er als freischaffender Arzt in der Stadt Krementschug, Gouvernement Poltawa, wo er bis 1899 praktizierte. Von 1899 bis 1905 war er als Landstandesarzt

---

194 Album Academicum der Kaiserlichen Universität Dorpat, Immatrikulation Nr. 6127

im Dorf Nowo-Wassiljewka, Kreis Berdjansk, Gouvernement Taurien, tätig.

1906 bekam er die Stelle des Landstandesarztes in der mennonitischen Kolonie Muntau (Jasnowka), Kreis Berdjansk, Gouvernement Taurien.

Danach war er in den Jahren 1907–1908 Gemeindearzt in der Kolonie Halbstadt, die sich in der Nachbarschaft von Muntau befand.

1909 kehrte er in die Kolonie Muntau zurück und praktizierte dort als Gemeindearzt bis 1916.

1915 wurde er in die Zarenarmee eingezogen. Dort war er im Evakuationslazarett im Kaukasus tätig. Nachdem ihm ein Pferd einen Tritt versetzt hatte, wurde er ins Krankenhaus von Frau Rajewski in Zarskoje selo eingeliefert. Nach seiner Heilung bekam er die Stelle eines Militärarztes in Aschchabad (Turkmenien). 1918 kehrte er in die Kolonie Muntau zurück, wo er bis zu seinem Tode als Chirurg tätig war. Das Krankenhaus in der Kolonie Muntau, das der Kolonisten Franz Walls auf eigene Kosten gegründet hatte, war zu jener Zeit ein Zentrum der modernen Medizin. Der Arzt Tawonius trug viel dazu bei, um es zu erweitern und zu modernisieren. Er war einer der Gründer des Altenheimes „Morija", wo er nebenberuflich die Kranken heilte. Er nahm auch aktiv bei der Heranbildung der mittleren medizinischen Kader in der örtlichen Schule für Krankenschwestern teil.

Der Arzt Tawonius starb am 29.04.1927 an Herzversagen, das einer Grippe folgte. Er war mit der Tochter des örtlichen Pastors, Margarete Baumann (?–1940), verheiratet. Das Paar hatte vier Töchter, von denen drei den Ärzteberuf wählten.

Vogt, Jakob Johann (1891–?),

wurde in der Kolonie Gologovk, Kreis Odessa, Gouvernement Cherson, in der lutherischen Kolonistenfamilie von Johann und Margarete Vogt (geb. Ackermann) geboren. Nachdem er 1911 das Gymnasium in der Stadt Ananjew beendet hatte, belegte er die Fakultät für Medizin der Universität Noworossijsk (Odessa). 1914 ging er mit der Gruppe des Roten Kreuzes an die Front, wo er bis Mai 1915 als Arzthelfer der 8. Zarenarmee diente. Sein weiteres Schicksal ist unbekannt.

Voth, Andreas Andreas, wurde am 26.10.1867 in der Kolonie Halbstadt, Kreis Berdjansk, Gouvernement Taurien, in einer mennonitischen Kolonistenfamilie geboren. Er beendete das Gymnasium in Berdjansk und belegte 1881 die Fakultät für Medizin der Universität Charkow, die er 1888 als Arzt absolvierte. Seine Arbeitslaufbahn begann er als freischaffender Arzt in der Kolonie Eigenheim (Listowka), Kreis Alexandrowsk, Gouvernement Jekaterinoslaw, wo er bis 1908 tätig war. Von 1909 an fehlt sein Name in den medizinischen Listen Russlands. Die Ursache konnte nicht festgestellt werden.

Walter, Anton Jakob

Er wurde am 03.08.1899 in einer katholischen Familie in der Kolonie Blumenthal (nach anderen Angaben in der Kolonie Waldorf), Kreis Melitopol, Gouvernement Taurien, geboren. Zunächst begann er, Theologie zu studieren, doch bald gab er das Studium auf und arbeitete als Dorfschullehrer. 1930 belegte er die Medizinische Hochschule Krim, doch er konnte wegen seiner Verhaftung das Studium nicht zu Ende bringen. 1935 wurde er exmatrikuliert und am 19.01.1936 zu drei Jahren Verbannung ins Gebiet Krasnojarsk verurteilt. 1938 wurde er erneut verurteilt, diesmal zu zehn Jahren Lagerbesserungsarbeit, die er im Hohen Norden, am Fluss Kolyma abbüßen musste. Er war dort als Lagerarzt tätig und wurde 1943 zum dritten Mal verurteilt. Nach seiner Freilassung lebte er kurze Zeit in Lwow (Lemberg) und in Moskau, wo er 1959 verstarb. Er war sehr musikalisch und Kenner der deutschen Volkslieder. Er war mit einer Baltendeutschen, Lucia, verheiratet. Das Paar hatte drei Töchter. Während der langen Trennung von der Familie heiratete er im Lager die Jüdin Jewgenia Ginsburg, die ihm in ihren Erinnerungen „Steile Marschroute" ein Kapitel gewidmet hat, in dem sie ihn als sehr idealistisch beschrieben hat.

Wagner, Eugen Anton

Er wurde am 22.09.1918 in der Kolonie Langeberg (Ponjatowka), Gouvernement Cherson, in einer katholischen Familie geboren. 1935 beendete er die Mittelschule und bezog die Heilfakultät der Medizinischen Hochschule Odessa. Nach dem Studium wurde er in die Aspirantur beim Lehrstuhl für Chirurgie aufgenommen, doch aus unbekannten Gründen im November 1940 entlassen und zur Arbeit im Dorf bestimmt. Er war Bereichsarzt in Sentowka, Gebiet Kirowograd, danach Chefarzt im Kreiskrankenhaus Kompanejewka. Zu Beginn des Zweiten Weltkrieges wurde er in die Rote Armee einberufen, wo er einige Monate Leiter des Evakuations-Lazaretts war. 1942 hat man ihn als Deutschen aus der Roten Armee entlassen und nach Alma-Ata (Kasachstan) deportiert. Von hier aus musste er weiter nach Solikamsk, (Gebiet Perm) ins Arbeitslager, wo er als Lagerarzt tätig war. Nach Auflösung der Arbeitslager siedelte er in die Stadt Beresniki, Gebiet Perm, um, wo man ihm erlaubte, Sprechstunden zu führen und im Krankenhaus kleine ambulante Eingriffe gratis durchzuführen. Eines Tages traf er einen bekannten Arzt aus Odessa und schilderte ihm seine Arbeitsbedingungen. Dieser riet ihm, sich mit Wissenschaft zu beschäftigen. Als er genügend Stoff gesammelt hatte, schrieb er 1956 seine Kandidatendissertation zum Thema „Taktisches Vorgehen beim chirurgischen Eingriff der Thoraxverletzungen in friedlichen Zeiten". Der wissenschaftliche Grad erlaubte es ihm, die Stelle des Abteilungsleiters für Notfallchirurgie im Stadtkrankenhaus zu bekommen. 1960 erhielt das Stadtkrankenhaus Beresniki den Status des Gebietskrankenhauses und wurde zur Lehrbasis der Medizinischen Hochschule Perm. Von 1961 bis 1964 vertrat Chirurg Wagner den Lehrdozenten. Im April 1965 wurde er vom Ministerium für Gesundheitswesen der Russischen Föderation zum Prorektor für wissenschaftliche Arbeit der Medizinischen Hochschule ernannt. Im selben Jahr bestand er sein Doktorexamen zum Thema „Diagnostik-Unterlagen und Heilung der inneren Brustverletzungen" und wurde zum Leiter des Lehrstuhls für Chirurgie und später für Klinikchirurgie. 1970 wurde Professor E. A. Wagner zum Rektor der Hochschule ernannt, die er bis 1995 leitete. Aus seiner Feder flossen über 350 wissenschaftliche Arbeiten, darunter 19 Monografien. Unter seinen Schülern sind 28 Doktoren und 76 Kandidaten der medizinischen Wissenschaften. Er hatte den Grad Akademiker der Akademie der medizinischen Wissenschaften, wurde mit mehreren Orden und Medaillen ausgezeichnet. Er war Ehrenbürger der Stadt Perm und Beresniki.

Eugen Anton Wagner verstarb am 14.09.1998 im Alter von 79 Jahren. Angaben über sein Familienleben liegen nicht vor.

Walz, Anton Johann,

wurde 1919 in der Kolonie Rosental, Gouvernement Taurien, in einer katholischen Familie geboren. Er hatte eine medizinische Hochschulbildung und war als Arzt auf dem Lande tätig. Im Frühling 1941 wurde er einberufen. Anfang des Krieges ist er verschollen.[195]

Warkentin, Heinrich Kornelius (1891–?),

wurde in einer mennonitischen Kolonistenfamilie im Gouvernement Taurien geboren. Nach Abschluss des Gymnasiums in Berdjansk belegte er 1911 die Fakultät für Medizin der Universität Noworossijsk (Odessa). Wegen des Ausbruchs des Ersten Weltkrieges wurde er 1915 nach dem achten Semester zum Arzt II. Kategorie ernannt. Sein weiteres Schicksal ist unbekannt.

Witt, Woldemar Eduard,

wurde am 26.06.1882 in Odessa in einer orthodoxen Kleinbürgerfamilie geboren. Er beendete das Gymnasium Nr. 5 in Odessa und belegte 1901 die Fakultät für Medizin der Universität Noworossijsk (Odessa), die er 1907 als Heiler absolvierte. Bis 1916 war er freischaffender Arzt in Odessa.

---

195 Hilda Riss: „Krim-Deutsche – Repressalien", Nürnberg, 2011, S. 134

1923 war er als Bereichsarzt an der Station Kurgannaja der Eisenbahn Kubano-Tschernomorsk tätig.

Zimmermann, Karl Eugen Friedrich,

wurde 1891 in der Stadt Melitopol, Gouvernement Taurien, geboren. Ein Glaubensbekenntnis ist nicht überliefert. Er hatte eine medizinische Hochschulbildung und praktizierte in seiner Heimatstadt. 1941 wurde er in den Ural deportiert, bis September 1954 befand er sich in der Stadt Magnitogorsk, Gebiet Tscheljabinsk. Sein weiteres Schicksal ist unbekannt.

Zöhner, Christian Christian

Er wurde 1905 in der Kolonie Weinau (Arbusowka), Kreis Melitopol, Gouvernement Taurien, in einer evangelisch-lutherischen Kolonistenfamilie geboren. 1925 belegte er die Medizinische Hochschule in Odessa, die er 1930 absolvierte. Seine ärztliche Laufbahn begann er als Leiter der Ambulanz in der Grube Nr. 23 Kreis Rowno, Donbass. 1933 versetzte man ihn in das Kreiskrankenhaus Dolshansk (heute: Dolgoje), Gebiet Orlow. Im Laufe der Jahre 1934–1935 machte er Weiterbildungen zum Thema

Chirurgie in Charkow. Da seine Beziehung zum Chefarzt ange-
spannt war, übersiedelte er in die Stadt Schachty, Gebiet Rostow,
wo er als Chirurg im Stadtkrankenhaus zu arbeiten begann. Von
1939 bis 1941 spezialisierte er sich in Kiefer-Gesichts-Chirurgie
in Leningrad (Sankt Petersburg), wo er unter Leitung des Professors A. A. Limberg (1894–1974) mit seiner wissenschaftlichen
Arbeit zum Thema „Schusswunde Karotid" begann. Er sollte im
Herbst 1941 seine Dissertation verteidigen, doch der Krieg ver-
hinderte das. Als Deutscher wurde er zusammen mit seiner Frau
in den Kreis Pachta-Aralskij, Südkasachstan, deportiert, wo er einige Zeit bei der Baumwollernte beschäftigt war. Danach schlug
man ihm vor, die Fünf-Betten-Klinik des Baumwollbetriebs zu
leiten. Er lehnte ab, denn für einen Chirurgen passte diese Stelle
nicht. Bald darauf sah die Kreisleitung ein, dass er viel größeren
Nutzen im Kreiskrankenhaus Wosnessenka bringen konnte. Da
man aber im Krankenhaus bislang noch keine Operationen gemacht hatte, musste Chirurg Zöhner erst eine Basis für die chirurgische Hilfe schaffen. 1945 kamen aus den Dörfern immer
mehr Kranke mit starken Leberschäden zu ihm. Um die Ursache
zu erkennen und eine Infektion auszuschließen, impfte Zöhner
sich Blut eines Kranken unter die Haut. Zum Glück erkrankte
er nicht. Danach interessierte er sich sehr für die Ernährung der
Kranken und er stellte fest, dass sie bitteres Brot aßen, das aus
Mehl und Heliotropsamen gebacken wurde. Er führte ein Ex-
periment an Küken durch und bekam ein pathologisch-anato-
misches Bild des Lebergewebes, das dem der Kranken ähnlich
war. Er beschrieb die Ergebnisse seiner Forschungen, doch man
zögerte lange, diesen Beitrag zu drucken. Erst nachdem die hohen Parteibosse eingegriffen hatten, brachte man den Beitrag in
der Zeitschrift „Sozialistisches Gesundheitswesen Usbekistans".
Dank seiner ausführlichen Forschungen konnte man die Ursache der Krankheit und Methoden zu ihrer Heilung finden. Die
Ergebnisse dieser Forschung wurden als großer Beitrag zur wissenschaftlichen Medizin anerkannt und dem Entdecker dieser
Krankheit wurde der Grad Kandidat der medizinischen Wissenschaften zugesprochen. Chirurg Zöhner hatte etwa zehn Jahre

in verschiedenen Krankenhäusern Mittelasiens gearbeitet. 1948 im Stadtkrankenhaus Tschimkent, von 1949 bis 1957 im Kreiskrankenhaus Bastanlyk. 1957 war er in der stationären Klinik Nr. 6 in Taschkent tätig, von hier ging er ins Institut für Bluttransfusion, wo er bis zu seiner Pensionierung arbeitete. Er veröffentlichte etwa 50 wissenschaftliche Beiträge und druckte sie 1989 mit seinem Lebenslauf im Büchlein „Aus den Erinnerungen eines Chirurgen" in Taschkent. Er verstarb am 18.04.1989 in Taschkent. Er war verheiratet und hatte zwei Töchter, eine von ihnen lebt in Deutschland.[196]

---

196 Johanna Jenn, Deutsch-Russische Zeitung

KAPITEL VIII

Die deutschen Mediziner und Apotheker unter den Opfern des politischen Terrors

Die Bolschewiken, die in Russland mit Gewalt an die Macht gekommen waren, schufen wahrscheinlich das einzige Regime in der Welt, das massenweise auch Mediziner verfolgt hat. Ihm fielen Hunderte Mediziner deutscher Abstammung zum Opfer, von denen die meisten in den Kolonien des Wolgagebiets und Südrusslands geboren worden waren. Der Autor hat eine Liste mit deutschen Medizinern, die Opfer stalinistischer Repressalien (Gulag, Todesstrafe usw.) wurden, zusammengestellt – ohne den Anspruch auf Vollständigkeit tz erheben. Als Grundlage dienten ihm die Listen „Opfer des politischen Terrors der UdSSR", die im Internet zu finden sind.

1. Arnold, Paul Konstantin (1897–?), geboren im Wolgagebiet. Arzt.
2. Bader, Rosalia Johann (1908–?), geboren in der Kolonie Prischib, Kreis Berdjansk, Gouvernement Taurien. Krankenpflegerin.
3. Bär, Albert Nathan (1919–?), geboren im Gouvernement Taurien. Krankenpfleger.
4. Baum, Maria Alexander (1900–1937), geboren in der Kolonie Balzer, Kreis Kamyschin, Gouvernement Saratow. Krankenschwester.
5. Baus, Andreas Andreas (1878–1938), geboren in der Kolonie Doenhof, Kreis Kamyschin, Gouvernement Saratow. Krankenpfleger.
6. Beierle, Leontina Eduard (1911–?), geboren in der Kolonie Hochheim, Kreis Eupatoria, Gouvernement Taurien. Krankenschwester.
7. Beilmann, Johann Paul (1880–?), geboren in der Kolonie Katharinenstadt, Kreis Nikolajesk, Gouvernement Samara. Apotheker.

8. Bellendir, Eduard Nikolaus (1891–?), geboren in der Kolonie Wolmar, Kreis Kamyschin, Gouvernement Saratow. Lehrer der Medizinischen Fachschule in Engels.

9. Berg, Peter Johann (1910–1938), geboren im Kreis Alexandrowsk, Gouvernement Jekaterinoslaw. Student der 2. Moskauer Medizinischen Hochschule.

10. Beutelsbacher, Jakob Jakob (1891–1937), geboren im Gouvernement Cherson. Arzt.

11. Bibrich, Renata Emmanuel (1919–?), geboren im Gebiet Saratow. Geburtshelferin.

12. Braun, Rosalia Leonhard (1904–?), geboren in der Kolonie Rastatt, Kreis Odessa, Gouvernement Cherson. Krankenschwester.

13. Braun, Maria Alexander (1900–?), geboren in der Kolonie Balzer, Kreis Kamyschin, Gouvernement Saratow. Krankenschwester.

14. Bühler, Wilhelm Heinrich (1892–?), geboren in der Kolonie Neudorf, Kreis Feodossija, Gouvernement Taurien. Feldscher.

15. Dederer, David Andreas (1870–1938), geboren im Gouvernement Donsk. Feldscher.

16. Degenhard, Jakob Stephan (1883–?), geboren in Saratow. Apotheker.

17. Degraf, Christian Karl (1897–?), geboren in der Kolonie Schwed, Kreis Nowousensk, Gouvernement Samara. Apotheker.

18. Demme, Georg Alexander (1899–?), geboren in Taganrog, Gouvernement Rostow. Arzt.

19. Dick, Gerhard Daniel (1893–?), geboren in der Kolonie Gnadenfeld, Kreis Berdjansk, Gouvernement Taurien. Sanitäter.

20. Dick, Heinrich Heinrich (1904–?), geboren in der Stadt Mariupol, Gouvernement Jekaterinoslaw. Feldscher.

21. Diesendorf, Andreas Andreas (1896–?), geboren in der Kolonie Katharinenstadt, Kreis Nikolajewsk, Gouvernement Samara. Kinderarzt.

22. Dieterichs, Michael Michael (1904–?), geboren in Jekaterinodar. Student der Medizinischen Hochschule Leningrad.

23. Duckart (Dukart), Emilia Joseph (1888–?), geboren im Gouvernement Cherson. Krankenschwester.
24. Eckard, Eduard Eduard (1910–?), geboren in der Kolonie Laub (Tarlyk), Kreis Nowousensk, Gouvernement Samara. Sanitäter.
25. Eirich, Heinrich Jakob (1908–1941), geboren in der Kolonie Reinwald, Kreis Nowousensk, Gouvernement Samara. Feldscher.
26. Emmerich, David Johann (1887–?), geboren in der Kolonie Kind, Kreis Nikolajewsk, Gouvernement Samara. Zahnarzt.
27. Fast, Heinrich Peter (1879–1938), geboren in Melitopol, Gouvernement Taurien. Medizin-Statistiker.
28. Fast, Heinrich Peter (1898–?), geboren im Gouvernement Samara. Feldscher.
29. Fast, Helena Jakob (1908–?), geboren in der Kolonie Blumenort, Kreis Berdjansk, Gouvernement Taurien. Laborantin.
30. Fehl, Lucia Christian (1920–?), geboren in der Kolonie Arbeitstal, Kreis Melitopol, Gouvernement Taurien. Krankenschwester.
31. Feiler, Andreas Alexander (1922–?), geboren im Gebiet Saratow. Feldscher.
32. Fink, Philipp Heinrich (1885–-?), geboren in der Kolonie Gnadenflur, Kreis Nowousensk, Gouvernement Samara. Arzt-Mikrobiologe.
33. Frank, Reinhold (1918–?), geboren in der Kolonie Neu-Schilling, Kreis Nowousensk, Gouvernement Samara. Feldscher.
34. Franz, Helena Heinrich (1912–?), geboren im Gouvernement Samara. Krankenschwester.
35. Frickel, Jakob Peter (1906–?), geboren im Gouvernement Saratow. Sanitäter.
36. Fust, Adolf Christian (1911–?), geboren im Gouvernement Taurien. Feldscher.
37. Gareis, Joseph Peter (1917–?), geboren in der Kolonie Köhler, Kreis Kamyschin, Gouvernement Saratow. Desinfektor.
38. Giebert, Anna Jakob (1915–?), geboren in der Kolonie Rosenort, Gouvernement Taurien. Feldscherin.

39. Glück, Eugenia Leon (?–?), Absolventin der Medizinischen Schule Balzer, Kreis Kamyschin, Gouvernement Saratow. Feldscherin.
40. Götte, Nikolaus Friedrich (1885–?), geboren im Gouvernement Astrachan. Arzt.
41. Grasmück, Rudolf Ludwig (1890–1937), geboren in der Kolonie Laube, Kreis Nowousensk, Gouvernement Samara. Apotheker.
42. Grimm, Sophia Konstantin (1889–?), geboren in Saratow. Krankenschwester.
43. Gross, Rosalia Friedrich (1903–1937), geboren in der Kolonie Messer, Kreis Kamyschin, Gouvernement Saratow. Krankenschwester.
44. Grünke, Margarethe Friedrich (1908–1938), geboren im Gouvernement Jekaterinoslaw. Krankenschwester.
45. Harder, Peter Peter (1899–?), geboren in der Kolonie Karassan, Kreis Simferopol, Gouvernement Taurien. Feldscher.
46. Hartmann, Berta David (1912–?), geboren in der Kolonie Balzer, Kreis Kamyschin, Gouvernement Saratow. Geburtshelferin.
47. Hartstein, Artur Friedrich (1898–?), geboren in der Kolonie Hochstadt, Kreis Melitopol, Gouvernement Taurien. Arzt.
48. Henne, Gottfried Andreas (1898–?), geboren in der Kolonie Ruhental, Gouvernement Don. Feldscher.
49. Herbert, Friedrich Friedrich (1897–?), geboren in der Kolonie Dietel, Kreis Kamyschin, Gouvernement Saratow. Arzt.
50. Herdt, Pauline Georg (?–?), Absolventin der Medizinischen Fachschule Balzer, Kreis Kamyschin, Gouvernement Saratow. Feldscherin
51. Herz, David Peter (1897–1937), geboren in der Kolonie Rudnerweide, Kreis Berdjansk, Gouvernement Taurien. Sanitäter.
52. Herzen, Anna Heinrich (1908–?), geboren in der Kolonie Friedrichsfeld, Gouvernement Stawropol. Krankenschwester.
53. Herzen, Friedrich Abraham (1888–?), geboren in der Kolonie Wohldemfürst, Nordkaukasus. Sanitäter.
54. Hildebrandt, Marianna Peter (1916–?), geboren im Gouvernement Taurien. Feldscherin

55. Hildebrandt, Maria Ludwig (1920–?), geboren in der Kolonie Eigenfeld, Region Krasnodar. Pharmazeutin.
56. Hinkel, Johann Peter (1880–?), geboren im Gouvernement Cherson. Feldscher.
57. Holder, Emilia Gustav (1881–?), geboren in Jalta, Gouvernement Taurien. Registratorin.
58. Holzmann, Amalia Peter (1921–?), geboren in der Kolonie Leichtling, Kreis Kamyschin, Gouvernement Saratow. Krankenschwester.
59. Hoppe, Martin Martin (1915–?), geboren in der Kolonie Schwed, Kreis Nowousensk, Gouvernement Samara. Student der Medizinischen Hochschule Saratow.
60. Hummel, Ernst Georg (1899–?), geboren in der Kolonie Näb, Kreis Nikolajewsk, Gouvernement Samara. Pharmazeut.
61. Huster, Egon Friedrich (1919–?), geboren im Gouvernement Cherson. Feldscher.
62. Ilg, Wilhelm Karl (1891–?), geboren in der Stadt Nogaisk, Kreis Berdjansk, Gouvernement Taurien. Feldscher.
63. Johannes, Emanuel Philipp (1915–?), geboren in der Kolonie Kukkus, Kreis Nowousensk, Gouvernement Samara. Feldscher.
64. Kannenberg, Sergej Leonhard (1872–?), geboren in Saratow. Apotheker.
65. Kapy-Helferich, Brigitta Anton (1912–?), geboren in der Kolonie Katharinental, Gouvernement Cherson. Feldscherin.
66. Keller, Alexander Andreas (1902–?), geboren in der Stadt Kamyschin, Gouvernement Saratow. Arzt.
67. Keller, Leo Friedrich (1894–?), geboren im Wolgagebiet. Student der Medizinischen Hochschule Atrachan.
68. Kniese-Herdt, Amalia Alexander (1885–?), geboren im Gouvernement Saratow. Feldscherin.
69. Koch, Philipp Jakob (1870–?), geboren in der Kolonie Fresental, Kreis Nowousensk, Gouvernement Samara. Feldscher.
70. Konradi-Achtziger, Maria Johann (1903–?), geboren im Wolgagebiet. Apothekerin.
71. Kraft, Erika Karl (1916–?), geboren in der Kolonie Balzer, Kreis Kamyschin, Gouvernement Saratow. Krankenschwester.

72. Kraus, Maria Konrad (1905–?), geboren in der Kolonie Balzer, Kreis Kamyschin, Gouvernement Saratow. Köchin des Krankenhauses.
73. Langer, Viktoria Friedrich (1905–?), geboren im Wolgagebiet. Ärztin.
74. Lippert, Kasimir Friedrich (1900–1938), geboren in der Kolonie Katharinenstadt, Kreis Nikolajewsk, Gouvernement Samara. Hygieneinspektor.
75. Lohrer, Luisa Rudolf (1906–?), geboren im Kreis Eupatoria, Gouvernement Taurien. Sanitäterin.
76. Loresch, Elmar David (1904–?), geboren in der Kolonie Stahl am Karaman, Kreis Nowousensk, Gouvernement Samara. Arzt.
77. Loresch, Irene Elmar (1923–?), geboren in der Kolonie Stahl am Karaman, Kreis Nowousensk, Gouvernement Samara. Feldscherin.
78. Lotz, Julia Jakob (1896–?), geboren in Astrachan. Feldscherin.
79. Ludwig, Sigur Heinrich. Arzt. Wurde 1941 wegen seiner deutschen Nationalität aus dem medizinischen Institut ausgeschlossen. [197]
80. Mai, Viktor Gottfried (1897–1960), geboren in der Kolonie Katharinenstadt, Kreis Nikolajesk, Gouvernement Samara. Arzt.
81. Meckel, Wilhelm Konrad (?–?), geboren in der Kolonie Stahl am Tarlyk, Kreis Nowousensk, Gouvernement Samara. Arzt.
82. Messing, Katharina Johann (1884-–?), geboren in der Kolonie Alexanderpol, Kreis Bachmut, Gouvernement Jekaterinoslaw. Krankenschwester.
83. Müller, Andreas Vitali, (?) Sanitäts-Oberst, Therapeut in einem Lazarett in Leningrad. Wurde als Deutscher zum Tod durch Erschießen verurteilt, aber zu zehn. Jahren Arbeitsbesserungslager begnadigt.
84. Müller, Johann Joseph (1872–?), geboren in der Kolonie Mannheim, Kreis Odessa, Gouvernement Cherson. Feldscher.

---

197 Anton Bertsch: „Ein kleines Denkmal für die Deutschen vom Jenissej", Heimatbuch 2006, S.11-–15

85. Naumann, Konstantin Andreas (1897–?), geboren in der Kolonie Katharinenstadt, Kreis Nikolajesk, Gouvernement Samara. Apotheker.

86. Neuberger, Wilhelm Alexander (1897–1937), geboren in Saratow. Arzt.

87. Neufeld, Gerhard Jakob (1893–1938), geboren im Gouvernement Taurien. Arzt.

88. Neufeld, Hermann Gustav (1898–?), geboren in der Kolonie Jost, Kreis Nowousensk, Gouvernement Samara. Arzt-Ordinator.

89. Niedenthal, Woldemar Friedrich (1918–?), geboren in der Kolonie Brehning (Kutter), Kreis Kamyschin, Gouvernement Saratow. Student der Medizinischen Schule Balzer.

90. Papst, Heinrich Karl (1912–?), geboren in Saratow. Feldscher.

91. Penner, Maria Emil (1903–?), geboren im Dorf Sarony, Kreis Feodossija, Gouvernement Taurien. Krankenschwester.

92. Penner-Henning, Hedwiga Friedrich (1896–?), geboren in der Kolonie Katharinenstadt, Kreis Nikolajewsk, Gouvernement Samara. Krankenschwester.

93. Rathke, Emma Friedrich (1898–?), geboren im Gouvernement Taurien. Sanitäterin.

94. Rau, Alma Jakob (1917–?), geboren in der Kolonie Beckerdorf (Ernestinendorf), Kreis Nikolajewsk, Gouvernement Samara. Feldscherin.

95. Ricker Albert Otto (1920–?), geboren im Gouvernement Jekaterinoslaw. Feldscher.

96. Riedel, Joseph Karl (1900–2006), geboren in der Kolonie Herzog, Kreis Nowousensk, Gouvernement Samara. Arzt.

97. Riehl, Reinhold David (1895–1938), geboren in der Kolonie Gnadentau, Kreis Nowousensk, Gouvernement Samara. Arzt.

98. Riesen, Margarete Wilhelm (1916–?), geboren im Dorf Dolinowka, Gouvernement Samara. Krankenschwester.

99. Rische, Florian Nikolaus (1899–1939), geboren in der Kolonie Mariental, Kreis Nowousensk, Gouvernement Samara. Laborant.

100. Ritter, Peter Jakob (1883–1937), geboren im Gouvernement Jekaterinoslaw. Feldscher.
101. Rüdinger, David Gerhard (1907–?), geboren in der Kolonie Lindenau, Kreis Berdjansk, Gouvernement Taurien. Arzt.
102. Rusch, Konstantin Jakob (1893–1942), geboren in der Kolonie Huck, Kreis Kamyschin, Gouvernement Saratow. Apotheker.
103. Rutz-Gudkowa, Ottilia Alexander (1914–?), geboren in der Kolonie Doenhof, Kreis Kamyschin, Gouvernement Saratow. Ärztin.
104. Sacke, Valentin Julius (1902–?), geboren in der Stadt Kischinew. Arzt.
105. Schamne, Silvia Peter (1903–?), geboren in der Kolonie Rosenfeld am Nachoj, Kreis Nowousensk, Gouvernement Samara. Ärztin.
106. Schechtel, Valentin Christian (1903–?), geboren in der Kolonie Köhler, Kreis Kamyschin, Gouvernement Saratow. Feldscher.
107. Scheffer, Leonhard Paul (1892–1930), geboren in Saratow. Arzt.
108. Scheidel, Karl David (1881–?), geboren in der Kolonie Neu-Urbach, Kreis Nowousensk, Gouvernement Samara. Apotheker.
109. Schellhorn, Ida August (1901–1956), geboren in der Kolonie Seelmann, Kreis Nowousensk, Gouvernement Samara. Ärztin.
110. Schmidt, Arnold Georg (1883–?), geboren im Kreis Mariupol, Gouvernement Jekaterinoslaw. Feldscher.
111. Schneider, Bruno Anton (1920–1990), geboren in der Kolonie Mariental, Kreis Nowousensk, Gouvernement Samara. Student der 2. Moskauer Medizinischen Hochschule.
112. Schwabauer, Alexander Heinrich (1883-?), geboren in Astrachan. Apotheker.
113. Seelinger, Eduard Johann (1899–1937), geboren in der Kolonie München, Kreis Odessa, Gouvernement Cherson. Arzt.
114. Seltzer, Christian Christian (1890–1941), geboren in der Kolonie Kind, Kreis Nikolajewsk, Gouvernement Samara. Warenkundler der Apotheke.

115. Siebenhaar, August Peter (1888–1938), geboren in der Kolonie Kamenka, Kreis Kamyschin, Gouvernement Saraow. Arzt.
116. Siemens, Johann Johann (1885–?), geboren im Gouvernement Taurien. Feldscher.
117. Siemens, Katharina Jakob (1892–1938), geboren im Gouvernement Jekaterinoslaw. Sanitäterin.
118. Sommer, Sonja Johann (1896–?), geboren in Tiflis. Feldscherin.
119. Stade, Konrad Konrad (1903–?), geboren in der Kolonie Norka, Kreis Kamyschin, Gouvernement Saratow. Feldscher.
120. Stahl, Karl Andreas (1900–?), geboren in Riga. Feldscher.
121. Staub Raphael Johann (1880–1942), geboren im Wolgagebiet. Sanitäts-Bakteriologisches Institut (Chemiker).
122. Stoller, Jakob Johann (1896–?), geboren in der Kolonie Hochstädt, Kreis Melitopol, Gouvernement Taurien. Feldscher.
123. Ungefug, Elisabeth Karl (1902–?), geboren in der Kolonie Meinhard (Unterwalden), Kreis Nikolajewsk, Gouvernement Samara. Krankenschwester.
124. Unrau, Luise David (1922–?), geboren in der Kolonie Spat, Kreis Simferopol, Gouvernement Taurien. Krankenschwester.
125. Wagner, Heinrich Alexander (1897–?), geboren in Astrachan. Lehrer der Medizinischen Fachschule in Engels.
126. Wagner, Ottilia Julius (1888–?), geboren in der Stadt Kamyschin, Gouvernement Saratow. Feldscherin.
127. Wagner, Pauline Johann (?–?), geboren in der Ukraine. Krankenschwester.
128. Wall, Anna Abraham (1911–?), geboren in der Kolonie Alexanderheim, Kreis Pawlograd Gouvernement Jekaterinoslaw. Geburtshelferin.
129. Weiß, Alexander Roman (1874–?), geboren im Kreis Stawropol. Arzt.
130. Welz, Heinrich David (1916–?), geboren in der Kolonie Katharinenstadt, Kreis Nikolajewsk, Gouvernement Samara. Arzt-Therapeut.
131. Werner, Johann Johann (1894–?), geboren in der Kolonie Remmler (Luzern), Kreis Nikolajewsk, Gouvernement Samara. Lehrer der Medizinischen Fachschule Engels.

132. Wilms, Jakob Heinrich (1903–?), geboren in Baschkirien. Augenarzt.
133. Winkler, Olga Maximilian (1924–?), geboren in Berlin (Deutschland). Absolventin der Medizinischen Fachschule Engels. Feldscherin.
134. Wolf, Maria Johann (1922–?), geboren im Dorf Jelchowka, Gouvernement Samara. Krankenschwester.
135. Wolfert, Friedrich Eduard (1884–?), geboren im Kreis Mariupol, Gouvernement Jekaterinoslaw. Sanitäter.
136. Zimmermann, Karl Eugen Friedrich (1891–?), geboren in der Stadt Melitopol, Gouvernement Taurien. Arzt.
137. Zimmermann, Martin Franz (1902–?), geboren im Gouvernement Cherson. Feldscher.
138. Engelmann, Theophil Salomo, (?) Volkskommissar für Gesundheitswesen der ASSR der Wolgadeutschen. [198]

---

198 Ebenda

Schlusswort

Die Menschheit entwickelt sich dank des Austausches der Kenntnisse und der Kultur. Diese historische Entwicklung gilt auch für die Medizin. Seit dem XVI. Jahrhundert hatte Russland die medizinischen Kenntnisse und Erfahrungen des Westens aufgesogen und assimiliert, bis es selbst das qualitative Niveau seiner ausländischen Lehrer erzielt hatte. Nachdem die Zarenregierung den Wert der medizinischen Bildung erkannt hatte, eröffnete man innerhalb kurzer Zeit eine Reihe von Universitäten, um Mediziner und Apotheker heranzubilden. Doch in der ersten Zeit dieser kulturellen Entwicklung spielten die deutschen Mediziner eine große Rolle. Sie kamen auf Einladung oder auch aus freien Stücken nach Russland, um Hilfe in der Stabilisierung des zivilen und des Militärsystems zu leisten und eine höhere medizinische Ausbildung zu schaffen. Im XVIII. Jahrhundert machte in Russland der Anteil der ausländischen Ärzte, von denen die Mehrheit Deutsche waren, 70 Prozent aus. Besonders groß war der Beitrag der Baltendeutschen in der Entwicklung der städtischen, Landstandes- und Militärmedizin. Sie waren die ersten Ärzte und Apotheker in den deutschen Kolonien des Wolgagebiets und des Schwarzmeergebiets und nicht selten blieben sie dort bis zu ihrem Lebensende.

Mit der nsteigenden Zahl der eigenen medizinischen Kader verringerte sich die Rolle der Deutschen in der Medizin, und sie machten Ende des XIX. Jahrhunderts nur noch zehn Prozent aus. Dabei nahm die Zahl der russischen Juden gravierend zu, die nach 1917 den zweiten Platz nach den Russen belegten. Doch was das Qualitätsniveau (d. h. die Zahl der Doktoren der Medizin) betrifft, so blieben die Deutschen weiterhin auf Position eins.

Vor dem Hintergrund dieses Prozesses entwickelte sich die Ausbildung von medizinischem Personal unter den Kolonisten sehr langsam. Der Hauptgrund dieses Rückstandes waren die schwachen Kenntnisse der russischen Sprache, das Fehlen von muttersprachlichen Gymnasien sowie die Entfernung der Universitäten von den Wohnorten der Kolonisten. Erst mit der Eröffnung der Universitäten Noworossijsk (Odessa) (1900) und Saratow (1909) hatte sich die Zahl der Studenten unter den Kolonistenkindern bedeutend vergrößert. Zu betonen ist, dass unter den russlanddeutschen Ärzten die Lutheraner die Mehrheit ausmachten. Doch die Generation der Ärzte, die am Vorabend der Oktoberrevolution 1917 die Universitäten absolvierten, musste ein schweres Los ziehen. Viele von ihnen kamen während des Bürgerkrieges um, verschollen oder wanderten aus. Beim Zusammenstellen der Biografien der Ärzte, die im Wolga- und Schwarzmeergebiet geboren wurden oder gearbeitet hatten, musste ich in 90 Prozent der Fälle schlussfolgern: „Weiteres Schicksal unbekannt". Die fehlenden biografischen Angaben liegen in den Archiven Russlands, aber der Zugriff ist aufgrund des „Gesetzes über das Aushändigungsverbot der Personalien" (Datenschutz) verwehrt.

Der Beruf des Arztes ist neutral. Der Arzt dient beiden kriegerischen Seiten. Doch mit der Machteroberung der Bolschewiken fiel der Arzt in eine politische Kategorie und wurde wie die ideologischen und politischen Gegner der Sowjetmacht verfolgt. In den Jahren des großen Terrors erlitten 800 Mediziner deutschen Namens Repressalien, darunter 245 ethnische Deutsche und unter ihnen wiederun 135 Mediziner und Apotheker, die im Wolgagebiet und im Schwarzmeergebiet geboren wurden.

Danksagung

Bevor ich Stoff für dieses Buch zu sammeln begann, wandte ich mich über die Internet-Seite „Die Geschichte der Wolgadeutschen" an die Zeitschrift „Volk auf dem Weg" und an verschiedene Archive und Vereinigungen, mit der Bitte, mir bibliografische und Archivangaben über die deutschen Ärzte und Apotheker, die während der Zarenzeit im Wolgagebiet und im Schwarzmeergebiet tätig waren, zukommen zu lassen. In diesem Zusammenhang spreche ich einen herzlichen Dank allen aus, die auf meine Bitte reagierten und Interesse an diesem Thema zeigten. Besonders dankbar bin ich folgenden Personen und Vereinigungen:

- Dr. med. Theo Klein – Rutesheim (Deutschland)
- Heinrich Hunger – Tübingen (Deutschland)
- Dr. Viktor Krieger – Heidelberg (Deutschland)
- Dr. Erich Schwezow – Bad Wildbad (Deutschland)
- Dr. Boris Winterholler – Hannover (Deutschland)
- Dr. Robert Korn – Worms (Deutschland)
- Emma Rische – Karlsruhe (Deutschland) für die Übersetzung
- Dr. Herbert Rische – Berlin (Deutschland)
- Anke Schmidt – Bonn (Deutschland) für die Korrektur
- Viktoria König – Berlin (Deutschland)
- Dimitrij Weber (Deutschland)
- Sven Lepa – Universitätsarchiv Tartu (Estland)
- Conrad Stoesz – Winnipeg (Kanada)
- Marcin Hamberg (Polen)
- Universitätsarchiv Tübingen (Deutschland)
- Bundesarchiv (Deutschland)
- Awtonomowa, Vera Petrowna – Siedlung Sowjetski (Mariental), Gebiet Saratow (Russland)

- Adler, Swetlana (Russland)
- Hochnagel, Viktor – Karelien (Russland)
- Lyssenko, Pawel Herbertowitsch – Vorsitzender des Dorfrates Nowowassjugan, Gebiet Tomsk (Russland)
- Raith, Andrej – Moskau (Russland)
- Schmidt, Natalia – Kaliningrad (Russland)
- Staatsarchiv der Stadt Saratow (Russland)
- Verwaltung des Innenministeriums des Gebiets Tomsk (Russland)
- Gebietsstandesamt Tomsk (Russland)

Literaturnachweis

1. Alphabetische Listen der Studenten der Kaiserlichen Universität Charkow

2. Andrejew, A. J.: „Russische Studenten in deutschen Universitäten im XVIII. und in der ersten Hälfte des XIX. Jahrhunderts" Verlag „Snak", Moskau, 2005

3. Bagalej, D. J.: „Geschichtserfahrung der Universität Charkow (nach unveröffentlichten Beiträgen)", Band 1 (1802–1815), S. 153 http://escriptorium.univer.kharkov.ua/handie/1237075002/93

4. Biografisches Wörterbuch der Professoren und Lektoren der Kaiserlichen Universität Heiligen Wolodymir (1834–1884), zusammengestellt von W. S. Ikonnikow, Kiew, Typografie der Universität 1884

5. Wassiljew, K. K.: „Kaiserliche Universität Sumy", Ausgabenreihe Medizin, Band 2, 2009, Nr. 2

6. Schaljapin aus Wjatka, zusammengetragen von B.W. Sadyrin, Wjatka, 1998, S.78

7. Jakob Dietz: „Geschichte der wolgadeutschen Kolonisten", Verlag „Gotika", Moskau, 1997, S. 369–370

8. Dostojewski, F. M: „Tagebuch eines Schriftstellers", Begräbnis des „Allgemeinmenschen"

9. Jerina, J. M.: „August Petrowitsch Siebenhaar – Arzt und Mensch"/Russischer Staat, Gesellschaft und die ethnischen Deutschen: Hauptwege und Charakter der Beziehungen (XVIII.–XXI. Jahrhundert), Materialien der XI. Internationalen wissenschaftlichen Konferenz, Moskau, 1.–3.11.2006, S. 292–298

10. Zeitschrift des Ministeriums für Staatsvermögen, Teil 55, 1855-2, St. Petersburg, 1855, S.75

11. Zeitschrift Neuropathologie und Psychiatrie 1956, Band 56, Ausgabe 2. Nachruf
12. Entwicklungsgeschichte des Gesundheitswesens im Gebiet Saratow, Internetseite: minsdrav@saratov.gov.ru
13. Kanewski, A.S. und Mitautoren: „Geschichtsseiten der Krim-Medizin", Internetseite: mz-ark.gov.ua
14. Markow, A. S.: „Notizen eines Astrachaner Heimatforschers", Astrachan, 2011, S. 401
15. Nachapetow, B. A.: „Das Ärztegeheimnis im Hause Romanows", Moskau „Wetsche", 2005
16. Deutsche Russlands, Enzyklopädie, Bände 1–3. Moskau 1999, 2004, 2006
17. Netschajew, A. P: „Die deutsche therapeutische Schule in Russland", Professor W. A. Beier im Buch „Deutsche Russlands. Drei Jahrhunderte wissenschaftlicher Zusammenarbeit", Sankt Petersburg, 2003
18. Nuschtajew, I.A.: „Sanitätswesen und Hygiene", 2005, Nr. 1
19. Polle, H. Ch. und E. H., Samlib.ru/p/polle_e_g/pollechron.shtml
20. Dozenten der Kaiserlichen Universität Kasan, die in den Jahren 1805–1904 studiert und gearbeitet haben. Ausgaben 1–3. Zusammengetragen von A. I. Michailowski. Kasan, 1901-1904–1908. Internet Google
21. Riss, Hilde: „Krim-Deutsche – Repressalien", Nürnberg, 2011
22. Romanjuk, M. V.: „Demografische und soziale Lebensbedingungen der mennonitischen Kolonien in der Südukraine" (erste Hälfte des XIX. Jahrhunderts bis 1917), http://web.znu.edu.ua/articles/229.pdf
23. Rung, W. E.: „Erinnerungen an die vergangenen Zeiten", Gedenkbuch der deutschen Häftlinge des TagilLag „Stolze Ausdauer", www.rusdeutsch.ru/?tagil=2
24. Kerze der Erinnerung. Taimyr in den Jahren der Repressalien. Erinnerungen, zusammengestellt von L. O. und W. T. Petri
25. Sokolow, S. D.: „Saratower Schriftsteller und Gelehrte", Saratow, 1913

26. Liste der medizinischen Ärzte der UdSSR (zum 01.01.1924), Verlag des Volkskommissariats des Gesundheitswesens der RSFSR, Moskau, 1925

27. Liste der Studenten und Hörer der Kaiserlichen Nikolai-Universität Saratow im Studienjahr 1915–1916 an der Fakultät für Medizin, Saratow, 1916

28. N. I. Käfer: „Die Gelehrten von Odessa", Ausgabe 39, zusammengestellt von K. K. Wassiljew und O. G. Kuschnir, Odessa, 2008

29. Florensow, R. K.: „Hygiene und Epidemiologie", 1929, Nr. 1, S. 64–67

30. Tscherkasjanowa, I. W.: „Deutsche – Russlands Gelehrte in den Jahren des Ersten Weltkrieges: Episoden aus der Geschichte der Akademie der Wissenschaften", 2008

31. Tschistowitsch, J. A.: „Geschichte der ersten medizinischen Schulen in Russland in zwei Bänden", Verlag Terra, Moskau, 2013

32. Schalamow T. W.: Gesammelte Werke in vier Bänden. Band 2, Chudoshestwennaja literatura (Schöngeistige Literatur), Vagrius, Moskau, 1998, S. 433–440

33. Spack, A., Internetseite „Die Geschichte der Wolgadeutschen"

34. Album Academicum der Kaiserlichen Universität Dorpat, Immatrikulation

35. Beratz, Gottlieb: „Die deutschen Kolonien an der unteren Wolga in ihrer Entstehung und der ersten Entwicklung", II. Auflage, Berlin, 1923

36. Deutsche an den Medizinischen Fakultäten der St. Vladimir Universität in Kiew und der Novorossijskij Universität in Odessa, in: „Deutsch-russische Beziehungen in Medizin und Naturwissenschaften", hrsg. von D. v. Engelhardt und I. Kästner, Band 9, Shaker Verlag, Aachen, 2004

37. „Einwanderung in das Wolgagebiet 1764–1767", Bände 1–4, zusammengestellt von Igor Pleve, Göttingen, 2003–2006

38. Fischer, Friedrich: „Unvergessliche Erinnerungen", Heimatbuch der Landsmannschaft der Russlanddeutschen 2001/2002, S. 215

39. Fischer, O.: „Die Bedeutung von Malaria für das deutsche Gebiet an der Wolga und die Maßnahmen zu ihrer Bekämpfung", Wolgadeutsche Monatshefte 1923, Nr. 7–8

40. Fleischhauer, Ingeborg: „Die Deutschen im Zarenreich", Verlags-Anstalt GmbH, Stuttgart, 1986

41. Jenn, Johanna, Deutsch-Russische Zeitung, 2009

42. Keller, Konrad: „Die deutschen Kolonien in Südrussland" (Neue Auflage), HFDR, 2000

43. Kufeld, Johannes: „Die deutschen Kolonien an der Wolga" (Erstausgabe), HFDR, 2000

44. Litzenberger, Olga: „Deutsche evangelische Siedlungen an der Wolga, Hrsg. HFDR, Nürnberg, 2013

45. Lohrenz, Gerhard: „Sagradowka", Historische Schriftenreihe, Buch 4, Echo-Verlag, Kanada, 1947.

46. Müller-Dietz, Heinz E.: „Ärzte im Russland des achtzehnten Jahrhunderts", Robungen GmbH, Pharmazeutische Fabrik. Esslingen/N.

47. Obholz, A: „Die Kolonie Mariental an der Wolga", Herausgeber HFDR 2014, zweite Auflage

48. Obholz, A.: „Volk auf dem Weg", 2014, Nr. 7

49. Praetorius, Max: „Galka – eine deutsche Ansiedlung an der Wolga", Weida i. Th., Leipzig 1912

50. Richter, W. M.: „Geschichte der Medizin in Russland", Band 1–3, Moskau, 1813

51. Roemmich, H.: „Professor Emmanuel Koch", Heimatbuch der Landsmannschaft der Russlanddeutschen 1964. S.132–139

52. Seewann, Harald: „Teutonia/Tübingen – eine Verbindung deutscher studierender Kolonistensöhne aus Russland (1908–1933)", Einst und jetzt: Jahrbuch des Vereins für corpsstudentische Geschichtsforschung ZDB, Erscheinungsort Würzburg, 1989, S.197–206

53. Vasylyev, K. K.: „Deutsche an der Medizinischen Fakultät der Novorossijsk-Universität in Odessa. Deutsch-russische Beziehungen in Medizin und Naturwissenschaften", Herausgeber D. von Engelhardt und I. Kästner, Band 4, Verlag Shaker, Aachen, 2001

54. Winterholler, B.: „Die Apothekerkinder", Heimatbuch der Landsmannschaft der Russlanddeutschen, 2007–2008, S. 277–285

55. Ljuboschiz, Emanuel: „Russlandjuden in Medizin und Biologie (1750–2010)", Jerusalem, 2013

Bildquellen

1. https://www.google.de/?gws_rd=ssl#q=Moskau+ Universit%C3%A4t
2. http://humus.livejournal.com/4006888.html
3. https://de.wikipedia.org/wiki/Universit%C3%A4t_Tartu
4. https://ru.wikipedia.org/wiki/
5. www.univer.kharkov.ua/ru
6. www.univ.kiev.ua/ru/
7. http://onu.edu.ua/ru/geninfo/history
8. www.sgu.ru/.../saratovskiy-universitet-ot-imperators
9. www.1spbgmu.ru/ru/universitet/istoriya
10. https://ru.wikipedia.org/wiki/
11. https://ru.wikipedia.org/wiki/
12. http://vk.com/id6242197#/album-29603798_141210098
13. http://oldsaratov.ru/photo/1027 http://2-gkb.ru/
14. https://ru.wikipedia.org/
15. penzahroniki.ru/.../1480-tyustin-a-v-penzenskij-nek...
16. altsarepta.ru/
17. wolgadeutsche.rucentr.tv/photos/photo304.html
18. https://ru.wikipedia.org/wiki/
19. https://ru.wikipedia.org/wiki/
20. www.kraeved-samara.ru/archives/273
21. Privatarchiv von Dr. Robert Korn (Worms)
22. http://shot.qip.ru/00BJfz-6nhEFBKA3/
23. http://archiv.wolgadeutsche.net/album/307
24. Foto von V. Avtonomova (Russland)
25. Foto von V. Avtonomova (Russland)
26. http://archiv.wolgadeutsche.net/album/76
27. Privatarchiv von Andreas Raith (Moskau)
28. https://ru.wikipedia.org/...

29. Privatarchiv von Dr. Boris Winterholler (Hannover)

30. oldsaratov.ru/forum/reklama-plakaty-otkrytki

31. http://oldsaratov.ru/tags/apteka?page=2

32. forum.wolgadeutsche.net

33. Kalender und Gedenkbuch der Gouvernement Samara 1902

34. http://kraeham.livejournal.com/62893.html

35. tolyattinec.narod.ru

36. https://ru.wikipedia.org/wiki/

37. https://ru.wikipedia.org/wiki/

38. obodesse.at.ua

39. ukrainaincognita.com

40. https://ru.wikipedia.org/…/ forumodua.com

41. http://www.nadnestre.ru/uploads/gallery/staryi-tiraspol/hersonskaya-guberniya/23.jpg

42. https://ru.wikipedia.org/wiki/

43. index.php-option=com_datsogallery&Itemid=9&func=download&file=704E070A7549-12

44. http://www.etoretro.ru/pic65310.htm?sort_field=image_date&sort=DESC&position=10

45. https://ru.wikipedia.org/wiki/

46. https://ru.wikipedia.org/wiki/

47. http://www.studentdoctorprofessor.com.ua/sites/default/files/Pirogov%201.jpg

48. https://pp.vk.me/c620818/v620818581/1b83c/REAWvhbaXXw.jpg

49. http://coollib.com/i/39/301939/img_65.jpg

50. www.sobytiya.info/news/12/26958

51. https://ru.wikipedia.org/…/

52. https://ru.wikipedia.org/…/

53. https://ru.wikipedia.org/…/

54. http://img-fotki.yandex.ru/get/6745/97833783.b83/0_119c60_e827d610_XXXL.jpg

55. http://www.libr.dp.ua/fullkr/26/0061.jpg

56. https://upload.wikimedia.org/wikipedia/commons/thumb/f/fc/Aleksandrovsk.jpg/220px-Aleksandrovsk.jpg

57. http://old-mariupol.com.ua/wp-content/
    uploads/2011/02/.jpg

58. http://infodon.org.ua/history/img/497/zemskaya_
    bolnica_1910_uzovka.jpg

59. https://pp.vk.me/c622617/v622617783/37b82/
    xGCh42xy-GuY.jpg

60. https://commons.wikimedia.org/wiki/File:Ohrloffer_
    Krankenhaus,_im_Couvern_Taurien.JPG?uselang

61. http://chort.square7.ch/FB/1/Z337.jpg

62. http://www.tudoy-sudoy.od.ua/images/stories/1.jpg

63. http://www.nadnestre.ru/uploads/gallery/staryi-tiraspol/
    hersonskaya-guberniya/21.jpg

64. Privatarchiv von Swetlana Adler (Russland) und
    DimitrijWeber (Deutschland)

65. http://shot.qip.ru/00GVLa-6X3Xjl9lV/

66. Heimatbuch 2001/2002, s. 215–226.

67. http://schetzel-gref.ucoz.ru/index/student_medik_
    gustav_gref/0-177

68. Heimatbuch 2001/2002, S. 126-130

69. Europa-Express 2003, Nr. 37

70. lexikon/img/galler.jpg

71. Privatarchiv von Heinrich Hunger (Tübingen)

72. http://www.nizhgma.ru/_resources/directory/1296/
    common/iost.jpg

73. Privatarchiv von Dr. Theodor Klein (Ditzingen)

74. Privatarchiv von Viktoria König (Berlin)

75. Privatarchiv von Viktoria König (Berlin)

76. https://ru.wikipedia.org/.../

77. http://s014.radikal.ru/i329/1111/30/f08a0554a7cd.jpg

78. Privatarchiv von Jurij Konstantinow (Wolgograd)

79. Privatarchiv von Jurij Konstantinow (Wolgograd)

80. Privatarchiv von Andreas Raith (Moskau)

81. Privatarchiv von Andreas Raith (Moskau)

82. Privatarchiv von Dr. Robert Korn (Worms)

83. imc-hum.narod.ru/files/in7.doc

84. Privatarchiv von Dr. Herbert Rische (Berlin)

85. http://historyntagil.ru/kraeved/images/tk_16_001.jpg
86. http://kray.ucoz.ru/izo/rush.jpg
87. http://cyberleninka.ru/article/n/iskusstvo-hirurga-pamyati-fridriha-fridrihovicha-saksa
88. http://www.memorial.krsk.ru/images/ludi/K/Korableva_IA.jpg
89. http://bsk.nios.ru/sites/bsk.nios.ru/files/images/velker_0.jpg
90. http://www.tagillag.rusdeutsch.ru/?tagil=5&text=1458
91. http://saratov.rusarchives.ru/image/pam/2013/february/vorms.jpg
92. http://forum.wolgadeutsche.net/viewtopic.php?f=297&t=2937&start=40
93. http://www.memorial.krsk.ru/images/ludi/A/Albreht_RP.jpg
94. http://www.memorial.krsk.ru/images/ludi/B/Bendich_yAI1.jpg
95. http://www.tv2.tomsk.ru/article/mama
96. www.kzsrk.ru/news/4189/
97. http://esu.com.ua/search_articles.php?id=11854
98. http://www.relga.ru/Environ/WebObjects/tgu-www.woa/wa/Main?textid=3456&level1=main&level2=articles
99. Heimatbuch 1964, S. 132–139
100. http://samlib.ru/p/polle_e_g/pollechron.shtml
101. Privatarchiv von Erich Schewzow (Bad Wildbad)
102. http://russkoepole.de/images/stories/kss_germany/inhalt/23.jpg
103. https://upload.wikimedia.org/wikipedia/ru/thumb/d/da/VagnerEvgeni.jpg/267px-VagnerEvgeni.jpg
104. Privatarchiv von Erich Schewzow (Bad Wildbad)

HERZ FOR AUTOREN A HEART FOR AUTHORS À L'ÉCOUTE DES AUTEURS MIA KAPΔIA ΓIA ΣYΓΓΡ
ARTA FÖR FÖRFATTARE UN CORAZÓN POR LOS AUTORES YAZARLARIMIZA GÖNÜL VERELIM SZI
PER AUTORI ET HJERTE FOR FORFATTERE EEN HART VOOR SCHRIJVERS TEMOS OS AUTO
ZÕINKÉRT SERCE DLA AUTORÓW EIN HERZ FÜR AUTOREN A HEART FOR AUTHORS À L'ÉCOU
URS MIA KAPΔIA ΓIA ΣYΓΓΡΑΦEIΣ UN CUORE PER AUTORI ET HJERTE FOR FORFATTERE EEN
ARIMIZ ERZÕINKÉRT SERCE DLA AUTORÓW EIN HERZ FÜ
SCHRI S OS A ORACÃO ВСЕЙ ДУШОЙ К АВТОРАМ ETT HJÄRTA FÖ

Der Autor

Albert Obholz wurde 1936 im Gebiet Omsk in
einer Familie wolgadeutscher Katholiken geboren. Nach dem Armeedienst studierte er an der
Medizinischen Hochschule Omsk. Von 1965–1968
war er wissenschaftlicher Mitarbeiter in Tjumen, ab
1971 Assistent, dann Dozent am Lehrstuhl Mikrobiologie und Immunologie in Omsk. 1981 übernahm er die Leitung des Lehrstuhls.
Seit 1998 lebt der Autor in Deutschland. Nach
zahlreichen Veröffentlichung auf Deutsch und
Russisch ist nun sein neuestes Werk erschienen:
„Medizinische Betreuung der deutschen Kolonisten
in Russland".

novum VERLAG FÜR NEUAUTOREN

Der Verlag

*Wer aufhört
besser zu werden,
hat aufgehört
gut zu sein!*

Basierend auf diesem Motto ist es dem novum Verlag ein Anliegen neue Manuskripte aufzuspüren, zu veröffentlichen und deren Autoren langfristig zu fördern. Mittlerweile gilt der 1997 gegründete und mehrfach prämierte Verlag als Spezialist für Neuautoren in Deutschland, Österreich und der Schweiz.

Für jedes neue Manuskript wird innerhalb weniger Wochen eine kostenfreie, unverbindliche Lektorats-Prüfung erstellt.

Weitere Informationen zum Verlag und seinen Büchern finden Sie im Internet unter:

www.novumverlag.com